L'aventure de la bonne humeur

DU MÊME AUTEUR

Les Addictions, Elsevier Masson, 2023, coordination de l'ouvrage.

En bonne santé avec Montaigne, Robert Laffont, 2022 ; Le Livre de Poche, 2023.

Les 4 Temps de la renaissance, JC Lattès, 2020 ; Le Livre de Poche, 2022.

Révélez vos super-pouvoirs, Le Livre de Poche, 2019.

La Médecine du bon sens, JC Lattès, 2018.

Les 4 Saisons de la bonne humeur, JC Lattès, 2016 ; Le Livre de Poche, 2018.

Tout déprimé est un bien portant qui s'ignore, JC Lattès, 2016 ; Le Livre de Poche, 2017.

Les 5 Clés du comportement, Le Livre de Poche, 2015. Édition originale : *Les Secrets de nos comportements*, Plon, 2009.

Réveillez vos désirs, Plon, 2014 ; Le Livre de Poche, 2015.

Changer en mieux, Plon, 2011 ; Le Livre de Poche, 2013.

Du plaisir à la dépendance, La Martinière, 2007 ; Points, 2009.

Professeur Michel Lejoyeux

L'aventure de la bonne humeur

Le roman qui apprend à être heureux

Robert Laffont

ISBN : 978-2-221-27341-8
Dépôt légal : novembre 2024
Éditions Robert Laffont – 92, avenue de France 75013 Paris
serviceclients@lisez.com

Avant-propos

« Envier le bonheur d'autrui, c'est folie.
On ne saurait pas s'en servir.
Le bonheur ne se veut pas tout fait
mais sur mesure. »

André Gide, *L'Immoraliste*

Pour qui cherche à mener une existence heureuse, les récits d'aventures – et la fiction en général – sont souvent d'un plus grand secours qu'une interminable liste de conseils théoriques. Fort de ce constat, et ayant moi-même un goût particulier pour les histoires de risque-tout qui se sortent de galères en apparence sans issue, j'ai choisi de consacrer cet ouvrage à l'une des maladies les plus fréquentes de nos jours, et les plus coûteuses en qualité de vie : la dépression. Certains parlent de morosité, de mélancolie, d'autres, de pessimisme : quoi qu'il en soit, la déprime semble s'infiltrer partout – et parfois pour de bonnes raisons ! Mais en sortir, y résister et conserver sa bonne humeur, voilà un défi de taille.

L'aventure de la bonne humeur que vous allez suivre est centrée autour du personnage de Maria Gary, une pianiste à fleur de peau qui refuse de se laisser guider par sa tristesse et cherche une sérénité durable. Sans ignorer qu'il existe des traitements « classiques » contre la dépression, elle s'intéresse à des méthodes de soin originales, et souhaite que sa quête corresponde à une redécouverte de sa propre personnalité. Elle ne veut pas seulement être soignée et aller mieux, mais renaître, se réinventer !

Ce livre présente donc quelques jours de la vie de Maria, tandis qu'elle est aux prises avec des émotions envahissantes et tente de reconquérir sa bonne humeur. Mais le personnage central n'en est pas moins le lecteur, qui trouvera à son propre rythme, et en choisissant librement les chapitres inspirants, des réponses à de nombreuses questions concernant la santé du corps et de l'esprit, notamment :

- Comment identifier ses propres émotions ?
- Comment faire la différence entre un simple état d'âme et un signe de maladie ?
- Que se passe-t-il dans son cerveau lorsqu'on est de bonne ou de mauvaise humeur ?

Vous êtes donc le véritable héros ou la véritable héroïne de cette aventure, au cours de laquelle vous découvrirez également l'impact surprenant de certaines méthodes sur la qualité de l'humeur – par exemple la cuisine, le dessin ou encore le chant !

Pourquoi un livre sur la bonne humeur dont vous allez être le héros ?

En tant que pianiste, Maria est tantôt euphorique, tantôt accablée au gré des morceaux qu'elle interprète. Elle sait plonger son auditoire dans des transes ou des rêveries, et faire ressentir à ceux qui l'écoutent gaieté ou mélancolie ; or cette aptitude n'est pas sans danger pour sa propre tranquillité d'esprit. Il lui arrive de passer si vite d'un sentiment de joie extrême à un accès de désespoir qu'elle s'en brûle, au choix, les doigts sur le clavier, les ailes ou les neurones ! C'est pourquoi elle a besoin d'apprendre à renaître de ses cendres une fois que la tristesse l'a consumée. Elle sait que la partition de la vie se poursuit quoi qu'il arrive, et que les airs entraînants sont d'autant plus lumineux qu'ils suivent un passage triste…

En tant que médecin, j'ai moi-même passé de nombreuses années à recevoir en consultation des femmes et des hommes malheureux, maussades, qui ignoraient pourquoi ils étaient d'aussi mauvaise humeur. À travers Maria, c'est aussi leur histoire que je souhaite raconter, ainsi que leur combat pour reconquérir la joie. Le chemin est tortueux, mais riche d'enseignements.

Les trop « ravis de la vie » sont déprimants

Dans sa quête, vous constaterez que mon héroïne aura la sagesse de ne rechercher ni l'extase permanente, ni le fou rire. Sa démarche est plus réaliste :

l'idéal est pour elle d'atteindre une humeur stable et sereine.

De fait, les gens qui clament haut et fort être heureux en permanence dégagent quelque chose de vaguement inquiétant. Les yeux brillants, ils tiennent des discours enflammés sur l'importance de la résilience et de la force mentale. Obsédés par la joie intérieure et l'épanouissement, ils se déplacent partout en ayant presque l'air de flotter, tant ils semblent béats… et, du même coup, ils regardent les autres de haut. Mais se sentent-ils vraiment aussi bien qu'ils l'affirment ? À la moindre occasion, ils s'abritent derrière des maîtres en sagesse ou en spiritualité, dont ils appliquent les conseils sans toujours les comprendre. Ils sourient au destin, qu'ils croient maîtriser, et n'ont que le terme « gratitude » à la bouche… Mieux encore, une si grande plénitude se doit, selon eux, d'être partagée. Celui qui jouit d'un mode de vie aussi épanouissant serait bien mesquin s'il n'en faisait profiter son prochain. Les « ravis de la vie » prêchent donc à qui veut les entendre la bonne parole d'un développement personnel mal digéré. Or à trop en faire, ils finissent par indisposer ; leur hygiène de vie impeccable et leur optimisme à toute épreuve les rendent inaccessibles.

Tout aussi incommodants sont les êtres non pas heureux, mais plutôt joviaux, hilares. Riant fort et pensant faible, ceux-là n'ont que des sarcasmes à la bouche et ne manquent jamais l'occasion d'asséner une bonne blague. Ils boivent beaucoup, veulent vous faire profiter de ce qui les comble, vous bousculent, vous tapent dans le dos en livrant des conseils lourdauds qu'ils estiment infaillibles.

Rassurez-vous : les aventures de la bonne humeur qui vous attendent dans cet ouvrage n'ont rien à voir avec ces deux dérives ! Elles n'ont pas pour ambition de fabriquer des surhommes ou des surfemmes au moral d'acier. La seule ambition de Maria Gary est d'aller raisonnablement bien, d'être en bonne santé physique et mentale et d'apprécier son quotidien, tant dans la sphère privée que dans le cadre professionnel.

Maria trouvera-t-elle un chemin personnel et original vers la bonne humeur ?

Pour se sentir de bonne humeur, il ne suffit pas de suivre un maître à penser et d'adopter aveuglément sa méthode. La psychiatrie est d'un grand secours, notamment dans les cas les plus sévères. Elle n'a pas de solution toute prête à proposer face aux états d'âme. Enfin, les méthodes « zéro déprime » bravement défendues par des influenceurs et autres personnalités sur les réseaux sociaux ou dans les médias ne sont pas toujours infondées, mais elles ne sauraient suffire : si les choses étaient si simples, chacun se régalerait d'un régime conçu pour encourager la sécrétion de dopamine ou d'endorphines – céréales anti-déprime le matin, tisane calmante du soir – et compléterait ce cocktail par quelques mouvements de gymnastique stimulant les émotions positives. Et le tour serait joué !

En réalité, la quête de la bonne humeur est une quête très personnelle qui doit viser des résultats, sinon modestes, du moins réalistes. Les conseils les plus utiles ne sont ni universels ni immuables : ils évoluent au gré des expériences médicales les plus récentes. Dans ce domaine comme ailleurs, les seuls vrais experts sont donc ceux qui doutent et acceptent de se contredire quand les faits ne leur donnent plus raison.

Une fois établies, les règles de bonne humeur doivent être adaptées au cas spécifique de chaque personne. Et intégrer les valeurs de l'individu concerné, ses attentes, ses projets. C'est pourquoi, si certaines étapes du parcours de l'héroïne de ce roman pas comme les autres s'inspirent des méthodes de la médecine classique, fondées sur des preuves et des recherches en psychologie ou en biologie puis validées par des études – portant notamment sur le cerveau et les habitudes de vie de populations centenaires ou protégées du stress –, d'autres font plutôt appel à l'art, aux mystères de l'âme et même, vous le découvrirez, à un peu de magie. C'est, de fait, la personnalité de Maria : elle est prête à tester sur elle des pratiques plus ou moins orthodoxes, aux confins de la médecine, parce qu'elle désire en mesurer les effets par elle-même. En la suivant, vous serez donc souvent surpris(e), parfois troublé(e) ; mais peut-être ressentirez-vous à votre tour l'envie de faire entrer dans votre quotidien, en toute liberté, quelques-uns des jeux proposés autour des émotions.

Une aventure à construire soi-même

S'agissant de la bonne humeur, notez que la ligne droite est le chemin le plus long et le moins efficace pour y parvenir ! Pourquoi ? Parce que chacun a sa propre idée du bonheur et de l'accomplissement, ainsi que des moyens, souvent détournés, de les atteindre.

C'est la raison pour laquelle ce livre est conçu pour être lu de différentes manières. Il permet toutes les bifurcations qui vous paraîtront pertinentes puisqu'à la fin des chapitres clés, plusieurs ramifications sont proposées : vous serez alors libre d'aller vers ce qui vous intéresse le plus. En fonction de votre personnalité ou sur un coup de tête, vous aurez le loisir d'approfondir une définition, de mettre immédiatement en pratique ce que vous avez appris ou de rester dans les pas de Maria.

Quel que soit le chemin emprunté, celui-ci vous réservera des surprises. Nous aborderons d'abord la manière dont fonctionnent l'esprit et le cerveau dans la genèse et la reconnaissance des émotions. Vous apprendrez notamment que les moments d'accablement et de tristesse sont, dans l'immense majorité des cas, tout à fait normaux ! Et les vraies dépressions, bien plus rares, reconnaissables à des symptômes définis et spécifiques. Dans les premiers chapitres, dédiés à la connaissance de soi, vous vous ferez donc une meilleure idée de l'origine des émotions les plus sombres ou les plus euphoriques, de ce qu'elles révèlent de votre personnalité comme de votre histoire. Puis nous passerons en revue, de manière ludique me semble-t-il, ce qui protège ou reconstruit la santé, la gaieté et le bien-être.

Que ce soit à travers la spiritualité, l'introspection ou l'abrutissement dans le travail, peut-être êtes-vous déjà familier avec la quête du bonheur. Certains cherchent à expliquer leurs états d'âme par leur histoire personnelle ou celle de leur famille, notamment les moments difficiles. Ils se disent : « Si je me sens triste, c'est à cause de… » D'autres se plongent plutôt dans le développement personnel ou la psychologie positive, et mobilisent leurs capacités intellectuelles et émotionnelles afin de se surpasser. Enfin, parce que c'est à la mode, beaucoup adoptent le vocabulaire de la résilience, de la résistance face à l'imprévu autant qu'à l'inéluctable. Ce livre propose, lui, une alternative, une voie du milieu, même : la bonne humeur qui vous va le mieux est sans prétention, discrète, mais d'autant plus durable. Elle n'a pas besoin d'éclater au grand jour pour faire son œuvre. Car elle vous ressemble, à vous et à personne d'autre. Car elle s'accorde à vos valeurs et à vos qualités. Elle est chaque jour à redécouvrir, imaginer et construire. Et vous pourriez bien la rencontrer – je l'espère – au détour d'un chapitre… Alors, emboîtez sans attendre le pas à Maria. Découvrez tout ce qu'elle va vivre, endurer, ressentir, apprendre ; vibrez et craignez pour elle, évadez-vous avec et grâce à elle. Ce roman salutaire est aussi – d'abord ? – une fiction qui, je l'espère, vous emportera. Et, au terme de son périple – et du vôtre – peut-être aura-t-elle réussi à faire mentir le poète Jacques Prévert : « On reconnaît le bonheur au bruit qu'il fait quand il s'en va. » Réussirez-vous, avec mon héroïne, à entendre le bruit du bonheur qui revient ?

Avertissement

Ce roman aborde des questions médicales, ainsi que des études scientifiques concernant les domaines de la psychologie et de la psychiatrie. Il rassemble des informations que l'auteur juge pertinentes en la matière, pour illustrer l'aventure que vous allez suivre. Il ne saurait en aucun cas se substituer à une consultation auprès d'un professionnel de santé, à un traitement ou à des examens classiques prescrits par un médecin. Les aventures de la bonne humeur évoquées dans ce livre ne doivent pas inciter à interrompre un quelconque traitement indiqué par un praticien sur des critères scientifiques validés.

1

Un concert mouvementé

Vaincre la déprime du Blue Monday

En cette fin de journée morose, la rue Drouot est plongée dans une obscurité hivernale, à peine éclairée de loin en loin par la lueur orangée et insuffisante des lampadaires. Un vent glacial balaye la capitale depuis plusieurs jours, et les passants rasent les murs, pressés de se mettre à l'abri. L'horloge de la mairie du IXe arrondissement indique 21 heures passées.

La neige et le verglas n'ont pas découragé les spectateurs du Concert Annuel de la Bonne Humeur. Ils convergent de plus en plus nombreux vers la mairie, prêts à puiser dans la musique la force d'affronter ce troisième lundi de janvier, réputé pour être le jour le plus déprimant de l'année.

La salle Rossini, que les goûters de Noël, réunions d'anciens élèves et autres événements municipaux arrivent d'habitude rarement à remplir, est pour une fois si bondée qu'elle semble exiguë. Elle est meublée de centaines de fauteuils en velours rouge fraîchement renouvelés. Le théâtre, tout en longueur, avec son balcon en pente douce et son orchestre réservé aux invités prestigieux, sera comble : femmes et hommes de tous âges et de toutes origines y bavardent déjà en attendant le début du concert, désireux de surmonter la déprime de début d'année. En ce *Blue Monday*, les organisateurs de la soirée ont annoncé une revanche de la bonne humeur sur la morosité ambiante. Romain Houdin, le maître de cérémonie, s'est même engagé à rembourser le billet de quiconque sortirait toujours malheureux – voire plus malheureux qu'avant ! – de l'étrange célébration qu'il a mise au point.

Romain Houdin croit si fort aux bienfaits de la convivialité comme remède à la mélancolie qu'il s'empresse auprès des nouveaux arrivants avant de les inviter à s'asseoir. Il les traite, selon les cas, en amis de longue date ou en invités de marque. Suivant un rituel maîtrisé à la perfection, il alterne, en fonction de critères connus de lui seul, embrassades, accolades et poignées de main. Le nœud papillon bleu et le costume anthracite aux revers rehaussés de satin noir confèrent à ses révérences un curieux mélange d'élégance et de ridicule, de désuétude et de sophistication.

D'une démarche souple, il monte à présent sur la scène et s'empare du micro :

— Je serai bref. Je ne veux pas vous lasser avec une introduction trop longue.

Au sein du public s'échangent aussitôt des regards inquiets. Ceux qui fréquentent Romain Houdin ne connaissent que trop sa fâcheuse tendance au soliloque, quoique lui-même s'en défende. Mais il rassure aussitôt l'assistance en continuant :

— Je sais bien que vous n'êtes pas venus ici ce soir pour m'écouter pérorer, ni par intérêt pour l'association que je préside – Beat the Blue Monday, BBM pour les intimes –, mais pour écouter jouer notre invitée, la merveilleuse pianiste Maria Gary !

Sur le mur derrière lui sont projetés divers articles de presse portant aux nues la musicienne. Sans y prêter attention, Houdin s'attarde sur scène, lui qui tire un immense plaisir de ces occasions, trop rares à son goût, où il peut s'exprimer en public. Peu lui importe de monopoliser la parole ; il a besoin d'être écouté et, si possible, admiré. Comme il le confie souvent à son entourage éploré par cette franchise et ses conséquences, les individus vieillissants ne voient pas que leurs travers empirent avec le temps… Pire, ils prennent de plus en plus de plaisir à y céder, avec de moins en moins de culpabilité !

Le Blue Monday, pic de déprime de l'année

— Vous connaissez tous la date redoutable qui nous réunit ce soir : le troisième lundi de janvier. Soit le jour le plus déprimant de l'année… du moins, si l'on croit les experts ayant effectué de savants calculs sur le sujet. Qu'importe que cela soit entièrement faux, à vrai dire, car en ce qui me concerne, j'y crois dur comme fer ! Qui n'a jamais senti combien était vraie l'expression « se porter comme un lundi » ? Avec la fin de la semaine qui paraît inaccessible. Et ici, avec le salaire de janvier qui n'est pas encore venu combler les folles dépenses engagées pendant les fêtes, les jours courts et les rues glacées au point qu'on se demande si le printemps finira bien par revenir. La plupart d'entre nous n'ont-ils pas déjà renoncé à tenir leurs bonnes résolutions… ? Alors, que faire ? Se complaire dans le bourdon ? Certainement pas ! Et moi, ici et maintenant, depuis cette estrade, je vous mets au défi d'être encore de mauvaise humeur à la fin de ce concert. Combattons la morosité qui nous a accompagnés jusqu'à la porte de cette salle ! Laissez-vous envahir par la musique, accueillez les émotions positives soulevées en vous par le talent de Maria Gary. Au terme de la représentation, je suis sûr que vous vous sentirez mieux. Je retrouverai d'ailleurs celles et ceux ayant encore un peu de patience pour un échange informel autour de l'humeur après le spectacle. Mais maintenant, place à la musique. Voici…

La montée sur scène de Maria Gary, vêtue d'une robe rouge ajustée, n'a pas permis au professeur Houdin de conclure comme il l'aurait souhaité. La concertiste s'avance sur l'estrade et, aussitôt, capte l'attention. Maria n'a qu'à sourire, incliner la tête et promener son regard sur le public pour exercer son charme, affirmer sa présence. Certains, comme Houdin, tentent d'imposer le silence ; devant Maria, le silence se fait naturellement.

D'autant que sa dernière représentation en France remonte à trois ans. Et qu'à ceux qui ont eu le privilège d'y assister, elle a laissé le souvenir d'un récital d'exception : tous en étaient sortis aussi admiratifs qu'épuisés. Depuis, le bouche-à-oreille a fait son effet et, ce soir, ceux qui l'ont déjà entendue jouer s'attendent à un nouveau moment d'émotion. Les autres, eux, sont déjà séduits par sa chevelure brune déployée, sa silhouette élancée, sa démarche en équilibre entre fragilité et vigueur. La robe rouge livre au regard du public des épaules rondes. Elle porte à la naissance de ses seins une colombe en or retenue par une chaîne argentée.

La musique, une palette d'émotions

Lorsque Maria Gary pose ses mains sur le clavier et se lance dans le *Clair de lune* de Claude Debussy, le miracle opère sans attendre. Une vague d'émotion monte du fond du piano et s'étend jusqu'au dernier rang. Comme l'a espéré Houdin, les spectateurs sont conquis, subjugués par la mélodie, traversés par le charme de l'interprétation. Les plus réceptifs ressentent une pression chaude au niveau du cou, du front, de la poitrine.

Très vite, plus personne ne cherche à analyser ce qu'il entend. Chacun en ressent seulement les effets intimes. Certains voient des couleurs, d'autres ont le sentiment que des larmes longtemps refoulées peuvent enfin couler ou que des souvenirs en apparence oubliés sont sur le point de refaire surface. La zone de leur cerveau dédiée à la réflexion et au jugement, un réseau de neurones contrôlant l'intellect, est comme engourdie. Ils se laissent porter par les notes tandis qu'au *Clair de lune* succède un *Intermezzo* de Brahms, *Imagine* des Beatles, différents airs et morceaux puis la transcription pour piano d'une chanson de Barbara, *Le Mal de vivre*. Flottant loin au-dessus de leur fauteuil, ils n'ont aucune envie de retomber : au contraire, ils veulent continuer ce voyage intérieur dans les méandres des souvenirs d'enfance. Tant que

Maria joue, des fourmis gagnent leurs mains, des frissons courent le long de leur échine. Tout au fond de la salle, une jeune femme, habituée des séances d'hypnose, retrouve avec délice la sensation de glisser vers l'arrière dont elle fait l'expérience une fois par semaine dans le fauteuil de sa thérapeute. Au point qu'elle visualise l'endormissement de sa conscience, la plongée lente de son esprit dans une eau tiède, l'éveil de son imagination, la prise de pouvoir de son inconscient sur la raison… L'amygdale, zone profondément enfouie dans le cerveau, devient son centre de gravité.

Quand le piano révèle les émotions de celle qui en joue

Maria Gary a marqué une pause entre deux morceaux. Elle pose les mains au niveau de sa poitrine, se redresse. Aucun applaudissement n'interrompt sa performance. Les spectateurs sont trop émus pour bouger, sidérés au sens propre, comme ces gens frappés de stupeur au passage d'une étoile…

Derrière son piano, elle-même ressent leur béatitude. Elle ne s'en étonne nullement : que son jeu soit capable de troubler et de faire vibrer l'assistance, c'est la moindre des choses ! Pourtant, ce soir s'empare d'elle la sensation d'être allée trop loin dans l'émotion. Au lieu de monter en puissance, elle s'est jetée dans la musique à corps perdu dès les premières mesures, et il lui devient difficile de poursuivre avec la même intensité. Maria songe à ce qu'un de ses homologues pianistes, par ailleurs dresseur à ses heures perdues, appelle « la chute de la planche à bascule » : lorsqu'on fait avancer un chien sur une planche posée en équilibre sur un cylindre, celui-ci monte jusqu'à dépasser le milieu de la planche, qui retombe alors de l'autre côté d'autant plus brutalement qu'il a grimpé vite.

Or, elle vient précisément de chuter, et ne sait comment se remettre en selle. Alors qu'elle se produit en public depuis tant d'années, la musicienne, étrangement, se retrouve soudain démunie, vidée de la force intérieure qui la meut lorsqu'elle joue à son plein potentiel. Un sol qui se dérobe, une crainte sourde qui contre ses certitudes, sa sûreté sur scène vacillant, une angoisse qui monte en elle depuis des semaines. Ces derniers temps, cette appréhension, ce vide étrange lui arrivent fréquemment, au point qu'elle en vient à redouter le point de bascule qui la laisse exsangue face à des auditoires qui, eux, en demandent toujours plus. Bien qu'elle soit incapable d'identifier l'origine précise du malaise qui l'effraie en plein cœur des représentations, elle sent qu'elle fait face, depuis quelque temps, à un bouleversement profond qu'il lui faut surmonter de toute urgence si elle veut poursuivre sa carrière avec le succès connu jusqu'à ce jour. Pis encore, ce soir, ce sentiment troublant, stressant, grandit avec une vigueur et une intensité inédite.

Des images désagréables l'assaillent. Elle se revoit en cours de mathématiques au lycée Dumont-d'Urville de Toulon, avec un professeur qui lui rend sa copie d'un geste sec et déclare avec un rire méchant :

— Je n'ai jamais trouvé autant d'erreurs de raisonnement et d'étourderies en si peu de lignes.

Un mauvais souvenir aussitôt chassé par un autre : celui de sa mère s'enivrant méthodiquement au whisky. Et la certitude que c'étaient ses sales notes qui la poussaient à abuser de la boisson…

Les épaules de Maria tressaillent, sa gorge se serre. Elle inspire. Longuement. Pose à nouveau ses mains sur le clavier. Mais le piano semble la repousser comme un aimant mal orienté. Dans leurs fauteuils rouges, les spectateurs commencent à s'impatienter. À cause du silence gêné qui s'éternise, la magie de l'instant est retombée, le carrosse de Cendrillon est redevenu citrouille. Les murs de la salle Rossini ne les protègent plus de la morosité du mois de janvier, et le *Blue Monday* les frappe à la manière d'une bise venue de territoires menaçants et lointains où l'on ne connaîtrait ni la gaieté, ni les Beatles… Si, comme l'écrivait Sacha Guitry dans *Toutes réflexions faites*, le silence qui succède à un morceau de Mozart est encore du Mozart, le silence qui succède à la transe provoquée par le jeu de Maria Gary tient encore de la transe… mais c'est une hypnose désormais vide et froide, difficile à endurer.

Plus les secondes passent, plus Maria sent qu'elle se noie dans l'angoisse. Seule à bord d'une barque trouée qui s'enfonce en pleine mer, elle cherche du réconfort du côté des spectateurs, mais lit sur leurs visages ce qu'elle interprète comme de l'agacement. En toute hâte, elle improvise une suite à la transcription de Barbara qu'elle vient de terminer. La tranquillité et le calme la gagnent à nouveau. Tant bien que mal, le temps de ce dernier morceau, elle fait de son mieux pour dépasser sa faiblesse, croire de nouveau à son talent, l'exprimer. Mais sitôt l'improvisation terminée, l'image d'un ressort cassé s'impose dans son esprit. Et la foudroie.

Maria Gary ne donne pas de *bis*. D'ailleurs, personne ne lui en réclame – autre signe criant, à ses yeux, de son échec. Son jeu a sonné si faux, ce soir, qu'elle doute de jamais retrouver son niveau d'autrefois, lorsqu'elle avait confiance en elle. *Tu es nulle, et tu l'as toujours été. C'est seulement maintenant que tu t'en aperçois ?* La voix résonne dans sa tête, rapide et grinçante comme dans un mauvais film d'épouvante.

Elle s'efforce de l'ignorer, se lève de son tabouret, la tête haute malgré sa lèvre qui tremble, salue le public avec dignité tout en tentant de conserver une expression neutre. Une jeune femme vêtue de blanc, du chapeau jusqu'aux ballerines, s'approche et lui tend un magnifique bouquet de roses : malgré son sourire chaleureux, Maria décèle, elle en est sûre, un éclair de moquerie dans son regard. La honte rougit ses joues. La panique gagne plusieurs crans dans son esprit en vrac. Elle serre les fleurs entre ses mains, sans se rendre compte que les épines lui griffent les doigts. Du sang perle. La tristesse qu'elle avait réussi à occulter pendant les préparatifs de la soirée revient comme un boomerang. Lutter pour retenir des larmes. Rien d'autre à faire que de partir, de rejoindre sa loge au plus vite, de laisser loin les regards scrutateurs et furieux. Fuir.

La mauvaise humeur : une voix de reproche

Alors qu'elle quitte la scène d'un pas maladroit, Maria entend encore plus fort résonner dans sa tête la voix des reproches. Est-ce celle de son père ? De sa professeure de piano ? Ou, simplement, celle de sa conscience ?

C'est du propre ! Tu penses être la seule à mesurer l'étendue du fiasco ? Détrompe-toi : le public t'a démasquée. Derrière les sourires de façade et les regards d'encouragement, il est terriblement déçu. Les gens se tairont par correction, mais ils ont trouvé ton interprétation à peine acceptable, sans aucun génie. Beaucoup se sont endormis pendant que tu jouais et se réveillent à peine ! Tu n'as fait vibrer personne. Tu es quelconque, une pianiste à peine douée qui se cache paresseusement derrière sa technique. Une rien. Une nulle.

La foutue voix intérieure lui susurre qu'elle est restée plantée trop longtemps sur scène, paralysée et minable avec son bouquet de fleurs entre les mains. Que ses jambes qui tremblaient, son cœur qui battait à tout rompre, chacun les a vus. Que les spectateurs détournaient le regard, gênés, ce dont elle ne peut leur en vouloir. *Ton jeu a été désespérément lent, surtout dans l'adaptation des Beatles. Personne n'a reconnu* Imagine. *Quant à Claude Debussy, il ne te pardonnera jamais l'affront fait à son* Clair de lune...

Une seule échappatoire : gagner les coulisses. Les derniers applaudissements qui retentissent accroissent sa détresse. *Ne te fie pas aux acclamations. Quelques spectateurs charitables auront voulu te consoler de jouer aussi mal...* Elle qui prenait cela pour des sottises ! Aucun doute, on ne défie pas impunément le *Blue Monday*.

Musique et humeur

La voix de Romain Houdin résonne, à la fois enjouée et professionnelle. Pour prolonger le Concert Annuel de la Bonne Humeur et vanter les mérites de son association BBM, il annonce au public :

— Merci à Maria pour cette incroyable et si personnelle interprétation. Quel talent ! Quant à celles et ceux qui le peuvent et le souhaitent, je les invite à rester avec moi dans cette salle confortable, avant d'affronter neige et verglas, pour partager ce que j'ai découvert au fil de mes recherches sur les liens entre musique, humeur et émotions. Je ne peux certes rien faire pour arranger la météo qui sévit dehors, mais je peux vous apprendre à vous réchauffer de l'intérieur…

Tels sont les derniers mots qu'entend la concertiste avant de refermer la porte de sa loge dans un soupir de soulagement. Elle pose le bouquet sur sa coiffeuse, examine ses paumes égratignées, qu'elle désinfecte sommairement. Attrapant un gilet abandonné sur le dossier d'un fauteuil, elle s'y enroule et voudrait y enfouir son visage jusqu'à disparaître. Sa tête tourne. Pour résister au vertige, elle se love contre le dossier. Malgré la tristesse, elle a sa fierté, et tient à ce que personne ne la voie dans cet état. Elle ignore l'odeur de renfermé et de vieux tabac froid qui flotte dans la pièce, et se souvient des conseils prodigués autrefois par l'un de ses professeurs de piano, un homme âgé à la voix douce et bienveillante. Qu'elle prononce à mi-voix afin qu'ils couvrent le chaos de ses pensées :

— Je ne saurai jamais si j'ai aussi mal joué que je le pense. Ce qui est sûr, c'est que la fin du concert ne s'est pas déroulée comme je l'espérais : la situation m'a échappé, et me voilà passée en un instant de la lumière à l'ombre, de l'euphorie à la déprime. Mais il n'y a là rien de définitif ! Ça arrive aux meilleurs. Maintenant que j'ai touché le fond, un bon coup de pied va me ramener à la surface.

Une vague d'applaudissements lui parvient. Les spectateurs réclament-ils un autre morceau ? Ou remercient-ils le maître de cérémonie ? Quoi qu'il en soit, s'aventurer hors de son refuge lui est impossible. Maria continue à marmonner de manière à tenir sa voix intérieure en échec. Une phrase d'Albert Camus lui vient à l'esprit, tirée du *Mythe de Sisyphe*, ce livre qui a toujours été son phare dans la tempête, qui lui sert de guide à chaque fois qu'elle doute d'elle-même. La tristesse qui se dégage de l'œuvre, paradoxalement, l'apaise. Sisyphe ne se demande pas pourquoi l'être humain se décourage parfois, mais plutôt comment il parvient à ne pas se décourager en permanence :

> « Il y a beaucoup de causes à un suicide… On se suicide rarement (l'hypothèse cependant n'est pas exclue) par réflexion. Ce qui déclenche la crise est presque toujours incontrôlable… Il faudrait savoir si le jour même un ami du désespéré ne lui a pas parlé sur un ton indifférent… Cela peut suffire à précipiter toutes les rancœurs et toutes les lassitudes encore en suspension. »

Un plan de secours dépassé

Maria Gary sait, pour l'avoir vécu à plusieurs reprises, que les idées tristes gagnent du terrain dans son esprit lorsqu'elle est seule, mais se laissent plus facilement chasser lorsqu'elle s'en ouvre à autrui. Il lui faut donc trouver d'urgence le confident ou la confidente digne de confiance. Qui ? Une impulsion pousse sa main à fouiller dans son sac, suspendu à l'accoudoir du fauteuil. Le petit carnet de souvenirs que son professeur de piano l'a incitée à constituer quelques semaines plus tôt apparaît. L'objet semble dater d'une autre époque – un temps où elle avait encore confiance en elle, mais qu'importe : page après page, elle parcourt lentement les photographies qu'elle y a collées, images qui sont censées l'apaiser au cas où la déprime arriverait et la submergerait. Mais en ce soir de *Blue Monday*, ces souvenirs ne font qu'accentuer son mal-être.

Le polaroïd d'elle, enfant, jouant du piano devant sa mère qui l'admire, qu'elle adore voir d'ordinaire ? *Tu as trahi sa confiance. Tu ne mérites pas l'intérêt qu'elle te porte*, réplique la voix.

La photo où elle brandit son diplôme de Premier Prix du Conservatoire de Paris ? *Encore une raison d'être déçue. Tu avais du talent, mais tu n'en as rien fait. Il est peut-être définitivement gâché.*

Le cliché où elle serre la main de son idole, la pianiste argentine Martha Argerich ? *Tu ne méritais pas de l'approcher. C'est une pianiste hors pair, imperméable au temps comme à la fatigue. Toi, tu cales à la première difficulté.*

Une phrase entendue un jour à propos de la reine Martha Argerich lui revient soudain à l'esprit : « Elle ne joue pas Bach. Elle fait se lever le soleil sur le monde. Mais cette clarté, qui illumine tout, l'aveugle et lui brûle les doigts. » Tandis qu'elle savoure ces mots, presque distraite de son angoisse, la voix intérieure revient à la charge. Plus grinçante, elle veut la punir d'oser ébaucher la moindre comparaison avec la concertiste qu'elle admire le plus au monde : *Toi, tu n'en es pas là. Et tu n'y seras jamais ! Nul besoin de te dire qu'aucun soleil ne se lève quand tu assassines Bach ou Barbara...*

Tournant les pages, elle tombe sur une photo où elle pose avec son ancien ami et amour Gabriel, lui aussi pianiste. Ils se tiennent main dans la main sur les quais de Honfleur, à la sortie d'un concert pour deux pianos qui a fait salle comble. Le mauvais génie marmonne dans son cerveau : *Encore une preuve de ton incompétence. Tu aimais Gabriel, mais tu n'as pas su le garder, trouver les bons mots pour le convaincre de rester. Tu n'es ni assez intéressante, ni assez douée pour qu'un homme qui te plaît reste à tes côtés plus de quelques mois. Non seulement ta carrière est compromise, mais tes amours ne vont pas mieux !*

Trop de violence, de regrets, de doutes, de douleur d'un coup. Assaillie, Maria referme le carnet d'un geste sec et le jette au fond de son sac. Brusquement, une peur la foudroie : est-elle revenue à la case départ lorsqu'adolescente, elle hésitait entre une carrière dans la musique et une formation d'ingénieure ? Cette trouille, ces angoisses sont-elles un manège chargé de lui dire qu'elle s'est toujours fourvoyée, qu'elle n'était pas faite, contrairement à ses prétentions, pour consacrer sa vie au piano ? Lui reviennent ses hésitations d'alors, quand il lui semblait qu'un emploi « sérieux », plus prévisible et plus acceptable socialement, serait synonyme de stabilité. Quand elle pressentait que plonger à corps perdu dans la musique ne serait pas sans conséquences sur sa vie privée, en particulier ses relations amoureuses. Remontent à la surface ses longues tergiversations, puis le jour où elle a décidé que seule la pratique du piano donnerait du sens à son parcours, et lui permettrait d'exister pour elle-même comme dans le regard de ses proches. Mais aujourd'hui, rien n'est moins vrai ! La musique comme l'amour sont même devenus des terrains hostiles. Cela fait deux semaines que Gabriel est parti. Et elle a beau penser que, sans se l'avouer, il est sans doute jaloux de sa réussite – Gabriel, répétiteur de piano vacataire au lycée Michelet de Vanves, reste un parfait anonyme dans le milieu de la musique professionnelle malgré ses efforts –, sa présence et leur complicité lui manquent. « Je suis une ratée », voilà le refrain qui résonne en elle.

Références

Albert Camus, *Le Mythe de Sisyphe. Essai sur l'absurde*, Gallimard, 1942.

Si vous avez toujours aimé les cours théoriques et les explications, le professeur Romain Houdin va vous satisfaire. Suivez-le page 33 pour découvrir sa leçon sur la bonne et la mauvaise humeur.

Si vous êtes impatient et que vous ne trouvez pas indispensable de savoir comment la médecine et la psychologie définissent l'humeur, rendez-vous directement page 52 afin de découvrir comment Maria Gary choisit ses plus proches amies.

2

La leçon du professeur

Comment définir la bonne humeur ?

Tandis que Maria se débat avec son chagrin, Romain Houdin est, de son côté, plutôt satisfait de la tournure qu'a prise la soirée. Il lui semble avoir perçu un certain trouble chez la pianiste lorsqu'elle s'est échappée vers les coulisses, mais peut-être se fait-il des idées ? En attendant, il ne résiste pas au plaisir de se retrouver au centre de l'attention. À sa surprise, la salle Rossini ne s'est pas complètement vidée : quelques insomniaques sont prêts à écouter sa leçon sur la bonne humeur. Pour lui qui est en fin de carrière, capturer ainsi un auditoire, aussi modeste soit-il, est le plus délicieux des luxes. Peu lui importe qu'il ne reste qu'une vingtaine de personnes, la quantité ne fait pas la qualité. Et mieux vaut une poignée de passionnés que trop d'apathiques. À lui d'en profiter !

Se redressant, un sourire de conviction sur le visage, il demande au régisseur d'éteindre les projecteurs du fond de la salle, dont la lumière crue l'aveugle, pour que ne demeurent que deux lampes sur la scène, créant une atmosphère tamisée, propice à son sujet.

Houdin accepte de parler face à un auditoire clairsemé parce qu'il n'en est pas à son coup d'essai. Ayant longuement enseigné l'anatomie du cerveau en faculté des sciences, la biologie des émotions en faculté de chimie, puis les causes et signes de la dépression en faculté de médecine, il a développé un seuil de tolérance élevé à l'inattention ou l'endormissement d'autrui, tant que quelques paires d'yeux l'observent et que quelques paires d'oreilles l'écoutent. Mieux, il trouve désormais du plaisir à convaincre. Ses mots ne soulèvent aucune passion ? Tant pis. Il lui faut rappeler parfois à l'ordre les gens installés devant lui lorsqu'ils sont distraits ? Rien de plus facile. Un auditoire, amorphe, dissipé ou bruyant, a l'immense mérite de ne pas le laisser seul face à ses théories sur les émotions. S'il le fallait, il serait prêt à faire cours devant une seule personne, pour peu qu'elle boive ses paroles.

Afin d'enclencher la discussion, Houdin invite les spectateurs encore présents à poser leurs éventuelles questions sur le *Blue Monday* et, plus généralement, sur la bonne et la mauvaise humeur. Devant l'absence de réaction – cela ne l'étonne plus, la fatigue et la timidité paralysant beaucoup d'auditoires –, il décide de prendre en charge à la fois les questions et les réponses. Après tout, est-on jamais aussi bien interviewé que par soi-même ?

— Si vous êtes encore là, c'est qu'une part de vous se demande, au fond, ce qu'est la bonne humeur…

Les présents se demandent-ils quelque chose ? Sont-ils restés par intérêt, par politesse, ou pour échapper au froid quelques instants ? Parce que bientôt, il sera minuit et l'on pourra officiellement fêter la fin du *Blue Monday* en priant pour que la suite de l'année soit plus gaie ? Les plus pressés s'imaginent-ils déjà en été, bercés par une bonne odeur de soleil qui les envelopperait comme une promesse de vacances ? Peu lui importe, il aime ce moment où, pour partager ses convictions et sa science, il prend d'une certaine manière le pouvoir. Mieux, il est convaincu, en plus de flatter son *ego*, de pouvoir aider les gens. Être porté par sa foi en quelque chose n'empêche en rien d'être altruiste.

Qu'est-ce que l'humeur ?

— Pour comprendre l'humeur, commence Romain Houdin, il faut d'abord accepter… qu'elle échappe en grande partie à la compréhension ! Bien sûr, il est possible de décortiquer nos états d'âme dans certaines situations, voire de les orienter. Mais nous sommes loin d'avoir résolu l'ensemble du mystère. Commençons par quelques notions d'anatomie : nous possédons tous, au niveau du cerveau, un réseau de cellules qui produit des émotions. L'humeur ne dépend pas seulement de ce qui nous arrive au cours d'une journée ni de ce que l'on a mangé ou bu, mais aussi du fonctionnement de nos neurones. Cette « machine » à fabriquer de la bonne ou de la mauvaise humeur intrigue les médecins depuis l'Antiquité. D'ailleurs, le mot « humeur » a été inventé à l'époque d'Hippocrate, et remonte donc au Vᵉ siècle avant l'ère chrétienne. Installé sous son arbre de l'île de Kos, en Grèce, Hippocrate enseignait à ses disciples que la santé comme l'état d'esprit dépendent de fluides qui circuleraient plus ou moins bien dans notre corps. Lorsqu'on est mélancolique, c'est que l'on aurait la bile noire – en grec, *mélos* signifie « noir » et *khole* désigne la bile. Nous gardons d'ailleurs encore aujourd'hui des traces de cette idée, comme l'atteste l'expression « se faire de la bile ». Toujours selon la théorie des humeurs, lorsque le corps contient trop de lymphe, on serait lymphatique, c'est-à-dire lent, engourdi ; au contraire, si l'on a trop de sang, on serait sanguin, autrement dit impulsif. Un surplus de bile rendrait bileux, colérique. Aucune de ces affirmations n'a été validée par la science et le concept d'humeur au sens de fluide corporel n'existe plus en médecine. Quant aux fameuses saignées, elles ont fort heureusement été abandonnées depuis longtemps contre la dépression. Évidemment, on sait aujourd'hui que la bile est sans lien avec le moral. Mais sachez que la lymphe, elle, reste un fluide mystérieux.

À mesure qu'il parle, le professeur sent ses automatismes d'enseignant se mettre en marche. Il parcourt l'estrade de long en large, plonge habilement son regard dans celui des spectateurs distraits ou bavards afin de capter leur attention, qu'il sent frémir.

Il n'a pas entendu Maria sortir des coulisses et s'avancer vers la scène. Debout quelques mètres derrière lui, dérobée aux regards par l'obscurité et les rideaux de velours, elle se cache et prête une oreille attentive à ses explications. Pourrait-elle en tirer des enseignements ? La perspective, mieux, l'espoir, la titille, mais très vite, dans son esprit, c'est l'image de Gabriel qui revient et l'obsède. Depuis qu'il l'a quittée, elle doute de jamais retrouver le grand amour. Quel homme voudrait d'elle ? S'intéresserait à elle ? Mérite-t-elle seulement qu'on lui prête attention et affection ?

Lequel de ces messieurs accepterait de partir avec moi en vacances ? en vient-elle à songer dans un enchaînement d'idées automatique. *Tous vieux, bien mis, aucune chance*, ronchonne-t-elle *in petto. Quelqu'un avec qui vivre une histoire d'amour passionnée, ici ? Impossible. Ni ici ni ailleurs.*

Brusquement, son regard s'arrête sur un spectateur au troisième rang. Veste en velours, pull rouge à col roulé, elle ne saurait dire pourquoi, mais l'inconnu retient son attention. Parce qu'il est plus jeune ? Parce qu'il paraît moins guindé que d'autres, tout en semblant faire attention à lui ? Sa voix intérieure, pour une fois, adopte un ton neutre :

Tu aimes les hommes aux vêtements confortables et chics à la fois. S'ils font attention à eux, sauraient-ils faire attention à toi ? Tu aimes qu'ils portent des tissus souples, qu'ils soient libres de leurs mouvements, parce que cela leur donne l'air plus ouvert, moins coincé que ceux qui se sanglent dans un costume rigide et une cravate ajustée.

L'homme est un savant mélange de différents styles. Entre deux âges, il semble à la fois concentré et amusé par la leçon du professeur. Dans ses cheveux d'une couleur incertaine, au milieu du brun dominant, émergent quelques mèches grises. Depuis sa cachette, Maria le dévisage. Et même l'envisage. Elle se rappelle avoir croisé son regard lorsqu'elle s'est levée pour saluer. Son rythme cardiaque augmente légèrement : elle se surprend à imaginer, voire à se projeter… Incongru ? Le mérite-t-elle ? Et s'il fallait oser parfois ?

J'attends la fin de la leçon, je sors en douce pour me mêler aux spectateurs qui quittent la salle, et je trouve un prétexte pour lui adresser la parole... gamberge la musicienne. *Après tout, quel lien entre le piano et l'amour ? Je ne peux pas être malchanceuse en tout !*

D'un coup, son visage se rembrunit et sur son humeur moins sombre s'abat une nouvelle douche froide. Le siège à côté du spectateur en veste de velours vient de trouver une occupante. Visiblement, la sophistication nonchalante de l'inconnu a déjà fait son effet. Une femme en blouson de cuir clouté s'approche et l'embrasse sur le front. Il réagit en frôlant ses lèvres. *Catastrophe, il y a des jours où Cupidon ne fait pas de cadeaux...*

Déçue, agacée contre elle-même et ses réactions de midinette capable de changer d'humeur comme une girouette, de se torturer à regarder un duo dont elle est exclue, Maria reporte son attention sur Houdin, à présent interrogé par un spectateur. Suspicieux, le monsieur. Assis au premier rang, le front couvert de sueur, il se dresse même de son siège pour interpeller le conférencier d'une voix forte :

— Ce que vous affirmez sur la théorie des humeurs ne m'inspire pas confiance. Qui nous dit qu'elle ne rentrera pas en grâce dans quelques années ? À l'heure où nous parlons, des chercheurs sont peut-être en train de valider les hypothèses d'Hippocrate. Et puis, on ne nous dit pas tout, surtout en ce qui concerne notre santé... Certains ont intérêt à maintenir les citoyens dans l'ignorance afin de mieux les manipuler...

D'emblée, le professeur se met en mode « prudence ». À la pomme d'Adam qui monte et descend sous l'effet de l'indignation de son interlocuteur, à la raideur qui se dégage de ses gestes, à son torse creux, à sa bouche pincée, il devine une personnalité aux idées bien arrêtées qui pourrait s'emporter. Lui, qui n'a foi qu'en la science et qui prend comme un affront personnel tout doute émis à l'encontre des études médicales sérieuses, cherche un moyen d'esquiver habilement le débat biaisé dans lequel l'autre souhaite l'entraîner. Mieux vaut lui répondre en affichant un sourire courtois et poursuivre sa leçon d'un ton égal :

— Je disais donc que l'humeur reste une notion en grande partie mystérieuse. Pour ne rien arranger, sachez que la bonne humeur telle qu'on l'entend dans le langage courant n'a pas grand-chose à voir avec les critères de la bonne santé mentale établis par les psychiatres et les psychologues. Sont généralement décrits comme étant « de bonne humeur » les gens qui prennent la vie du bon côté quoi qu'il arrive, et sifflotent en buvant leur café. En poussant la caricature, on en arrive à amalgamer la bonne humeur et la jovialité, celle des gens qui dansent la chenille à la fin d'une fête en hurlant des chansons à boire : et je parle bien, ici, d'être bon vivant, blagueur, d'évacuer toutes les questions qui fâchent en trinquant. Les personnes concernées n'ont pas de mots assez durs contre ceux qui, au contraire, s'écoutent, se laissent parfois aller à la morosité, sont trop sensibles ou exagèrent leurs problèmes. Après tout, eux-mêmes en ont vu d'autres et s'en sont sortis sans se prendre au sérieux, alors, les rabat-joie… ! Un bon film, une soirée entre copains, et ça repart, pensent-ils. Hélas, quand on va vraiment mal, l'alcool et les fêtes ne servent à peu près à rien et ne soulagent pas davantage qu'une tape amicale sur l'épaule.

Le spectateur méfiant, qui s'était rassis, se dresse à nouveau comme un pantin à ressort sortant de sa boîte pour interrompre Houdin :

— Plutôt que de procéder par élimination, dites-nous une fois pour toutes ce qu'est l'humeur, selon vous !

Cette fois-ci, Houdin hoche la tête et répond :

— J'y viens. Malheureusement, nous autres, médecins, nous y connaissons davantage en maladie qu'en bonne santé, et en dépression qu'en bonheur. Notre priorité est d'alléger au cas par cas les maux dont souffrent nos patients, et plus rarement de les guider vers un bien-être durable… Cela dit, la meilleure définition de l'humeur est à mes yeux celle qu'en a donnée le psychiatre français Jean Delay :

> « C'est une notion facile à entendre mais difficile à définir que l'humeur. L'humeur est notre disposition affective fondamentale. Elle donne à chacun de nos états d'âme une tonalité agréable ou désagréable, oscillant entre deux pôles extrêmes du plaisir et de la douleur. »

Toujours cachée derrière son rideau, mais désormais assise sur une chaise, Maria écoute les explications de Romain Houdin. Et les prend pour elle-même. En quoi la définition de Jean Delay s'applique-t-elle à ce qu'elle ressent ? Son mal-être est plus simple, plus radical qu'une vague « tonalité ». Sa définition à elle est plus directe, brusque, brutale, violente : tout va de travers. Point final. Rien à épiloguer. Une pointe de colère remonte même à sa gorge. Pourquoi tant tourner autour du pot ?

— Jean Delay, continue Romain, décrivait la tristesse et la gaieté – deux notions à première vue contraires – comme des états d'âme pas si différents lorsqu'on les observe de près.

> « Mauvaise et bonne humeur se ressemblent comme tous les contraires, cite-t-il. Ils représentent tous deux un état fort de l'humeur, une vibration élémentaire et intense qui intègre tous les autres états d'âme dans une résonance unique. »

Et d'enchaîner :

— Cette description médicale est solide, limpide, indiscutable. Pourtant, je serais bien en peine de vous dire en quoi elle est utile au quotidien… Si je la citais à un patient en consultation, cela ne lui ferait pas plus de bien que si je lui décrivais la forme de son cerveau.

Sans s'en rendre compte, la pianiste opine. Quant au contradicteur de la salle, il semble avoir retrouvé son calme. De fait, au lieu de couper une nouvelle fois la parole au conférencier, il lève poliment la main avant d'avancer :

— N'est-ce pas une fâcheuse habitude des experts en médecine que de cacher leurs lacunes derrière des mots compliqués, des formules chimiques ou des théories qui nous dépassent ? Pour moi, la complexité de leurs thèses masque l'étendue de tout ce qu'ils ignorent. Et je ne parle pas de ceux qui sont payés en sous-main par l'industrie pharmaceutique…

Les pensées divagatrices de Maria sont interrompues par la repartie, plus douce dans la forme mais cinglante sur le fond. Elle aimerait entendre la réponse du professeur, mais sa voix intérieure revient à cet instant précis, plus péremptoire que jamais :

Tu as déçu Houdin. Il t'en veut à coup sûr. Ou plutôt, non : il savait dès le départ qu'il n'y avait rien à attendre de toi, lui qui s'enflamme seulement pour des théories scientifiques auxquelles tu ne comprends rien. Regarde : il préfère discuter de bonne et de mauvaise humeur avec des inconnus plutôt que de s'inquiéter de tes états d'âme de pauvre fille. Il n'a même pas cherché à prendre de tes nouvelles ! Si ce n'est pas de l'indifférence !

La colère monte à nouveau. Les pensées noires se succèdent. Et visent le professeur :

Après tout, le fiasco est aussi sa faute ! C'est à cause de lui que tu t'es effondrée. Il ne t'a ni protégée ni entourée, a exigé des morceaux différents de ton répertoire habituel, tristes, déprimants... autant dire des pièges ! En tant que psychiatre, il aurait pu et dû anticiper ce qui t'arriverait.

Les trois bonnes humeurs : calme, énergie ou sécurité

Houdin, qui ne s'est toujours pas aperçu de la présence de Maria dans les coulisses, répond patiemment au spectateur :

— Je ne suis pas plus à l'aise que vous avec les définitions trop théoriques de l'humeur. D'ailleurs, comme je l'ai précisé, ce n'est pas ce que mes patients attendent de moi. C'est pourquoi je me suis forgé, au fil du temps, ma propre grille de lecture. Elle est issue de mes longues années de recherche et, surtout, de mes rencontres avec des patients qui ont trouvé la lumière après avoir longtemps broyé du noir.

Une dame installée au dernier rang hausse la voix pour se faire entendre :

— Vous vous croyez supérieur aux experts dont les définitions font foi ?

Le conférencier accueille l'objection avec un sourire, mais se sent désarçonné par l'hostilité de la salle. Le *Blue Monday*, décidément, fait des ravages ! De peur que ces contradicteurs ne l'empêchent de terminer sa leçon, il s'empresse d'exposer les trois grandes catégories de bonne humeur qu'il a imaginées.

La bonne humeur calme ou apaisée

— La première forme de bonne humeur, selon moi, n'est autre que la sérénité. Elle consiste à prendre, en toute simplicité, du plaisir à l'absence de souffrance. Le poète Claude Vigée l'a bien formulé : ce n'est pas ce qui nous arrive, mais tous les maux que nous évitons qui relèvent du miracle ! La bonne humeur calme ou apaisée est un état dans lequel on ne souffre pas, ou pas trop. Nous sommes épargnés par les émotions négatives. Le chirurgien René Leriche définissait d'ailleurs la santé comme « la vie dans le silence des organes »… La bonne humeur serait alors une sorte de silence de l'esprit.

La bonne humeur « waouh »

— Viennent ensuite les moments « waouh », qui nous transportent vers des sommets de joie et dont nous ressortons souvent lessivés. Cette humeur-là est faite d'un entrain et d'un optimisme à toute épreuve, qui font trouver du sens à la vie quelles que soient les épreuves traversées. Elle est généreuse, altruiste, et demande à être partagée. Elle signifie que l'on s'enthousiasme pour l'instant présent, sans rien attendre du futur auquel on ne pense plus. Tout fait plaisir, tout intéresse ! On a envie de lier conversation avec de parfaits inconnus, de tomber amoureux, de s'engager pour des causes qui transcendent… En ce qui me concerne, je me demande toujours si les personnes d'humeur « waouh » n'ont pas eu recours à certaines substances illicites pour atteindre cet état !

Il essaie un sourire complice avec son auditoire… qui tombe à plat.

La bonne humeur résiliente

— Enfin, voici la forme de bonne humeur dont je me sens le plus proche : la résilience. Elle est le territoire des femmes et des hommes qui ont traversé des épreuves difficiles, et en gardent des cicatrices. On les reconnaît à l'attention qu'ils ont développée pour les petites joies du quotidien, à leur capacité à apprécier la moindre parcelle de bonheur, même fugace. La bonne humeur résiliente a quelque chose de l'arc-en-ciel après l'orage. Elle vient au moment où on ne l'espérait plus, et aide à la cicatrisation d'un deuil ou d'une grande déception. Cela me fait penser à la joie de vivre de la chanteuse Barbara, qu'elle a retrouvée après des années de mal-être.

Houdin interrompt son exposé en voyant certaines des têtes opiner et d'autres le contredire. Mieux vaut accorder la parole aux bavards de son auditoire. Il demande donc aux spectateurs – du moins, à celles et ceux qui l'écoutent – quelle est la forme de bonne humeur qu'ils préfèrent ou ressentent : cet appel direct va les réveiller, pense-t-il. Des réponses s'élèvent, timides pour ceux qui jusqu'ici n'ont pas bronché, plus affirmées pour les deux libérés. S'il est pénible d'admettre que certaines choses nous attristent ou nous énervent, il est parfois tout aussi délicat de dévoiler ce qui nous remonte le moral : le moment est donc crucial.

Maria se prête aussi au jeu. Dans le brouillard mental qui l'encombre, elle se dit qu'une bouffée de calme serait bienvenue. Cela dit, au tout début de la représentation, lorsque le piano semblait lui répondre et même anticiper les mouvements de ses doigts, elle n'était pas loin d'une bonne humeur « waouh », elle qui débordait d'énergie et en voulait plus ! Mais à présent, en pensant aux jours moroses qui l'attendent, elle estime que c'est bien de résilience qu'elle aura besoin…

Comme à chaque fois qu'on lui demande de se placer dans une catégorie, la pianiste hésite et tergiverse. À la manière d'un caméléon qui change d'aspect selon l'endroit où on le pose, il lui semble qu'elle passe d'une humeur à une autre en un éclair et en regrettant tout de suite après la précédente. Quelle est sa couleur dominante ? N'est-elle pas un manteau d'arlequin sans cohérence dès qu'on y regarde de près ? Choisir, c'est renoncer, mais elle n'a envie de se priver d'aucune des trois formes de bonne humeur décrites.

Houdin, toujours seul sur la scène, pose une nouvelle question :

— Parmi les trois propositions suivantes, laquelle décrit le mieux l'état émotionnel dans lequel vous aimeriez passer les derniers moments de ce *Blue Monday* : le calme, l'énergie ou la sécurité ?

Les spectateurs échangent à voix basse, débattent, hésitent. Un vote à main levée s'improvise : les deux tiers de la salle recherchent le calme, tandis que les autres se répartissent équitablement entre énergie et sécurité.

Comment la musique abat la déprime

Profitant d'un moment de flottement, l'homme méfiant du premier rang se lève à nouveau. Il a retiré son épaisse écharpe rouge et son cardigan, retroussé les manches de sa chemise et, ainsi découvert, paraît avoir encore gagné en assurance et en verve. Houdin l'encourage d'emblée à s'exprimer.

— Je ne comprends toujours pas où vous voulez en venir. Toutes ces péroraisons sur l'humeur sont très savantes, mais ce sont des élucubrations, et nous sommes venus assister à un concert. Or pas un seul instant, dans vos tirades, il n'est question de musique ! Serait-ce un hasard si vous avez choisi de combattre le *Blue Monday* par le piano ? Pourquoi pas un sketch ou une comédie ? Il serait peut-être temps d'en dire un mot, ne serait-ce que par respect vis-à-vis de votre invitée, Maria Gary.

Cette dernière sursaute en entendant son nom. Le ton désagréable l'agresse, mais l'homme n'a pas tort : elle aussi aimerait savoir si l'on peut attendre de la musique des vertus anti-déprime. Après sa performance qu'elle juge désastreuse, l'espoir de trouver dans la musique un remède à son mal serait un soulagement.

Sur scène, Houdin ne se laisse nullement déstabiliser. Au contraire, il ajuste son nœud papillon avec l'air satisfait de celui qui a gardé son meilleur atout pour remporter la partie :

— Excellente question, se rengorge-t-il. La musique est précisément au centre de la lutte contre le *Blue Monday*, et contre la déprime en général. Elle est certainement l'outil le plus précieux à notre disposition lorsqu'on a besoin d'agir sur l'état émotionnel. Vous en aviez déjà l'intuition, puisque vous avez accepté d'assister à un concert en cette morne soirée… En ce qui me concerne, j'ai rencontré au cours de ma vie, que ce soit dans la sphère privée ou dans le cadre de mon travail, beaucoup de personnes que la musique a proprement transformées. Vous avez, comme moi, ressenti ce soir la puissance du jeu de Maria Gary : peut-être même avez-vous accédé, en l'écoutant, à un niveau de bien-être inédit…

Depuis les coulisses, Maria trouve que le professeur en fait trop. Son jeu n'a rien eu d'extraordinaire ; elle n'a transmis que de mauvaises émotions. Mais Houdin continue sur sa lancée :

— Puisque vous souhaitez en apprendre davantage sur les liens qui unissent la musique à l'état d'esprit, sachez ceci : de même qu'il existe plusieurs formes de bonne humeur, il existe différents types de mélodies susceptibles d'avoir un impact sur ce que nous ressentons. J'en ai identifié trois : d'abord les mélodies apaisantes, planantes, rêveuses ; ensuite, les rythmes stimulants ; et enfin, les musiques que l'on joue, compose ou improvise soi-même. Celles et ceux qui recherchent une humeur calme trouveront leur bonheur en écoutant Bach ou Mozart. Mieux, certains morceaux ont été érigés en véritables traitements anti-tristesse – exactement ce qu'il nous faut en ce *Blue Monday* ! Les plus utilisés sont la *Sonate en ré majeur pour deux pianos K448* de Mozart, et la *Marche turque*.

À l'évocation de ces œuvres que Maria connaît bien, pour les avoir jouées des milliers de fois, sa voix intérieure se réveille :

Toi, tu joues Mozart de manière beaucoup trop mécanique pour espérer vaincre la tristesse. Il te faudrait plus de légèreté, de rythme... Moins de technique ennuyeuse et plus de joie !

— La sonate de Mozart, poursuit Romain, a fait ses preuves en termes d'impact tant sur les croyances, la cognition, que sur les émotions. Les *Concertos italiens* de Bach sont, quant à eux, souvent joués dans les maisons de retraite : ils aident nos aînés à retrouver certains souvenirs. Enfin, les sonates pour piano de Corelli ont pour effet, chez les bébés prématurés, de contribuer au développement du cerveau... Voici donc trois compositeurs dont l'action anti-déprime n'est plus à démontrer !

Romain Houdin s'interrompt afin de laisser la place à d'éventuels commentaires ou critiques. La seule qui voudrait intervenir est Maria mais, toujours perchée sur sa chaise, écartant le rideau du bout des doigts pour apercevoir la scène et le public, elle n'ose prendre la parole.

— Lorsqu'on cherche à provoquer une bonne humeur énergique, l'idéal est naturellement de s'exposer à une mélodie entraînante, sur laquelle on peut danser. Bien sûr, à chacun son rythme : du rock au rap en passant par la valse ou le hip-hop, il y en a pour tous les goûts. Les musiques rythmées font d'autant plus de bien qu'on a tendance à les écouter assez fort, ce qui décuple leur effet – dans la limite d'un volume sonore respectueux de notre ouïe, cela va sans dire. Cependant, dans les cas de déprime les plus sévères, on recommandera plutôt l'improvisation. Ce type de thérapie a été testé aux Pays-Bas. Ses effets ne sont pas encore bien connus, mais l'on sait déjà que le contact physique avec un instrument est bénéfique, et que l'improvisation améliore la communication entre le corps et l'esprit.

Serais-tu capable d'improviser sur scène ? ironise la voix. *Tu sais le faire chez toi, ou dans le confort d'une salle de conservatoire, mais le courage d'affronter un public exigeant sans partition, l'aurais-tu ? Ta tentative de tout à l'heure laisse plutôt penser le contraire…*

Houdin poursuit, imperturbable :

— Qu'ils soient amateurs ou professionnels, les musiciens sont à l'écoute de leur corps dès qu'ils soufflent dans une trompette ou tapent sur un tambour. Le thérapeute est là pour les aider à choisir un instrument, puis les laisser improviser. Parfois, c'est lui qui commence à jouer, avant de les inviter à se synchroniser avec lui. Si j'en avais eu les moyens, j'aurais peut-être organisé une séance d'improvisation ce soir…

Le spectateur du premier rang grogne, sourcils froncés :

— Si je vous suis, la musique est un anxiolytique puissant, presque une drogue ! On devrait donc faire attention à ce que l'on écoute ?

— Rassurez-vous, répond aussitôt le professeur : ses effets ne sont ni aussi rapides, ni aussi brutaux que ceux de l'héroïne, ou même de l'alcool. Une session d'improvisation doit durer au moins trente minutes, sans quoi elle est inefficace ; en outre, elle nécessite une grande concentration. Aussi, les esprits distraits ou à la recherche d'une satisfaction immédiate n'y trouveront pas leur compte. Mais ceux qui savent écouter comment la musique fait battre l'âme entrent dans le cercle vertueux de la pleine conscience des notes et des rythmes. Plus on écoute attentivement, plus on ressent d'émotions agréables. Pour le dire autrement, la musique nous apprend à nous focaliser sur l'instant présent, et nous l'aimons un peu plus à chaque fois pour cela.

Encore faut-il être capable de jouer sans trahir.

Emporté par son enthousiasme, Houdin conclut la soirée en proposant aux spectateurs du concert annuel un exercice à faire chez eux :

— Si vous souhaitez mettre en pratique dès ce soir la musique comme catalyseur de bonne humeur, écoutez Mozart, Bach ou Corelli pendant une demi-heure ou une heure en rentrant chez vous ; une musique contemporaine au rythme rapide fera également l'affaire. Mieux, essayez d'improviser sur l'instrument de votre choix !

— De la trompette ou du tambour en pleine nuit ? Je plains les voisins, marmonne le ronchonneur du premier rang tandis que le public se dirige vers la sortie, certains en souriant, beaucoup en bâillant – non d'ennui, mais de fatigue, du moins, le conférencier l'espère.

Références

Sonja Aalbers, Annemieke Vink, Ruth E. Freeman, Kim Pattiselanno, Marinus Spreen, Susan van Hooren, « Development of an Improvisational Music Therapy Intervention for Young Adults with Depressive Symptoms : An Intervention Mapping Study », *The Arts in Psychotherapy*, n° 65, 2019, 10.1016/j. aip.2019.101584.

Sergio Castillo-Pérez, Virginia Gómez-Pérez, Minerva Edith Velasco, Eduardo Pérez-Campos, Miguel Mayoral, « Effects of Music Therapy on Depression Compared with Psychotherapy », *The Arts in Psychotherapy*, 37/5, 2010, p. 387-390.

Jean Delay, *Les Dérèglements de l'humeur*, Presses universitaires de France, 1961.

Retrouvez Maria à la recherche d'une confidente dès la page suivante. Vous apprendrez aussi comment se garder des pervers et élaguer les relations toxiques.

3

La meilleure des amies ?

L'effet des relations toxiques sur l'humeur

Tandis que les derniers spectateurs quittent la salle, remettant leurs manteaux, nouant leurs écharpes, devisant ensemble ou se faufilant entre les uns et les autres pour atteindre la sortie sans être ralentis, Maria regagne sa loge et rassemble ses affaires en hâte, songeuse. Son sac en bandoulière, sa doudoune bien zippée, elle suit le même chemin quand elle aperçoit Romain Houdin, toujours impeccable dans son costume, qui semble l'attendre. Elle qui avait espéré filer en douce ! Pas le choix : faire contre mauvaise fortune bon cœur et sourire. Le masque de la politesse se dessine sur son visage et, s'armant de patience, elle lui serre la main, le remercie de l'invitation et échange quelques paroles convenues. Alors que l'horloge de la cour intérieure de la mairie indique minuit passé et que leur babillage s'étiole, ils finissent par se souhaiter une bonne nuit. Lorsque la silhouette svelte du professeur s'éloigne dans la rue, la pianiste peut baisser la garde. Plus besoin de faire semblant de jouer un autre rôle. Redevenir soi. Avec ce mal-être qui la déprime et la broie chaque jour un peu plus.

Maria fait quelques pas en direction de l'hôtel Drouot, de l'autre côté du carrefour. Le froid pique ses joues. Bien que l'imposant bâtiment soit fermé à cette heure, l'une de ses vitrines reste éclairée. Elle approche. Des objets hétéroclites y sont exposés en attendant d'être vendus aux enchères. Elle les observe. Aucun d'entre eux ne lui fait envie. Est-ce à cause de son humeur morose ? Pire, son imagination s'active et invente les accidents de la vie qui ont poussé les anciens propriétaires à se séparer de leurs possessions – cette théière argentée qui semble la supplier de l'acheter à travers la vitre, quelle est son histoire ? Quant aux tableaux exposés au fond, se sont-ils retrouvés là après un divorce ? Ont-ils été abandonnés, dispersés dans la foulée d'une mort tragique ? Qui sont les malheureux ayant dû renoncer à leurs bibliothèques de livres rares, à leurs fauteuils et à leurs chandeliers ? À cause de quoi ? D'un licenciement, d'un revers de fortune, d'un drame plus grave encore ?

Maria souffle sur la vitre pour mieux distinguer les objets dissimulés au fond, dans un pan d'ombre découpé par les néons. Derrière la théière Art déco qui a d'abord accroché son regard est exposée une statuette de cheval en marbre blanc. Si l'animal, dressé sur ses pattes arrière, n'est pas dénué de grâce, elle ne voit en lui que l'expression d'une grande peur, d'une envie de fuir. Juste à côté, sur une ancienne photographie noircie par le temps, c'est un enfant blond en habit du dimanche qui capte son attention. Il semble s'ennuyer ferme, lui qui arbore un sourire forcé. Un peu plus loin s'étale une collection d'authentiques bijoux de famille russes – à vendre dès le lendemain, annonce l'étiquette manuscrite qui les accompagne.

Et lui reviennent les écrits et livres lus sur l'exil forcé des aristocrates slaves errant de pays en pays, après la Révolution, devenus chauffeurs de taxi ou ouvriers, déchirés par le souvenir d'un passé glorieux et un présent impécunieux… Évocation qui lui rappelle la fragilité des destins comme la dureté de la vie. Saloperie de *Blue Monday* !

S'arrachant aux dérives de cette contemplation qui aggrave sa déprime, Maria frissonne et reporte son attention sur son téléphone portable. Les coordonnées de 650 contacts y sont enregistrées : sa famille et ses amis proches, mais aussi des collègues, des connaissances, des gens croisés lors de ses nombreux déplacements à l'étranger. Cela en fait 649 de trop ! Car, ce soir, elle n'a besoin que d'une personne, quelqu'un à qui elle pourrait se raccrocher et qui la rassurerait par des paroles douces. Mais à qui s'adresser ?

Elle exclut d'emblée les relations de travail, les membres de sa famille et les quelque 300 contacts pas appelés depuis plus de six mois. À quoi bon se livrer à quelqu'un qui n'a pas pris de vos nouvelles depuis trop longtemps ? Dans sa famille, hors jeu par pudeur et discrétion, la moindre confidence susciterait des réactions disproportionnées et serait accueillie comme un drame. Pire, chaque oncle, chaque cousine et jusqu'au dernier de la tribu – qui n'a que 13 ans – finiraient par être au courant de ce qu'elle dirait à un seul d'entre eux. Comme les secrets circulent de proche en proche, toujours accompagnés de la promesse jamais tenue de n'en parler à personne d'autre, petites trahisons commises de bonne foi avec chacun, convaincu d'être fiable et discret en toutes circonstances, impossible d'oser baisser la garde devant eux en leur dévoilant l'étendue de ses tourments.

Maria resserre sa sélection à une quinzaine de contacts, essentiellement des amis de longue date. Elle visualise leurs visages, réfléchit à tel ou telle, et décide qu'elle a besoin de l'écoute d'une femme, ses relations avec les hommes étant trop chargées de non-dits, de fantasmes, de désirs, soit tout ce qu'elle veut éviter en cette nuit glacée et déprimante de *Blue Monday*…

Les trois signes qui démasquent les pervers narcissiques

Alors qu'elle s'apprête à choisir une confidente, un dossier du magazine *Cerveau et psycho* lu autrefois sur la « triade sombre », autrement dit les trois types de personnes auxquelles il est le plus dangereux de se fier, lui revient à l'esprit. Et la retient. Parmi les traits de caractère mis en cause figurent l'agressivité, la tendance à mentir et celle à manipuler – les uns n'excluant pas les autres. Les individus concernés, qu'ils cachent ou assument leur véritable personnalité, commettent davantage de délits et de crimes que la moyenne, et sont moins empathiques. Une catégorie de faux amis à fuir, donc, quand on est en quête d'une oreille bienveillante…

Maria se souvient que, d'après cette enquête, les trois grands axes de tempérament constituant la « triade sombre » sont les suivantes :

• *La tendance antisociale*. Elle correspond aux personnes impulsives, qui recherchent sciemment les situations dangereuses et sont à peu près incapables d'empathie. Elles ne se mettent pas un instant à la place de ceux qu'elles heurtent par leur comportement brutal et axé sur la prise de risques. Par exemple, un conducteur antisocial refusera la priorité aux autres véhicules en étant persuadé d'être dans son droit. En cas de désaccord, il descendra de voiture et en viendra aux mains, toujours sans le moindre remords ! Les individus antisociaux transgressent facilement les lois et les règles de la vie commune. Lorsqu'on leur prête de l'argent, ils « oublient » de le rendre et n'en éprouvent aucune mauvaise conscience. Certains vont même jusqu'à concevoir des arnaques à grande échelle, inventant des montages financiers pour escroquer les plus naïfs et s'enrichir à leurs dépens. Au moins, de ce point de vue, les amies sélectionnées par Maria inspirent confiance : elles sont plutôt consciencieuses. Peut-être même un peu trop respectueuses des règles.

• *Le narcissisme*. Ce trait de personnalité décrit les individus qui se tiennent eux-mêmes en très haute estime, et présentent en même temps un goût prononcé pour le pouvoir et la domination. Dans sa forme « contrariée », le narcissisme s'exprime en creux : la personne paraît alors rongée par le doute et manquant de confiance en elle, mais c'est en réalité une stratégie qui lui permet d'obtenir de l'attention et des compliments, sous couvert d'être « rassurée ». Ses amies sont-elles narcissiques ? Pas particulièrement. Ou alors, elle ne s'en est pas aperçue !

• *Le machiavélisme*. Ce travers consiste à manipuler les autres sans scrupule et à abuser de leur faiblesse. Petits et grands héritiers de Machiavel concoctent des plans dont leurs amis, leurs collègues et même leurs proches parents sont souvent les premières victimes. Experts en stratégie, ils défendent exclusivement leurs propres intérêts sans se montrer le moins du monde sensibles à ceux des autres. Là encore, Maria est soulagée : aucune connaissance aussi effrayante parmi ses potentielles confidentes.

Adossée à la façade de l'hôtel Drouot, son téléphone à la main, ne sentant pas le froid qui engourdit pourtant peu à peu ses doigts tant elle est abîmée dans ses réflexions, Maria continue à se remémorer ce qu'elle a lu. Une théorie lui revient : les personnes antisociales, narcissiques ou machiavéliques le deviendraient au terme d'une enfance difficile, sans sécurité. Élevées par des parents imprévisibles, elles seraient les premières à subir abandons, trahisons et violences. Sa lecture achevée, Maria s'était promis, à l'époque, d'être une mère à la fois bienveillante et prévisible le jour où elle mettrait au monde un enfant. Et, bien sûr, de choisir son partenaire avec le plus grand soin… Intéressée par le thème du mensuel, elle avait approfondi la question en surfant sur Internet et découvert qu'un certain Daniel Charles French, avec trois autres psychiatres bruxellois, avait élaboré un outil servant à démasquer les adeptes de cette « triade sombre ». Aux critères déjà listés dans *Cerveau et psycho*, à partir des affirmations qu'il avait élaborées, on pouvait fuir les personnalités toxiques correspondant à ces pensées ou comportements.

Tendance antisociale

- J'aime me venger des personnes qui m'imposent leur autorité.
- Ma vengeance doit être rapide et méchante.

• Il est vrai que je peux être méchant avec les autres.

• Les gens qui me cherchent des ennuis le regrettent toujours.

• J'aime m'en prendre aux perdants.

Narcissisme

• Les gens me voient comme un leader né.

• Les activités de groupe sont ennuyeuses sans moi.

• Je sais que je suis quelqu'un de spécial.

• J'aime faire la connaissance de gens importants.

• J'exige qu'on me témoigne le respect que je mérite.

Machiavélisme

• Il n'est pas sage de dévoiler ses secrets.

• J'aime manipuler les gens avec intelligence pour arriver à mes fins.

• Il faut à tout prix avoir les gens importants de son côté.

• J'évite d'être en conflit avec trop de gens, car ils pourraient m'être utiles à l'avenir.

• Il est prudent de garder une trace des informations susceptibles d'être utilisées plus tard contre les autres.

• Il faut attendre le bon moment pour se venger.

• Il y a des choses que l'on doit cacher aux autres afin de préserver sa réputation.

• Je m'assure toujours que mes projets servent mes intérêts, et pas ceux des autres.

Partie loin dans ses pensées sombres, elle revient vers l'écran de son smartphone qui luit dans la nuit.

Son répertoire numérique sous les yeux, la pianiste se dit, avec un soupir de soulagement, qu'elle n'a pas besoin d'appliquer cette grille horrible à ses propres amies, elles qui passent l'épreuve haut la main ! Reste néanmoins à choisir parmi les dix « candidates » dont elle fait défiler les noms, hésitante. Brusquement, elle décide d'en écarter trois… à cause de leurs personnalités très gaies. Entendre quelqu'un rire aux éclats lorsqu'on est déprimé lui paraît d'emblée agaçant ! Maria craint qu'on ne minimise son problème, qu'on en fasse de l'humour ou qu'on s'évertue à lui changer les idées en faisant assaut de bonnes blagues ou de bons mots. Pire encore, ces trois personnes seraient capables de l'encourager un peu trop facilement à « voir le bon côté des choses », de lui seriner que ce concert raté relève de la « bonne expérience dont elle ressortirait grandie, si elle le voulait bien… » et autres sornettes et phrases toutes faites qu'elle n'est pas du tout d'humeur à supporter. Elle entend d'avance leurs arguments censés être frappés « au coin du bon sens » et débordant d'une bonne humeur qu'elle jugerait artificielle, genre : « Il faut positiver, et toujours trouver ce qu'il y a d'enrichissant, même dans les moments difficiles » ; « Il faut savoir capitaliser sur les épreuves passées » ; « Prends sur toi, assume, sois plus forte, muscle ta résilience »… Des conseils qu'en temps normal elle accueillerait, sinon avec bienveillance, du moins volontiers, mais qu'en ces circonstances et périodes, elle aurait du mal à encaisser.

De la même façon, elle écarte de sa sélection quatre amies au tempérament… plutôt triste. Celles-ci ne la comprendraient que trop bien et ajouteraient à sa peine le récit de leurs propres soucis. Si bien que son besoin de réconfort serait oublié au profit de confidences croisées : « C'est comme moi… Moi aussi, souvent… » ; « Sans vouloir te donner de leçons, avec ce que j'ai vécu, je suis sûre que… » Ce soir, c'est d'écoute qu'elle a besoin, pas d'un concours de déprimes partagées qui s'entretiennent. Sans doute est-ce injuste, mais Maria veut s'exprimer, non s'enfoncer plus encore dans le malaise qui lui noue la gorge.

Bref, il lui faut quelqu'un de neutre. Quelqu'un qui soit capable d'entendre sa détresse sans la minimiser ni trop s'y identifier. Seules trois personnes chères qu'elle contacte régulièrement, et en qui elle a toute confiance, restent en lice. Des femmes aux réactions équilibrées, d'humeur égale, ni trop tristes, ni trop gaies. Devant les numéros de ses sauveuses potentielles, la musicienne se sent comme la petite fille aux allumettes du conte d'Andersen. La rue Drouot est balayée par un froid qu'elle imagine aussi glacial que celui de Copenhague. Les rares passants, qui avancent engoncés dans d'épais manteaux, la démarche rendue maladroite par leurs pieds gourds, l'air extérieur qui prend une odeur métallique, renforcent ce ressenti. À chaque allumette qu'elle craque, la petite fille du conte revoit sa grand-mère, les beaux moments de son enfance, rêve d'une vie meilleure ; Maria, elle, espère de tout son cœur aller mieux, retrouver l'envie de jouer du piano, reconquérir son talent et, si possible, rencontrer au passage un grand amour, mais encore faut-il y parvenir, s'en donner la possibilité et les moyens, et que son prince charmant les supporte, elle comme ses sautes d'humeur ! Pourtant, elle veut y croire. Alors elle ignore la petite voix cynique qui, dans sa tête, éprouve le malin plaisir de lui rappeler la tragique conclusion du conte d'Andersen.

Les allumettes, Maria les chasse de son esprit et se concentre sur l'écran de son mobile. Faire le tri entre ses plus fidèles amies ? Quelle sélection difficile. Osons l'ordre alphabétique. Elle compose le numéro de la camarade de lycée à qui elle raconte tout depuis l'adolescence. Tombe directement sur son répondeur. Et s'en trouve un peu vexée. Quand on va mal, certaines absences sont vécues comme de petites trahisons... La deuxième correspondante ne répond pas plus. Après une dizaine de sonneries, Maria pressent qu'elle va entendre un de ces messages préenregistrés dont elle a horreur : « Allô ? Allô ? Eh non, ce n'est que mon répondeur... Laissez-moi un message ! » Alors qu'elle s'apprête à raccrocher, son interlocutrice décroche. Maria attend de reconnaître la voix à l'autre bout du fil pour être sûre que ce n'est pas la boîte vocale. C'est bien Hannah Kraus qui s'adresse à elle. Et s'exclame, d'une voix forte et posée :

— Bonsoir, précieuse Maria, quel plaisir de t'entendre !

Maria sourit malgré elle :

— Le plaisir est partagé ! Tu n'imagines pas à quel point je suis heureuse que tu aies décroché...

— Qu'est-ce qui t'arrive ?

— Je sors à l'instant d'un concert qui s'est très mal passé. J'avais besoin d'un peu de réconfort, et c'est à toi que j'ai pensé.

— Je vois. Tu as bien fait ! Raconte-moi : qu'est-ce qui est allé de travers ?

Maria prend une longue inspiration et s'efforce de mettre des mots sur son malaise :

— Au début, tout se déroulait bien. J'ai joué les deux ou trois premiers morceaux sans problème. Et puis, tout à coup, je me suis sentie horriblement triste, angoissée… Cela m'arrive de plus en plus souvent, au point que dans ces moments-là je n'arrive plus à jouer. Je reste paralysée devant mon clavier, sans talent, sans inspiration, ayant perdu tout ce qui faisait la magie de mon jeu…

— Et tu dis que ça apparaît régulièrement ?

— Oui, mais c'est la première fois que je me suis sentie bouleversée à ce point. Tout intérêt pour la musique s'est éteint en moi. Mes prochains concerts seront au mieux des performances sans éclat, au pire, de véritables catastrophes, Hannah ! Avant, je jouais naturellement, sans me poser de questions sur la qualité de mon interprétation. À présent, c'est comme si un trop-plein de tensions ou d'émotions me tétanisait.

— Allons, tu ne pousses pas un peu ?

— Hélas non ! La preuve : je ne capte même plus l'attention du public. Les gens bâillent en écoutant, car mon jeu s'est figé. Plus de respiration entre les notes, plus d'élan. Ma musique est devenue froide, comme le givre d'aujourd'hui… Si encore j'avais autre chose à quoi me raccrocher, mais non. Les amours, je ne t'en parle pas !

Comment Albert Camus et Philip Roth apaisent la déprime

Hannah Kraus, qui ne cherche pas à minimiser la détresse de Maria, mais ne se montre pas excessivement complaisante non plus, l'écoute attentivement avant de répondre avec douceur :

— Dis donc, tu as le bourdon bien lyrique, ce soir. Tu me fais penser aux personnages dépressifs de mon écrivain préféré, Philip Roth. Ce sont pour la plupart des acteurs qui souffrent beaucoup, et qui ont besoin de montrer à quel point ils vont mal. J'ai appris quelques-unes de leurs répliques par cœur. Écoute :

> « Il ne savait pas donner et il ne savait pas garder pour soi ; il n'avait pas de fluidité et il n'avait pas de retenue. Jouer consistait, soir après soir, à s'en tirer le moins mal possible. »

— C'est tout moi, s'exclame Maria. Mot pour mot !

— Attends d'entendre la suite avant de t'assimiler à lui :

> « Sa souffrance était atroce et, en même temps, il n'était pas sûr qu'elle fût authentique, ce qui ne faisait qu'empirer les choses. »

— Ah non, là, je ne te suis plus. Je ne suis pas en état de comprendre ce genre de paradoxe bien trop raffiné. C'est de ta présence amicale que j'ai besoin, pas des réflexions torturées d'un génie américain complètement neurasthénique, et que j'ai toujours trouvé un peu hautain et cérébral, soit dit en passant. Je sais qu'il est tard, mais serais-tu d'accord pour que l'on se voie ?

Seul le silence lui répond. Des secondes de silence qui s'éternisent, entrecoupées du souffle de son interlocutrice mais sans le moindre mot prononcé. Un silence qui laisse Maria imaginer le pire : son amie absente, distraite ou, pire, agacée.

— Allô Hannah, tu m'as oubliée ?

— Retourne-toi, je suis là ! répond l'autre.

Maria fait volte-face et laisse échapper un cri. Une femme à la silhouette large, emmitouflée jusqu'au cou dans un duffle-coat, s'est approchée dans son dos. La grande et massive Hannah Kraus, solidement campée sur ses jambes, se tient derrière elle. L'amie, tout heureuse de sa surprise, soulève le bonnet en fausse fourrure blanche qui lui couvre la tête et les oreilles, laissant le vent balayer ses mèches blondes.

— Toi ? Mais… Comment m'as-tu trouvée ? Tu as fait si vite !

— J'étais dans le quartier, en train de terminer une visite guidée avec des clients coréens s'achevant par un dîner quand tu m'as appelée. Moi qui suis un peu détective privée à mes heures, quand tu m'as dit que tu venais de donner un concert, il m'a juste fallu quelques clics pour savoir où !

Experte en inattendu, Hannah fouille dans son sac et en sort un livre usé, aux pages cornées, qu'elle agite sous le nez de son amie :

— Par chance, j'ai toujours sur moi le remède antidéprime par excellence. Et qu'il te faut. C'est mon ouvrage préféré d'Albert Camus, un livre qui ne me quitte jamais. Pas comme ceux de Philip Roth, qui restent sagement sur mon étagère et que j'aime redécouvrir pour les apprendre par cœur !

— Tu comptes vraiment me faire la lecture en pleine nuit et par ce froid ? la coupe Maria, déconcertée.

Hannah sourit d'un air malicieux et, sans répondre, feuillette l'exemplaire de poche du *Mythe de Sisyphe*. Sous l'effet du vent qui siffle dans la rue Drouot, les pages semblent tourner toutes seules. La pianiste, sidérée de constater que son amie a le même livre de chevet qu'elle, accepte de se prendre à ce jeu pour le moins incongru en ce lieu comme à cette heure et par ce temps. Il est vrai que toujours elle l'a surprise. Combien de fois lui a-t-elle même sauvé la mise ? Combien de soirées ont-elles, elle, la pianiste, Hannah, la guide touristique passionnée de psychologie des êtres humains à force de les côtoyer pour le meilleur et parfois le pire, passé à refaire le monde, brosser des caractères, décrire les gens, se raconter leur vie sentimentale, bonheurs comme déboires ? D'ailleurs, le poids de l'angoisse qui brise son esprit commence presque à s'alléger.

Sans rien soupçonner de l'attendrissement qui gagne Maria, Hannah s'éclaircit la voix et lit à voix haute, d'un timbre puissant, un bref florilège des citations qui, dès qu'elle les voit ou prononce, la font vibrer.

— Écoute : « Pour tous les jours d'une vie sans éclat, le temps nous porte. Mais un moment vient toujours où il faut le porter. » C'est Camus qui le dit, pas moi ! Tiens, une autre : « Le sentiment de l'absurdité au détour de n'importe quelle rue peut frapper à la face de n'importe quel homme. Tel quel, dans sa nudité désolante, dans sa lumière sans rayonnement, il est insaisissable. » Et une dernière avant qu'on aille se mettre au chaud : « Un homme se définit aussi bien par ses comédies que par ses élans sincères. » Ça vaut pour les femmes, bien sûr !

— Ces belles phrases me font du bien, l'arrière-goût amer que j'avais dans la gorge a même disparu… C'est à ce genre d'attentions, le propos bien choisi comme ton apparition miraculeuse, que je reconnais une vraie amie. Grâce à toi, je me sens moins seule face à l'injustice de la vie, à sa tristesse surtout. En revanche, cela me fera une belle jambe d'être plus gaie, si j'attrape la crève ! Allons boire un truc.

— Bien vu. Tu as urgemment besoin d'un chocolat fumant ou d'une bière.

— Ou des deux, ensemble, dans un grand verre !

Références

Albert Camus, *Le Mythe de Sisyphe*, Gallimard, 1962.

Daniel Charles French, Jean-Pol Lanquart, Marianne Rotsaert, Gwenolé Loas, « Traduction et étude de validation de la version française de l'échelle "Short Dark Triad, SD3" (Échelle courte de la triade noire) », *Annales médico-psychologiques*, 182/5, 2024, p. 434-439.

Philip Roth, *Le Rabaissement*, trad. par Marie-Claire Pasquier, Gallimard, 2011.

Pascal Simard, Valérie Simard, Olivier Laverdière, Jean Descôteaux, « The Relationship between Narcissism and Empathy : A Meta-Analytic Review », *Journal of Research in Personality*, 102/6, 2023, doi.org/10.1016/j.jrp.2020.104036.

Chuhan Wang, Jiagi Guo, Xinglin Zhou, Yunhong Shen, Jianing You, « The Dark Triad Traits and Suicidal Ideation in Chinese Adolescents : Mediation by Social Alienation », *Journal of Research in Personality*, 102, 2023, 10.1016/j.jrp.2022.104332.

La médecine et la psychologie modernes ont décrit les comportements qui stimulent la motivation et ceux qui, au contraire, empêchent d'agir. Pour en apprendre davantage, continuez page suivante et découvrez comment Hannah cherche à restaurer la combativité de Maria.

Si vous pensez en savoir assez sur la motivation, ou si cela ne vous tente pas, allez directement page 80. Hannah Kraus vous y présentera l'étrange outil qu'elle a élaboré pour sélectionner des psychologues compétents…

4

Visite éclair

Ce qu'il convient de dire ou non à un proche de mauvaise humeur

Bras dessus bras dessous, serrées l'une contre l'autre pour se protéger du frimas dont elles ressentent à tant rester dehors les morsures, Hannah et Maria marchent jusqu'à l'un de leurs lieux parisiens préférés : le passage Jouffroy. Ce couloir couvert, qui relie le boulevard Montmartre et la rue de la Grange-Batelière, à un jet de pierre de la rue Drouot, est exceptionnellement ouvert cette nuit-là à l'occasion d'une fête de quartier. Sous la verrière multicolore, qui protège les passants de la météo rigoureuse, se dresse le vieil hôtel Chopin. La légende raconte que le compositeur y passait autrefois des nuits secrètes avec sa maîtresse George Sand… En avisant le portrait du musicien à l'entrée du bâtiment, Maria fredonne malgré elle l'air de la *Grande Polonaise*. Son attention est bientôt accaparée par la boutique d'un marchand de jouets en bois et de peluches, le Pain d'Épices, dont la vitrine richement garnie lui rappelle les matins de Noël de son enfance. Un peu plus loin, dans une confiserie nommée la Cure Gourmande, elle aussi ouverte tardivement, Hannah fait choisir à son amie une sucrerie chargée d'adoucir sa soirée : entre sucettes à l'orange et calissons, il y a profusion de tentations réconfortantes. Les désigner au regard affamé de la pianiste est sa manière de la soutenir, sans la heurter ni l'obliger à se confier trop vite. Ayant elle-même connu son lot de déprimes passagères et s'étant depuis longtemps abondamment documentée sur le sujet, elle songe que c'est le moins qu'elle puisse faire.

Une fois leur envie de sucré contentée, les deux femmes marchent jusqu'au bout du passage Jouffroy et s'arrêtent devant le musée Grévin. Exceptionnellement ouvert lui aussi – fête de quartier oblige –, il accueille les visiteurs noctambules dans une atmosphère décontractée, quoiqu'il rencontre moins de succès que la Cure Gourmande. À l'intérieur, Maria et Hannah filent tout droit vers la salle réservée aux statues de chefs d'État, sans un regard pour Antoine Griezmann, Antoine Dupont et autres récentes stars du sport. Devant l'effigie en cire de Barack Obama, Maria lance :

— Tu es étonnante, tu sais ? À ta place, n'importe quelle amie m'aurait déjà pressée de questions sur le concert raté de ce soir, mes états d'âme, et même Gabriel… Mais toi, non. Tu te contentes d'être présente, de te promener à mes côtés. Soit exactement ce dont j'ai besoin. À croire que tu lis dans mes pensées !

— Je n'ai aucun mérite à cela. Cette attitude vient des travaux de James O. Prochaska, un ancien professeur de psychologie à l'université de Rhode Island, aux États-Unis, écrits passionnants que j'ai lus. À mes yeux, ce ponte est une référence incontournable dans son domaine. Dans les années 1980, il a mis au point une méthode qui a révolutionné les techniques de communication, de prévention et de soin, et que j'applique dès que possible.

S'approchant de Gandhi, qui semble en pleine discussion avec le général de Gaulle et Winston Churchill, Hannah poursuit, elle, habituée à discourir devant des monuments pour des visiteurs, passionnés parfois, distraits souvent :

— James O. Prochaska a essentiellement travaillé sur la communication non violente. On le connaît pour le « modèle transthéorique de changement », dont il a tiré une forme de thérapie originale : la thérapie motivationnelle. Je suis sûre de t'en avoir parlé un jour, non ? Son idée de départ est très simple : quand on souhaite voir quelqu'un changer de comportement ou évoluer d'une quelconque façon, il est inutile, voire contre-productif, d'affronter cette personne directement ou de chercher à la raisonner. Mieux vaut l'écouter et l'accompagner en douceur.

— Tout le monde rêve de communiquer sans blesser les autres, opine Maria, mais est-ce vraiment si facile ?

— Cela demande de l'entraînement. Heureusement, Prochaska nous guide. Son raisonnement prend racine dans deux observations surprenantes, avec lesquelles ces messieurs ici présents, Gandhi et Obama, seraient d'accord… Écoute bien. Selon lui…

1. Nous préférons nous faire du mal par facilité ou négligence plutôt que protéger notre santé.

En règle générale, et pour son malheur, l'être humain est motivé par ce qui est toxique pour sa santé plutôt que par ce qui fait du bien à son corps et à son esprit. Entre une salade sans vinaigrette et une part de gâteau à la crème ou une assiette de charcuterie bien chargée en cholestérol, tu admets que peu de gens choisiront le plat le plus sain ! Il en va de même en matière de santé mentale : pour lui, nous sommes prêts à ruminer de fausses idées ou à consommer des substances aussi toxiques pour le corps que pour le moral, qu'il s'agisse d'alcool, de drogues ou de relations avec des êtres malveillants. Les joies artificielles et passagères nous attirent davantage que ce qui éclaire vraiment la vie.

Il précise aussi que :

2. Les conseils de santé que l'on nous donne ne nous font pas évoluer.

Une fois que nous sommes installés dans des schémas de pensée tristes ou que nous avons adopté des comportements dangereux, nous nous débrouillons pour ne plus en changer. Inconsciemment ! Et l'entourage, à force de conseils plus ou moins adroits, entretient sans le vouloir la déprime et les conduites à risque. Parce qu'il bouscule mais sans motiver à changer.

— Petite, intervient une Maria désirant corroborer cette analyse, j'ai subi les persécutions de deux professeurs de musique pourtant bien intentionnées. La première était persuadée qu'on ne se dépasse qu'en se faisant du mal. Elle enregistrait ses élèves sur un magnétophone à cassettes, puis les obligeait à s'écouter en leur répétant : « Tu es vraiment contente de ce que tu entends ? Tu te trouves au niveau ? » Aucun enfant n'a jamais osé répondre « oui », moi pas plus que les autres. Eh bien, elle nous sapait le moral en croyant nous faire progresser. Ton Prochaska a raison.

— On peut faire d'énormes dégâts avec les meilleures intentions du monde, acquiesce Hannah. Perso, comme je n'ai jamais aimé la musique au point de prendre des cours, j'ai échappé au sadisme, volontaire ou non, de profs trop exigeants.

— Attends, j'ai connu plus retors encore : une enseignante qui prétendait nous éduquer par l'exemple. Elle était tellement insistante qu'on la surnommait Mme Duracell, du nom de la marque de piles réputées inusables… Imagine qu'elle pensait me motiver en jouant sous mon nez le morceau que j'étais en train de travailler. Évidemment, elle l'exécutait à la perfection et, à la fin, elle se retournait et lançant : « Tu sais ce qu'il te reste à faire. » Moi, je n'avais qu'une envie, lui répondre : « Oui, madame, pleurer et arrêter le piano ! »

Hannah Kraus s'esclaffe et prend son amie par le bras en marque de compassion :

— Elle aurait mieux fait de lire Prochaska, celle-là.

Une relation sans menace ni excès de consolation

La déambulation des deux femmes dans le panthéon de cire reprend. Après les grandes figures contemporaines, elles pénètrent dans l'espace dédié aux personnalités importantes de la Révolution française, et s'absorbent un moment dans la contemplation d'une statue de Louis XVI, près d'une guillotine ensanglantée. La scène assombrit à nouveau Maria. Que le destin bascule brutalement, faisant d'un puissant convaincu d'être à jamais roi un souverain déchu, mis au ban et même à mort, la repropulse vers l'enfer de ses idées noires. Rien n'est jamais acquis, tous les jours on peut chuter et ne jamais se relever, le pire est à venir… Son pessimisme récurrent remonte en flèche. Son visage livide, Hannah le voit. Vite, la sortir de la rêverie sinistre où elle semble tombée.

— Je sais que je t'ennuie un peu avec mon psychologue américain, mais il en vaut la peine, crois-moi ! reprend-elle. C'est lui qui a identifié les comportements à ne surtout pas adopter face à une personne de mauvaise humeur : parce qu'au mieux, ils glissent sur l'autre sans l'aider et, au pire, ils aggravent sa déprime.

— Je suis à peu près sûre qu'on m'a déjà infligé ces comportements-là, et pas qu'une fois… commente la pianiste, d'une voix grave.

— Ils sont très fréquents, approuve Hannah. Le premier d'entre eux consiste à faire peur, à menacer la personne déprimée.

Maria grimace. D'autres mauvais souvenirs remontent à la surface de son esprit.

— Les menaces, j'en recevais quotidiennement pendant mes années de conservatoire, raconte-t-elle. On me répétait à l'envi que, si je n'étais pas capable de me concentrer, on ne me garderait pas. Que si je ne fournissais pas assez d'efforts, je ne réussirais jamais… Parfois, même de prétendus amis pensaient me remonter le moral avec ce type d'argument autoritaire. Prenant une grosse voix pour me faire sentir à quel point, à leurs yeux, il était « toxique, dangereux, irresponsable » de trop s'écouter. Parfois, ils me pointaient du doigt, s'emportaient même. Ce qui n'avait aucun effet…

— Évidemment. Mais peut-être que d'autres, au contraire, ont cherché à te rassurer, eux, jusqu'à l'excès. Surprotéger, d'après Prochaska, a le même effet que les menaces – nous braquer. Dans ma carrière de DRH, on ne m'a jamais autant rassurée… qu'avant de me licencier ! Mes collègues se relayaient dans mon bureau pour compatir d'un air triste et tenter de me convaincre que je me faisais des films, que jamais je ne serais dans la charrette. Et moi, en position de faiblesse, j'étais vulnérable face à ces « tapoteurs d'épaule » qui comparaient leur situation à la mienne. S'il suffisait, pour remonter le moral à quelqu'un, de lui dire qu'il a tort de s'en faire et qu'après tout la vie est belle, la mauvaise humeur aurait disparu depuis longtemps !

— Je vois exactement ce que tu veux dire. Il y a quelque chose de louche à vouloir consoler l'autre à toute force. D'ailleurs, après un concert raté, il n'y a pas plus déprimant que les amis qui s'empressent de me rassurer et jurent leurs grands dieux que j'ai joué magnifiquement…

— C'est tellement maladroit que c'en est agaçant. Il y a une autre erreur de communication commise par beaucoup de gens, qui gâche la bonne humeur à coup sûr. Les conseils trop directs, toutes ces phrases qui commencent par : « C'est très simple, à mon avis, tu devrais… »

— Ah ! Ne m'en parle pas. Ça me fait penser aux critiques musicaux trop sûrs d'eux. Qui essaient de me mener à la baguette après une représentation : « Changez de rythme, accélérez et ce sera parfait » ; « Ralentissez pour mieux délier les notes » ; « Trouvez-vous un autre programme et le monde entier, amateurs de pop comme de classique, vous ouvrira les bras »… Est-ce que ces bonnes âmes, dont certaines n'y connaissent rien, se demandent parfois si leur opinion m'importe ?

— Le pire, c'est que souvent ce genre de conseil directif est couplé à ce que Prochaska appelle « la souffrance de la solution unique ». Non seulement on nous donne des ordres, mais on sous-entend qu'il n'existe qu'une façon de faire les choses : « J'ai réfléchi à ta place, je sais ce qu'il te faut ! »

— Là, tu me décris quasiment le travers de l'une de mes dernières profs de piano… Elle soutenait qu'il n'existe qu'une manière de jouer juste, qu'il s'agisse de Bach ou d'une improvisation de jazz. Bien sûr, c'était la sienne. Or toute personne sensée sait qu'il y a une multitude de façons d'être et de faire.

Le piège de l'autorité

Les deux femmes déambulent à présent au hasard dans le musée Grévin. Alors qu'il s'agit d'une nuit d'ouverture exceptionnelle, les visiteurs sont rares. Elles se sentent donc libres de parler tout leur saoul.

— Sais-tu, demande Hannah, que je possède un détecteur d'autorité aussi sensible qu'un compteur Geiger ? Dès que je sens la moindre trace de dirigisme, je me braque. Avant mon licenciement, cela m'arrivait assez souvent, puisque commander était le péché mignon de mes responsables et qu'ils étaient prêts à tout pour affirmer leur pouvoir. Ils n'ont jamais dû lire Montaigne, qui expliquait si bien pourquoi les rêves de domination brutale sont illusoires : « Ce qui ne s'obtient pas par la conviction ne s'obtient jamais par la force. »

— En piano, c'est pareil, acquiesce Maria. Un professeur trop autoritaire n'obtiendra jamais ce qu'il veut de ses élèves. Parce qu'il les aura brisés avant.

— Là où les choses se compliquent, c'est qu'il existe une forme d'autorité plus insidieuse que les cris ou les menaces : celle qui passe plutôt par la culpabilisation. James Prochaska l'appelle « le piège du moraliste ». Imagine qu'au lieu de te faire des reproches, on se contente de te dévisager d'un air déçu, et qu'on te demande de faire mieux au nom de telle ou telle valeur… Le P.-D.G. de mon ancienne boîte était très fort pour ça : un inconditionnel de la flagellation, de l'appel au civisme et à la bonne conscience professionnelle. Avec lui, la moindre vente avait l'importance d'une croisade. Il nous poussait à bout, sous couvert de nous encourager à agir de manière exemplaire… Sauf quand il s'agissait de faire mieux que la concurrence : là, tous les coups étaient permis ! Là, plus de beaux principes qui tiennent. Un grand écart permanent, des injonctions contradictoires qui ne menaient à rien et stressaient tout le monde.

Maria hoche gravement la tête. Elle se reconnaît dans le piège du moralisme, dont elle se sent fréquemment la victime.

— Que reste-t-il dans ta liste des comportements à éviter ? demande-t-elle.

— Eh bien, tout ce qui relève du jugement, de la critique, du blâme. Voilà trois attitudes qui, toujours selon mon cher Prochaska, ne peuvent mener qu'à une sacrée dispute. Les sarcasmes et autres méchancetés ne font du bien qu'à celui qui les assène : il va sans dire que celui qui les reçoit, lui, s'enfonce encore plus loin dans la déprime. Pendant mes études, un maître de stage a osé me dire : « Tant que tu ne cries pas et que tu ne fais pas peur, on ne t'écoute pas. » Je ne suis pas restée bien longtemps dans son équipe…

— C'est encore plus dur quand il s'agit de moqueries, soupire Maria. Les pires professeurs que j'ai eus passaient leur temps à m'humilier. Un simple coup d'œil sarcastique suffisait : « Essaie donc de jouer aussi bien que moi… » sous-entendaient-ils. Comme j'avais déjà beaucoup le sens du ridicule, je sombrais. Or ce n'était pas en me trouvant encore plus nulle que j'allais connaître un déclic ! Ce genre d'ironie cinglante bloquait net ma progression. En fait, les gens qui s'esclaffent des blagues de ce type sont des tyrans qui s'ignorent. J'en ai soupé, des maîtres qui se moquent de ma musique en riant très fort. À chaque fois, je ressens leurs rires à la con comme une gifle.

— Tu as parfaitement raison, l'approuve Hannah, souriant en prenant soin de ne pas relever le « gros mot » utilisé par la concertiste dont ce n'est en rien l'habitude. Nous arrivons donc à la dernière erreur citée par Prochaska : la question trop directe. Beaucoup de mes collègues avaient ce défaut, une sorte de brutalité qui les poussait à accabler les autres d'interrogations – surtout les plus fragiles. Ils s'autorisaient des « questions uppercut », qu'ils prétendaient administrer comme un traitement de choc. Genre : « Le point que je soulève est tellement pertinent que je n'ai pas besoin de prendre de gants. » En vérité, les questions en rafale relèvent de la maltraitance ordinaire, que les femmes sont les premières à subir. On les bombarde en se disant que tout est bon pour les faire « bouger ». Sauf que là non plus, ça n'a jamais motivé quiconque…

Les deux amies, alors qu'elles ont fait le tour des techniques de motivation contre-productives qui sapent l'humeur au lieu de l'améliorer, découvrent que leur parcours les conduit vers la sortie du musée Grévin. Plantant là Obama, Gandhi et Louis XVI sans autre forme de procès, elles marquent un arrêt devant la statue de Lady Gaga :

— Celle-là m'inspire confiance, confie Hannah. Ses chansons me donnent même du courage quand j'en manque !

Maria se garde bien d'émettre un quelconque jugement sur les goûts musicaux de son amie.

— En variété, déclare-t-elle sobrement, je préfère Julien Clerc. Et Marilyn Monroe, pour une séduction qui ne fane pas… Ne me dis pas que j'ai des goûts de vieille !

Le sourire qu'elles partagent vaut à ce moment précis toutes les thérapies.

Références

William R. Miller, Stephen Rollnick, *L'Entretien motivationnel. Aider la personne à engager le changement*, trad. par Dorothée Lécailler et Philippe Michaud, InterÉditions, 2013.

Vous savez désormais quelles sont les techniques de motivation (fausses) à éviter. Bravo ! Découvrez

maintenant la suite des aventures de la bonne humeur… et la technique qu'Hannah Kraus a mise au point pour mieux sélectionner ses propres psychothérapeutes. Rendez-vous à la page suivante afin d'en apprendre davantage sur son « mur des psys ».

5

Le mur des psys

Comment choisir un thérapeute de confiance

Maria et Hannah arpentent le passage Jouffroy en sens inverse. Arrivées aux Grands Boulevards, elles s'engouffrent dans un bus de nuit qui, par chance, passe juste à leur hauteur. À l'intérieur, l'air est moite et malodorant. Pire, une atmosphère animée, vaguement menaçante, plane dans le véhicule. Tout au fond, un géant roux trop alcoolisé élève la voix contre son voisin, l'insulte et moque son accent asiatique. L'autre, le nez dans un livre, juge prudent de rester stoïque et de le calmer par quelques paroles apaisantes. Ils semblent se connaître. Ses phrases n'ont aucun impact hélas, car le colosse insiste, l'attrape par le col. L'autre demeure zen. Une étincelle, un mot jugé de travers et la scène dégénère ? Maria surveille ce qu'il se passe d'un œil inquiet, mais Hannah, que cela n'intéresse pas, l'en détourne. Inutile d'accorder de l'importance à un agité ou un malade. De fait, la tension disparaît comme elle est venue. Pour passer à autre chose, la guide retrouve ses réflexes professionnels et s'amuse à nommer à voix haute les hôtels luxueux qui défilent de l'autre côté de la vitre : le Scribe, l'Intercontinental, le Vendôme…

— Si tu pouvais passer la nuit dans l'un d'entre eux, lequel choisirais-tu ? Te prélasserais-tu seule, ou ferais-tu des folies ? Et si oui avec qui ?

Maria, qui observe l'homme ivre, lequel semble s'être calmé, répond évasivement, aux aguets depuis cette altercation qui couronne de stress une soirée aussi chahutée qu'étrange, montagnes russes de sensations contradictoires. Alors, s'autoriser de tels fantasmes et imaginer passer la nuit dans un palace !

Après une dizaine d'arrêts, les deux femmes descendent du Noctilien et marchent en direction de la Seine. Bientôt, Hannah invite son amie à s'engouffrer à sa suite dans un immeuble du boulevard de la Bastille. La minuterie du hall glacé ne fonctionne plus, la cage d'escalier est plongée dans l'obscurité, à croire que même la technique s'y met pour créer des angoisses et accroître la déprime de Maria. Toutes deux tâtonnent jusqu'au sixième et dernier étage, leurs pas étouffés par l'épaisse moquette bleue qui couvre les marches. Au moins elles ne perturbent pas le sommeil des voisins. Avec la lumière de son téléphone, la guide éclaire le contenu de son sac et en sort ses clés. Enfin, elles pénètrent dans son petit appartement sous les toits. Bien qu'elles se connaissent de longue date, Maria découvre le refuge de son amie pour la première fois : un espace étroit et en désordre, mais chaleureux, à l'image de son occupante. Qui la supplie de ne pas faire attention au « bordel », désignant d'un geste du bras l'amoncellement de bibelots, de catalogues d'exposition qui encombrent les étagères, le bureau couvert de lettres non décachetées, les livres qui s'empilent du sol au plafond, les vêtements en vrac ici ou là. Après s'être disputée avec son mari, elle a quitté l'appartement familial en hâte, laissant ses deux fils derrière elle, et s'est temporairement réfugiée dans ce studio hérité de ses parents, bien minuscule pour toutes ses affaires. Mais qu'importe si sur les murs, autour des affiches vintage, la peinture s'écaille par endroits, si le confort est plutôt spartiate, au moins s'y sent-elle chez elle et en sécurité. D'autant que le véritable luxe de l'appartement est ailleurs : sa vue !

Une fenêtre entrouverte laisse en effet apercevoir la Seine, noire et parcourue de rouleaux comme pourrait l'être la mer du Nord. Dans la brume mêlée de neige fondue, le lent passage d'une péniche grise donne au panorama l'atmosphère lugubre d'un roman de Georges Simenon. Dans la chambre pas très bien chauffée un mélange d'inquiétude et de mystère pourrait donner naissance à un début d'intrigue. Maria échafaude inconsciemment le scénario : un noyé fraîchement repêché, un commissaire las en fin de carrière, un clochard qui en a trop vu… Une histoire qui lui met le sourire aux lèvres – elle aime les polars. Elle colle son visage à la fenêtre et aperçoit, en contrebas, sur l'autre côté du boulevard, un homme qui titube le long du quai, haranguant les rares personnes qu'il croise. L'espace d'un instant, elle rêvasse que l'homme ivre assène des vérités dignes d'un Maigret : « La liberté et la santé se ressemblent ; on n'en connaît le prix que lorsqu'elles vous manquent » ; « Les événements mémorables ne ressemblent jamais à ce que l'on attend d'eux. »

Hannah, quant à elle, s'active dans la petite pièce, tentant d'y restaurer un semblant d'ordre.

— Tu te souviens, interroge Maria à brûle-pourpoint, de notre première rencontre ?

— Comme si c'était hier, répond son amie en réunissant quelques mugs à thé oubliés sur la table basse. J'ai même sauvegardé les premiers messages qu'on a échangés, sur ce réseau social pour amateurs de musique… Et puis, dès le lendemain, j'ai eu besoin de toi !

— Tu m'as appelée en catastrophe, alors qu'on venait à peine de se présenter. Tu voulais que je sauve ta soirée… Qu'est-ce que c'était, déjà ?

— J'accompagnais un groupe d'entrepreneurs australiens sur un Bateau-Mouche pour leur faire découvrir la beauté de notre ville. Échec complet ! Les patrons des différentes coopératives alimentaires australiennes invitées préféraient comparer les prix des légumes à Paris et à Canberra sur leurs téléphones que de profiter de la vue. Les monuments qui défilaient sous leur nez ne les intéressaient pas du tout. Le Petit Palais, le Grand Palais, la Sainte-Chapelle, le musée d'Orsay… Ils trouvaient tout vieillot, mal entretenu, crade. De Paris, ils attendaient plutôt des jolies femmes pas trop farouches et de bons dîners !

— Alors tu as paniqué…

— Au début, oui. Et puis j'ai pensé à toi : on n'avait échangé que quelques messages, mais tu m'avais fait une sacrée impression. Une pianiste équilibrée, au tempérament réglé comme un métronome, c'était ce qu'il me fallait ! Tu étais la femme de la situation. D'ailleurs, tu es arrivée en moins d'une demi-heure.

— Comme toi ce soir.

— Ton intervention était plus héroïque que la mienne car tu étais prête à sauver la mise à une parfaite inconnue. Alors que moi je me trouvais la plus mauvaise des guides touristiques, la plus incompétente, la plus prétentieuse aussi, avec cette idée stupide de Bateau-Mouche. J'étais même à deux doigts de rendre mon tablier. Tu as sauté dans un taxi et, une fois à bord de la péniche, tu t'es assise au piano. En plein air, à peine troublée par le mouvement des vagues, tu as joué. Surpris, les Australiens ont lâché leurs téléphones et cessé ces discussions idiotes et stériles sur les taxes d'import-export. Ils t'ont écoutée, tout simplement. Certains ont même été émus aux larmes. Quand tu as achevé cette performance improvisée par *La Vie en rose*, ils se sont mis à chanter Piaf à tue-tête… très faux d'ailleurs. Ma soirée était sauvée !

Maria sourit à l'évocation de ce souvenir. Hannah, elle, débarrasse le canapé de vêtements en attente de repassage pour que toutes deux s'y lovent, un rooibos à l'orange réchauffant leurs mains engourdies. Se sentant invitée à la confidence, la guide poursuit :

— Pour tout te dire, ton soutien désintéressé de ce soir-là m'a bouleversée. J'avais été licenciée quelques mois plus tôt, à 40 ans passés, par l'entreprise de voyages d'affaires dont j'avais assuré le développement durant deux décennies, j'étais à terre, je ne croyais plus en rien ni personne. En dressant le bilan de ma vie professionnelle, je ne pouvais blâmer que moi. J'avais manqué de diplomatie avec mes collègues, de sens de la communication envers le président, de créativité au service de nos clients. Je ne m'étais pas sentie aussi mal depuis le lycée, quand j'avais raté une épreuve du baccalauréat et pris un zéro éliminatoire qui m'avait fait perdre une année ! Sans compter que ma vie personnelle ressemblait à un champ de ruines. Malgré un mari plutôt attentif – bien que colérique – et deux beaux enfants, elle ne correspondait en rien à ce que j'avais rêvé. Elle ne l'est toujours pas, comme tu peux le constater, mais au moins, ses turbulences m'effraient moins qu'autrefois.

— Tu ne m'en avais rien dit, à l'époque…

— Tu n'es pas la seule experte en cachotteries, ma chère ! En fait, j'ai beau être assez calée en psychologie, je garde pour moi mes pensées les plus profondes. Quoi qu'il en soit, tu m'as sauvée, ce jour-là. Je venais de lancer mon activité de visites guidées dans Paris après le licenciement, et si les Australiens m'avaient fait une mauvaise réputation, j'aurais perdu les rares contrats que j'étais en train de conclure. La scène sera à jamais gravée en moi : un bateau qui flotte sur la Seine, toi au piano, en train de jouer, la musique qui monte et impose le silence, tous ces marchands en séminaire soudain devenus mélomanes et retenant leur souffle… Un moment suspendu, de grâce.

— Pour une fois, j'étais en forme, concède Maria. Je me souviens que mon jeu était fluide, touchant au cœur tes clients australiens. J'arrivais à transmettre tout ce que je ressentais. Un miracle que je ne m'explique toujours pas ! Pas plus que je ne comprends pourquoi il vient de prendre fin aussi brutalement…

— Te rappelles-tu que je voulais t'embaucher comme intervenante régulière ? Et que tu as refusé parce que ton emploi du temps était trop chargé ?

— Oui ! À l'époque, tout me souriait. Les représentations s'enchaînaient, les théâtres et salles m'invitaient, j'avais l'embarras du choix… Les félicitations pleuvaient et moi, je flottais sur mon nuage. Avec autant d'éloges, il n'y avait aucun mérite à se sentir de bonne humeur !

D'une lampée, Hannah termine sa tasse de thé puis pose la main sur l'épaule de son amie :

— Ne t'en fais pas, j'ai exactement ce qu'il faut pour te remettre en selle. Ta seule contrainte sera d'accepter au moins l'une des mains qui se tendront vers toi pour t'aider à sortir de ce mauvais pas.

Comment choisir son confident en temps de crise

Hannah se dirige vers le petit bureau où repose un écran d'ordinateur assez grand pour cacher une partie du mur. Un plan détaillé de Paris apparaît lorsqu'elle l'allume. En tant que guide touristique, elle a développé un outil permettant de situer tous les monuments de Paris, de voir leurs caractéristiques d'un seul coup d'œil et de construire des itinéraires cohérents.

— C'est mon principal outil de travail, explique-t-elle à Maria. Comme mes visiteurs y ont accès à distance, ils peuvent choisir les visites qui les intéressent. En le développant, je lui ai trouvé une autre utilité : en faire une carte interactive… de tous les psychologues parisiens ! Tu te souviens qu'après mon licenciement, complètement à plat, j'ai consulté de nombreux thérapeutes jusqu'à trouver la perle rare. Eh bien, j'ai décidé de mettre cette expérience à profit pour construire ce que j'appelle mon « mur des psys ».

En quelques clics, Hannah fait disparaître les icônes de la tour Eiffel, de l'Arc de Triomphe et de Beaubourg tandis qu'apparaissent, dispersés dans l'ensemble de la ville, les portraits de « soignants en santé mentale », indiqués au moyen d'une petite photo qui, survolée par la souris, révèle leurs nom, prénom et particularités professionnelles. Beaucoup ont l'air affables, souriants ; d'autres semblent sévères ou mystérieux, le regard perdu dans le vague.

— J'ose te le dire, Maria : je les ai tous consultés ! Parfois, je m'en suis tenue au premier entretien ; avec d'autres, nos échanges ont duré plus longtemps. Il faut dire que j'avais sacrément besoin de secours.

— Lequel est parvenu à t'extraire de tes angoisses ?

— La plupart m'ont aidée, d'une manière ou d'une autre, à retrouver un peu de bonne humeur. Mais en toute honnêteté, je pense avoir fait seule le plus gros du chemin.

— S'ils t'ont été si peu utiles, pourquoi les faire figurer sur ta carte ?

— Détrompe-toi : c'est grâce à eux, et au travail préparatoire effectué ensemble, que j'ai pu, ensuite, trouver la force de m'en sortir. Par moi-même. J'ai retenu en fait tous ceux qui remplissent les trois critères les plus recherchés en matière de suivi psychologique : être ponctuels, pas trop chers, et accepter qu'on parle de tout ce qui nous préoccupe.

— Moi qui voyais la plupart des psychologues comme des êtres pervers, manipulateurs, âpres au gain…

— La fameuse « triade sombre » ! Ne t'inquiète pas, les thérapeutes qui figurent sur ce mur ont été soigneusement sélectionnés et testés. Ils ne sont ni narcissiques, ni machiavéliques, ni transgressifs.

Maria promène son regard sur la carte interactive, étonnée du nombre de portraits qui la surveillent.

— Comment choisir ? demande-t-elle. Il y en a tellement…

Hannah se saisit à nouveau de la souris :

— Veux-tu parler à quelqu'un qui cherche la cause de ta mauvaise humeur dans ton enfance, ou à quelqu'un qui s'intéresse au présent ?

— Quitte à changer d'avis après quelques rendez-vous, je préfère commencer par l'ici et maintenant.

Hannah filtre les profils afin d'écarter tous les experts en psychodynamique, focalisés sur la recherche des causes de la déprime dans l'histoire personnelle ou familiale.

— Préfères-tu un thérapeute neutre ou directif ?

— Directif, ça me rassure.

À nouveau, quelques portraits s'effacent. Hannah zoome, les visages des thérapeutes encore en lice se précisent.

— Tiens ! s'exclame Maria. Lui, je le connais : c'est l'homme qui a organisé le désastreux concert de ce soir…

Elle pointe du doigt la photo de Romain Houdin. Dont elle avait déjà entendu dire qu'en plus d'être engagé dans l'association BBM, il exerce au sein d'un cabinet proche de la place de la Bastille. Soudain curieuse, elle a envie de connaître sa méthode.

— Voyons voir…

D'un clic, son amie ouvre la fiche dédiée au praticien. Une vidéo se met en route. Houdin en personne s'y exprime face à la caméra, en gros plan, dévoilant les grands principes de ce qu'il appelle l'émotologie :

— Mon maître en psychothérapie est Mel Brooks, un cinéaste américain comique aujourd'hui oublié. Dans l'un de ses films, Mel Brooks joue le rôle d'un psychologue. Qui explique avoir guéri une jeune femme qui s'était enfermée dans sa maison et ne faisait rien d'autre que déchirer des morceaux de papier. Avant qu'il ne s'occupe de son cas, elle avait suivi plusieurs années de thérapie, qui ne l'avaient en rien aidée. Un journaliste interviewe le médecin en ces termes : « C'est incroyable. Personne n'était jamais arrivé à aider cette dame effondrée, et vous avez réussi. Quelle est votre méthode ? » Le thérapeute répond : « Je suis allé la voir et je lui ai parlé. Je lui ai juste dit de ne plus déchirer de papier. Puis j'ai ajouté : "Vous êtes une charmante jeune femme. Sortez, rencontrez des gens. Allez à des fêtes ou à des spectacles mais ne déchirez plus de papier..." Elle n'a plus jamais déchiré de papier. » L'anecdote vous surprend. Tant mieux, c'est un début. Pourquoi ma méthode est-elle en partie inspirée de cette scène ? Parce qu'elle fonctionne selon un principe simple : lorsqu'ils sont bien choisis, quelques conseils suffisent à changer le comportement et les émotions d'un individu. Je garde à l'esprit que mes patients savent presque toujours ce qu'il faudrait faire pour aller mieux, mais sont incapables de le faire, ou alors n'en ont pas envie. En tant qu'émotologue, mon rôle est donc de leur donner des idées pour avancer sur un chemin qu'ils imaginent ou entrevoient.

À la fin de la vidéo, les deux femmes continuent de fixer l'écran, songeuses. Hannah se garde d'émettre un commentaire. Maria, elle, n'est pas sûre que sa mauvaise humeur puisse être traitée d'une manière aussi simple – simpliste – que ce que promet Houdin. Au moins l'a-t-il fait sourire. Un premier pas ? En tout cas, elle se sent prête à en apprendre davantage sur cette « émotologie ».

Un émotologue explique son travail

Par chance, dans sa quête personnelle, Hannah a demandé aux thérapeutes présents sur son « mur des psys » de résumer la manière dont ils travaillent. Certains ont refusé, mais la plupart, lorsqu'elle a expliqué qu'il s'agissait d'une démarche purement personnelle de collecte d'informations, se sont prêtés au jeu. Le professeur Houdin a réalisé une deuxième vidéo dans laquelle il détaille son travail. Où l'on sent, à son air réjoui, qu'il est fier de défendre sa discipline. Maria saisit une feuille de papier vierge sur le bureau de son amie, se munit d'un stylo et note les principales étapes de sa thérapie :

- apprendre à connaître ses émotions ;
- faire la différence entre les émotions normales et les signes de maladie ;
- identifier et combattre les croyances qui nourrissent les idées tristes ;
- se débarrasser des comportements et des idées toxiques ;
- faire des expériences de bonne humeur.

Hannah a aussi posé aux thérapeutes une question plus intime. Qu'est-ce qui les anime, et pourquoi travaillent-ils ? Romain Houdin raconte :

— Aider les autres à aller mieux est, pour moi, à la fois une passion et un jeu. Chaque fois qu'un patient me parle d'un symptôme ou d'une émotion, j'en cherche la cause parmi six explications possibles : ce qui a une base biologique ; ce qui vient de l'enfance ou du développement de la personne (crises d'adolescence, de maturité ou de vieillesse qui se manifestent notamment autour des anniversaires ou des périodes charnières, comme la retraite) ; les émotions dues à une situation qui déséquilibre le patient, et dépasse ses capacités d'adaptation ; les relations difficiles, soit au travail, soit dans la vie amoureuse, soit en famille ; les peurs existentielles (la mort, la solitude, la maladie, le manque de sens) ; les conflits inconscients.

D'abord dubitative, puis intéressée, Maria achève de prendre ses notes puis plie soigneusement le papier avant de le glisser dans son sac. Après quelques secondes de silence et de réflexion, elle déclare :

— Cet émotologue m'intrigue. Je le choisirais bien, mais c'est lui qui est la cause de mes tourments ! S'il n'avait pas fait appel à moi pour ce maudit concert, je n'en serais pas là ! Penses-tu qu'on puisse être à la fois un imprésario raté et un bon thérapeute ?

— Tu ne crois pas si bien dire, répond son amie avec un clin d'œil. Sache qu'Houdin mène une vie sacrément remplie : à ses heures perdues, il tient une boutique de meubles anciens, tout près d'ici.

— Ce n'est pas sérieux ! réplique Maria qui sent monter une sourde irritation. Tu te moques de moi parce que je suis en position de faiblesse. Comment peux-tu me conseiller un psy qui ne l'est pas à plein temps et qui s'amuse à vendre des fauteuils entre deux consultations ?

— Je comprends que tu sois sceptique, la rassure Hannah. Mais c'est ta tristesse qui parle. Comme je n'ai pas l'intention de me lancer avec toi dans une argumentation sans fin à une heure aussi indue, on arrête là pour l'instant veux-tu ? Dodo ? Demain, nous irons rendre visite à ce cher émotologue antiquaire.

Références

Richard B. Makover, *Les Fondamentaux de la psychothérapie. Le guide d'une pratique clinique efficace*, trad. par Marc-Antoine Crocq et Alexis Boehrer, Elsevier, 2017.

Vous arrivez à un tournant de l'aventure de la bonne humeur. Si vous avez l'esprit scientifique et que la biologie vous intéresse, prenez le temps de lire la synthèse faite par Hannah sur les médiateurs cérébraux et les neurones, page 93. Elle vous aidera à comprendre ce qui se passe dans notre tête quand on est de bonne ou de mauvaise humeur.

Si vous pensez que nos émotions dépendent essentiellement des événements ou de notre histoire, inutile de vous encombrer de ces explications. La bonne humeur, c'est aussi la liberté, celle de choisir et de ne pas tout savoir. Retrouvez Romain Houdin dans son cabinet page 102, sans passer par la case sérotonine.

6

Une leçon sur le cerveau

La biologie des émotions et de l'humeur

Hannah a déplié le canapé-lit, qui occupe désormais la majeure partie du studio. « On va être obligées de le partager, désolée », a annoncé Hannah. « À la guerre comme à la guerre », a répondu en souriant la pianiste, précisant citer une phrase culte de sa grand-mère. Lovée dans des draps propres, entourée de piles de livres et bercée par le martèlement de la pluie contre les carreaux de la fenêtre, rassurée par la présence bienveillante de son amie, Maria sent que son cœur s'apaise et qu'elle s'apprête à passer une nuit réparatrice.

Mais, au bout d'une dizaine de minutes, malgré la fatigue et l'heure bien tardive, elle ne dort toujours pas. La perspective de consulter Romain Houdin dès le lendemain la maintient en alerte. Avant d'accepter l'aide de quiconque, il lui faut comprendre ce qui se passe précisément dans son cerveau quand elle est de bonne ou de mauvaise humeur. Sans un minimum de connaissances, comment saura-t-elle distinguer les bons « psys » des charlatans ? Son côté bonne élève s'insurge contre l'idée de s'aventurer en terre inconnue.

Hannah, qui n'a pas plus sommeil, comprend que sa visiteuse cogite. Alors elle rallume la lumière, se relève, s'assied au pied du canapé-lit et lui dit qu'elle devine ses craintes.

— Je crois savoir ce qui te soucie. Sache qu'à chaque fois que je vais voir un nouveau thérapeute, j'ai besoin de préparer la consultation en me documentant, et de vérifier après coup tout ce qu'il m'a expliqué. Alors, je lis des articles ou des livres sur le sujet, et j'en fais des fiches de synthèse que je conserve dans un dossier.

Elle tire l'un des tiroirs de la table basse et en extrait un classeur massif, débordant de feuilles volantes et d'articles découpés dans des magazines.

— Si mon dossier est si épais, c'est qu'il existe de nombreuses explications à la bonne et à la mauvaise humeur. Le cerveau n'est pas le seul coupable : la flore intestinale, l'immunité et les gènes jouent eux aussi un rôle dans nos émotions.

Comment sécréter des molécules du bonheur ?

Hannah prend une voix calme et douce, comme si elle s'apprêtait à raconter une histoire à un enfant pour l'endormir :

— Il y a, explique-t-elle, une foule de neurones sous ton crâne et sous le mien. Attachés les uns aux autres par des bras et des jambes appelés axones et dendrites. Ils communiquent en s'envoyant des boules chimiques : les neuromédiateurs. Jusque-là, rien de plus simple ! Concernant la bonne humeur, les neuromédiateurs qui l'acheminent sont la sérotonine et parfois la dopamine, source d'énergie, alors que les médiateurs de la mauvaise humeur et du stress sont le cortisol et l'adrénaline. Imagine que ton cerveau soit rempli de grains de sable : en bleu, les molécules du blues, en rose, celles de la bonne humeur. En temps normal, le résultat est globalement violet, c'est-à-dire équilibré. Mais dans un cerveau triste, il y aura plus de molécules bleues, et dans un cerveau gai, plus de molécules roses.

— Tu crois, l'interrompt Maria, que mon cerveau a changé de couleur depuis le concert ?

— Pas sûre… Il faudrait doser tes molécules bleues et roses pour en avoir le cœur net.

— C'est possible ?

— Hélas non ! Il est très difficile de connaître précisément le niveau de noradrénaline, de dopamine ou de sérotonine dans un cerveau. On ne trouve pas la couleur dominante avec une simple prise de sang, ni par des méthodes d'imagerie plus sophistiquées.

— Je vois… Comment s'assurer, dans ce cas, que l'on tend vers le rose et pas vers le bleu ? Peut-on augmenter la quantité de bonnes molécules sans médicaments ?

— Eh bien, certains défenseurs des « régimes pro-bonne humeur » te diront qu'il suffit pour cela de manger des aliments stimulant la production de sérotonine. La réalité, c'est qu'avaler des œufs ou des noix de cajou, riches en une substance appelée tryptophane qui se transforme ensuite en sérotonine, ne te fera pas sauter de joie et n'a jamais guéri aucune dépression.

— Nous sommes dans une impasse, en somme… Même sans doser le niveau d'hormones du bonheur, je sens bien que mon cerveau change de composition selon que je vais bien ou mal. Or je regrette les moments d'énergie chargés de dopamine qui m'arrivaient souvent autrefois. Mon succès en tant que pianiste me comblait, Gabriel n'avait qu'à s'approcher de moi pour m'apporter une sensation de calme et de gaieté. Depuis, tout a changé : je n'ai jamais senti mon corps aussi chargé en cortisol et en adrénaline que ce soir !

L'arc du stress

Maria feuillette l'épais classeur d'Hannah et découvre un ensemble de fiches sur « l'axe du stress ». Elle demande des éclaircissements :

— Quand tu es tendue, ton arc du stress est tendu, lui aussi.

— Où est-il, cet arc ?

— Il part de l'hypothalamus, dans le cerveau, et se termine au-dessus des reins, dans les glandes surrénales. On peut le matérialiser en mesurant le taux de cortisol, qui est fabriqué par ces glandes : lorsque le taux est élevé, c'est signe que l'arc du stress est très tendu. Chez les gens de mauvaise humeur, la quantité de cortisol dans le sang augmente. Cette hausse ne prédit rien de bon. C'est encore plus préoccupant chez ceux qui ont déjà traversé une dépression et risquent de rechuter. D'ailleurs, les formes les plus graves de dépression se révèlent entre autres par la quantité de cortisol qui circule dans l'organisme.

— J'ai donc failli casser mon arc du stress à force de le tendre !

— Eh oui : plus tu angoisses, plus tu fabriques d'hormones néfastes et plus tu risques de déprimer. Le problème, c'est qu'aucun des traitements destinés à apaiser l'hypothalamus, l'hypophyse, ou à réduire le taux de cortisol n'a jamais guéri en même temps la tristesse ou l'anxiété.

Maria s'avoue déçue de ne pas apprendre l'existence d'un traitement actif et efficace dès ce soir. Une boîte qu'il lui suffirait d'aller chercher à la pharmacie du coin, pour que tout redevienne comme avant…

— Cela m'étonne de ta part, la reprend Hannah. Souviens-toi que nous portons en nous nos propres névroses, mais aussi celles de nos parents, voire de nos grands-parents… Impossible de réduire ce mal-être à un simple déséquilibre au niveau des glandes surrénales ! Les tragédies subies, les traumatismes, les fantômes de ceux qui sont partis trop tôt… tout intervient et interfère : il n'existe, et c'est bien normal, aucune pilule capable de conjurer tout cela.

La pianiste acquiesce, à la fois déçue et consciente que son rêve de solution rapide est trop optimiste.

Contrer l'inflammation du cerveau

— Outre la métaphore de la couleur, on peut également employer celle de la chaleur, en affirmant qu'un cerveau triste n'est autre qu'un cerveau « chaud », avec des neurones inflammés. Tu vois à quoi ressemble une articulation inflammée : elle rougit, gonfle, fonctionne moins bien et fait mal. C'est pareil pour le cerveau ! On sait que certaines molécules appelées les cytokines sont très présentes en cas d'inflammation, particulièrement chez les gens de mauvaise humeur. Un jour, peut-être, les médecins seront capables de mesurer la chaleur ou l'inflammation d'un cerveau d'enfant afin de savoir si, une fois devenu adulte, il sera gai ou triste.

— Alors, si je joue terriblement mal ces derniers temps, ce n'est pas parce que je manque de talent, mais parce que mon cerveau gonfle et rougit ?

— Exactement ! Ce qui est dommage, c'est qu'à ce jour, aucun traitement contre l'inflammation n'est parvenu à soulager la déprime… ni à améliorer le jeu de quiconque au piano.

— Décidément, tu as le chic pour briser mes rêves de traitements chimiques aux effets instantanés.

Des neurones plus plastiques et plus nombreux

— La souplesse, poursuit Hannah en feuilletant son classeur, est une qualité très importante en matière de bonne et de mauvaise humeur. L'esprit en a besoin, et les neurones ne peuvent pas s'en passer. Plus tu es souple dans ta tête, moins tu es rancunière, mieux tu te portes ! Un cerveau triste est aussi un cerveau moins souple ou moins plastique, dont les neurones s'adaptent difficilement à l'imprévu. Ils sont raides, et ronchonnent au moindre effort.

— C'est bizarre, s'étonne Maria, je me trouve justement trop plastique, trop influençable, sujette à des changements d'humeur en réaction à n'importe quoi…

— On n'est jamais assez souple, assène son amie. Qu'il s'agisse des articulations, des neurones ou de la pensée ! Sans compter que, quand on est triste, on perd des neurones. Alors qu'un cerveau de bonne humeur en fabrique de nouveaux en permanence. D'ailleurs, chez les patients qui soignent leur dépression à l'aide d'un traitement médicamenteux et de l'accompagnement d'un thérapeute, on observe que le facteur de croissance des neurones augmente. Et que le nombre de ces derniers repart à la hausse.

— Tout ça est bien abstrait, observe Maria, qui sent le sommeil la gagner. J'aimerais tant que l'on puisse mesurer la souplesse de mes neurones, et celle de mes doigts quand je joue… Je ne sais pas à quoi ressemblent mes foutus neurones, mais je vois bien que mes doigts, eux, sont raidis par le stress et que mes schémas de pensée se répètent. Je me trouve de plus en plus têtue, rancunière, jalouse. Gabriel s'en plaignait d'ailleurs : il estimait que je le mettais à rude épreuve, en testant sans cesse son engagement et sa fidélité. Jusqu'au jour où il a cessé de se plaindre, préférant s'éloigner…

Où se cache la bonne humeur ?

Devinant que son amie se laisse gagner par la tristesse d'un amour perdu, Hannah s'empresse d'attirer son attention sur autre chose, et lui place sous le nez un schéma de cerveau humain :

— Regarde, nous savons exactement à quoi ressemble le cerveau humain vu de l'extérieur, mais personne ne sait où est installée la machine à produire de la bonne ou de la mauvaise humeur ! Bien sûr, l'hippocampe n'est pas tout à fait innocent : c'est lui qui régule les émotions. Il est caché au milieu du cerveau, et se rétracte dès qu'on se met en colère ou qu'on déprime. Chez les gens de mauvaise humeur, il est du reste plus petit que la moyenne. Heureusement, il retrouve sa taille normale lorsqu'on rit et qu'on se détend. Mais l'hippocampe est loin d'être le seul en cause : l'amygdale, une autre zone profonde du cerveau, très active, a tendance à s'agiter sous l'effet du stress.

— Je comprends mieux. Le but de ma thérapie sera donc de regonfler mon hippocampe et d'apaiser mon amygdale.

— Au risque de te décevoir à nouveau, s'excuse Hannah, ces observations n'ont encore aucune application pratique… On ne pourra pas surveiller tes progrès par scanner. Ceux qui soutiennent que les émotions naissent uniquement dans le cerveau vont devoir patienter !

Existe-t-il un gène de la bonne humeur ?

— Si la réponse n'est pas sous mon crâne, est-ce que ce pourrait être une question de génétique ?

— C'est la dernière hypothèse dont je voulais te parler, confirme Hannah. Quand on part à la pêche au « gène de la dépression », on ne rentre ni bredouille ni complètement satisfait. Les personnes de bonne et de mauvaise humeur sont assez différentes d'un point de vue génétique, mais il est peu probable que l'on identifie un jour un gène unique de l'humeur. Tout cela se complique encore avec l'émergence de ce que l'on appelle aujourd'hui l'épigénétique : nos gènes ne sont pas gravés une fois pour toutes à notre naissance, mais changent au gré de nos expériences ! Ainsi, ton patrimoine génétique est protégé lorsque tu mènes une vie plutôt tranquille, mais fragilisé quand les galères s'accumulent.

— C'est à donner le tournis, se désole la pianiste. Tu crois que ton émotologue saura me faire profiter de ces recherches, même si elles en sont au stade embryonnaire ?

— Nous verrons. À mon sens, il te prescrira plutôt de la musique contre l'adrénaline, du sport pour la dopamine et les endorphines, des expériences de vie plus riches pour la sérotonine.

— Je croyais, bâille Maria, qu'il n'y avait que les pianistes, les poètes et quelques autres fous qui rêvaient en travaillant.

Références

Gin S. Malhi, J. John Mann, « Depression : Seminar », *The Lancet*, 392/10161, 2018, p. 2299-2312.

Après tant d'histoires de neurones en fusion, de sérotonine, d'adrénaline et de dopamine, retrouvez Romain Houdin dans son magasin de meubles anciens, et écoutez-le raconter comment la parole peut guérir les maux de l'âme.

7

Un psy qui vend des meubles

Les bienfaits de l'écoute et des relations saines

Après une nuit trop courte et une tasse de café avalée en vitesse, Maria et Hannah quittent le nid du sixième étage et s'engagent dans le boulevard de la Bastille. Dépassant l'imposant bâtiment de l'Opéra, elles atteignent la rue du Faubourg-Saint-Antoine. Par chance, le froid est moins agressif que la veille ; le vent est retombé et, par moments, l'épaisse couche nuageuse qui pèse sur Paris laisse passer quelques timides rayons de soleil. Mais la prudence reste de mise. Sur les trottoirs, les plaques de verglas menacent de faire trébucher les passants imprudents, malchanceux ou trop pressés.

Au bout de dix minutes, Hannah s'arrête devant le numéro 55 et montre du doigt l'étrange commerce qui leur fait face : bien qu'il s'agisse d'une boutique de meubles, une plaque dorée fixée près de la porte indique que le lieu abrite également un cabinet de thérapie. Sur la devanture, Maria lit : « Houdin Père & Fils. Tout pour meubler sa vie ». Les lettres peintes en blanc se détachent sur un fond bleu roi. Quelques flocons de givre sont accrochés au symbole &. Regrettant son emportement de la veille, elle sourit à l'idée que deux activités si différentes puissent cohabiter dans le même local. Ce professeur Houdin n'a pas fini de la surprendre…

Celui-ci, prévenu de l'arrivée des deux femmes par un bref appel d'Hannah, ouvre la porte pour les accueillir :

— Bienvenue dans ma modeste boutique, les salue-t-il.

Sa transformation physique par rapport au souvenir que Maria garde de lui, sur l'estrade de la salle Rossini, la frappe. Elle le trouve voûté, fatigué, et n'est pas mécontente qu'il lui offre une simple poignée de main plutôt qu'une bise. Ayant troqué son costume et son nœud papillon contre un chandail vert bouteille et un pantalon marron en velours côtelé, le conférencier quelque peu prétentieux voire obséquieux a perdu de sa superbe. Cherche-t-il à coller au stéréotype du thérapeute bienveillant et un peu négligé véhiculé par les films américains de la fin du XXe siècle ?

— Il lui manque une barbe rousse et une pipe, chuchote la pianiste à l'oreille de son amie, qui comprend aussitôt l'allusion et réprime un rire.

En entrant dans la boutique, elle prend conscience qu'elles sont arrivées avec quinze minutes d'avance sur l'heure convenue. Satané excès de ponctualité qui est une des nombreuses manifestations du perfectionnisme lui rendant la vie difficile. Qu'il s'agisse d'un concert ou d'un rendez-vous amical, il faut toujours qu'elle prenne tellement de précautions pour arriver pile à l'heure et ne décevoir personne qu'elle finit généralement par devoir patienter. Qu'elle aimerait se défaire de cette exigence qui l'épuise !

Houdin les invite à le suivre et les précède dans une vaste pièce au sol carrelé, où la lumière hivernale peine à se frayer un chemin. Partout, des meubles s'amoncellent, formes sombres et inquiétantes accumulées dont beaucoup ont connu des jours meilleurs il y a fort longtemps, cimetière de vies passées et éparpillées là encore : fauteuils, buffets, lustres et paravents occupent l'espace disponible, ne cédant à la circulation que de minces couloirs. Ici et là, dans un tiroir laissé ouvert ou sur une étagère poussiéreuse, traînent des tas d'ouvrages, dont d'épais manuels de psychologie. L'arrière-boutique, au contraire, s'avère plus aérée, elle qui bénéficie d'un puits de lumière la rendant accueillante. Une longue table de travail trône en son centre, couverte d'une nappe cirée. Dans un coin, une kitchenette, où l'on devine que le commerçant-thérapeute réchauffe des repas aussi frugaux que solitaires. Aime-t-il seulement manger ?

Le professeur fait chauffer de l'eau et sert trois mugs de thé. Gênée du silence qui s'installe, Maria, qui a pris place en bout de table, ose se lancer :

— Je connaissais votre goût pour la musique et la science, mais qui aurait cru que vous teniez une boutique aussi atypique ?

— Mon amour des meubles anciens remonte à mon enfance, répond Houdin en souriant. Je n'ai jamais ressenti le besoin de compartimenter les différents aspects de ma vie. Cela dit, j'ai été très étonné qu'Hannah m'appelle et me parle de vous… Ce genre de coïncidence a quelque chose de spécial, vous ne trouvez pas ?

— Nous nous connaissons depuis des années, intervient Hannah. Quand Maria m'a sollicitée à propos de ses problèmes d'humeur, je lui ai tout naturellement montré mon « mur des psys », que vous connaissez bien pour y avoir si gentiment contribué. C'est là qu'elle vous a reconnu !

— Ça alors…

— J'ai été surprise, confirme la pianiste. Et votre présentation de l'émotologie m'a intriguée. Ce que vous en dites m'intéresse, j'avoue, et me donne même de l'espoir.

Elle s'interrompt, sur le point d'avouer quelque chose de désagréable. Houdin s'en aperçoit et, perspicace, formule à voix haute ce que sa visiteuse pense tout bas :

— Vous êtes venue me demander de l'aide, mais une partie de vous me tient responsable du concert d'hier soir, que vous jugez raté. J'ai bien vu que vous n'étiez pas dans votre assiette en quittant la salle… Vous rechignez donc à vous confier à moi.

Les joues soudain en feu, Maria hoche la tête. Le professeur n'a pas l'air de se formaliser de ses réserves, ce qui la rassure.

— J'ai bien peur que vous ne m'accusiez d'avoir provoqué un mal-être qui, en vérité, n'est la faute de personne, poursuit-il du même ton tranquille. Cependant, si cela peut me racheter à vos yeux, laissez-moi tenter de vous aider à ma façon. Et vous expliquer d'abord plus en détail ce qu'est l'émotologie, cette grande aventure qui a changé ma vie. Vous me direz alors si vous avez envie de partager vos tracas avec moi.

— Puis-je écouter vos explications, moi aussi ? s'enquiert Hannah. Depuis la première fois que je vous ai consulté, ma curiosité pour la santé de l'esprit n'a pas faibli. Il se trouve que je suis toujours abonnée aux coups de cafard, par périodes… cela m'aidera certainement.

— Si Mme Gary est d'accord, je n'y vois aucun inconvénient, répond le thérapeute.

Maria acquiesce. Les deux femmes échangent un sourire complice.

Comment l'écoute peut guérir les émotions

Houdin retrousse les manches de son chandail et retire ses lunettes, marque chez lui d'une concentration accrue.

— Une rencontre avec un émotologue ressemble, en apparence, à une banale conversation. Mais ne vous y trompez pas : il s'agit en réalité d'un dialogue codifié, cadré, professionnel. Tout commence par un temps d'écoute incontournable. Ce n'est pas sans raison que l'on caricature les thérapeutes en les présentant comme des gens mutiques, qui se contentent de marmonner de temps à autre de vagues commentaires ! Il est, dans ce métier, plus important de savoir se taire que de parler, serait-ce pour donner des conseils avisés. Mes patients se souviennent mieux des moments que j'ai passés à les écouter patiemment que de ce que j'ai pu leur raconter. Après cette phase d'écoute, qui dure aussi longtemps que nécessaire, j'identifie une liste de problèmes. Puis je cherche des explications ou des solutions. Certains de mes confrères disent : « Je vais essayer de comprendre *ce qui vous arrive* », quand d'autres déclarent plutôt : « Je vais essayer de comprendre *pourquoi* cela vous arrive. » Deux approches pas si éloignées, à mon sens !

— Je suis d'accord, souffle Hannah.

— Le traitement en tant que tel, qui passe essentiellement par la parole, répond à des objectifs précis : qu'est-il possible d'améliorer dans les pensées et dans le comportement de la personne de mauvaise humeur ? Quelles expériences ou exercices lui proposer ?

— Je vois... Mais, dans ce cas, n'importe quel ami capable d'empathie ne ferait-il pas l'affaire ? objecte Maria.

— Eh bien non, justement : un ami n'est pas un professionnel de l'écoute.

Houdin expose alors les cinq critères qui, selon lui, permettent aux thérapeutes d'aider leurs patients bien au-delà de la simple empathie :

- ils ont suivi une formation qui fait d'eux des experts de l'émotion, de la parole et surtout du silence. Les amis sont souvent trop bavards et sûrs de leurs opinions ;
- ils se gardent de juger leurs patients, et travaillent dans le respect et la confidentialité ;
- ils obéissent à de nombreuses règles et normes en matière d'éthique et de déontologie. Un ami qui manque de discrétion est un goujat, un thérapeute qui divulgue ce qu'on lui a confié enfreint la loi ;
- ils sont certifiés par une autorité reconnue. Leur « origine » est aussi sévèrement contrôlée que celle d'un bon fromage ou d'un grand vin ;
- ils acceptent que leur manière de travailler soit observée, évaluée et corrigée si nécessaire. Ils se forment régulièrement.

Maria et Hannah méditent un instant sur ces critères essentiels. Elles ont beau se connaître depuis longtemps et se sentir très proches, elles comprennent désormais pourquoi le soutien qu'elles peuvent mutuellement s'apporter en cas de déprime est limité.

Le professeur s'intéresse à présent aux conditions qui doivent être réunies afin qu'une relation saine s'installe entre le professionnel de santé et son patient. À ses yeux, il faut :

- un thérapeute bien formé ;
- un patient engagé, prêt à appliquer, ou au moins à écouter, les conseils qui lui sont prodigués – car on ne soigne jamais quelqu'un contre sa volonté. Le consentement ne suffit pas, il faut de la confiance et de la motivation ;
- un lieu de conversation adéquat ;
- un cérémonial de soin, qui tienne compte des habitudes du patient et de ses éventuelles petites manies ;
- la conviction partagée que la thérapie permettra de soulager la détresse de celui ou celle qui consulte.

— Je suis comme un sorcier, conclut Houdin : même mes patients les plus rationnels finissent, après quelques semaines, par m'attribuer des superpouvoirs !

— Cela me rappelle certains de mes professeurs de piano, s'exclame Maria. Je les prenais pour des magiciens, des voyants… J'étais persuadée qu'ils étaient capables de deviner combien d'heures j'avais travaillé entre deux leçons !

Les trois piliers d'une relation qui fait du bien

L'heure tourne, mais Houdin n'a l'air aucunement pressé d'ouvrir sa boutique au public. Au contraire, il poursuit ses explications en prenant son temps – avoir un auditoire, chez lui, n'est-il pas le plus doux et excitant des plaisirs ?

— Dans le cadre de mon travail, je m'inspire d'un psychothérapeute américain du nom de Toksoz Byram Karasu, qui a posé les bases d'une parole productrice de bonne humeur :

- le patient doit être bousculé et faire des expériences affectives. Quelle que soit la méthode employée par le thérapeute, l'objectif d'une séance est de provoquer un trouble qui fait du bien, et de libérer des angoisses ou des rêves enfouis depuis longtemps ;
- il doit être prêt à remettre en cause ses certitudes et ses schémas de pensée. Karasu appelle ce travail sur les croyances la maîtrise cognitive. Elle permet au thérapeute d'inciter ses patients à envisager leur situation à travers des prismes différents. Karasu encourage d'ailleurs la pratique d'exercices, pendant les consultations ou en dehors, mais aussi de jeux de rôle (« Je fais comme si… ») ou de mises en situation (« Je me mets à la place de quelqu'un d'autre ; si j'étais mon meilleur ami, je dirais… »).
- enfin, le troisième pilier d'une thérapie réussie est la régulation des comportements. La parole du professionnel de santé n'apporte de la bonne humeur que si elle aide le patient à se comporter différemment, par exemple de manière plus calme.

Le propos fait tiquer Maria qui, ayant compris qu'Houdin n'était nullement susceptible, décide de mettre les pieds dans le plat :

— Vous ne trouvez pas que le travail du thérapeute ressemble alors à de la suggestion, voire à du dressage ?

— Certainement pas ! Nous autres, soignants, n'avons aucunement ce genre de pouvoir. Quelqu'un qui entre dans mon cabinet en s'étant déjà persuadé que je ne lui apporterai rien en sortira effectivement les mains vides, faute d'avoir mis toutes les chances de son côté, ou du mien. Mais s'il s'attend à des résultats positifs, et qu'il me fait confiance, il sera plus facile pour moi de l'aider à surmonter ses idées fixes et ses pensées toxiques. Je ne peux aller contre sa volonté, seulement lui donner les outils pour concrétiser les changements qu'il souhaite déjà au fond de lui.

Maria n'est toujours pas convaincue. Après tout, les antibiotiques ont-ils besoin que celui qui les avale croie en leur efficacité pour le débarrasser des bactéries nocives ? Ils fonctionnent, voilà tout !

— Vos doutes sont sains, la rassure Houdin. Vous savez, les personnes trop confiantes me désarment, tandis que les sceptiques ont tendance à me stimuler ! C'est souvent lorsqu'il sent un peu de résistance chez son patient qu'un thérapeute donne le meilleur de lui-même.

Faut-il chercher les causes de la déprime ?

Avant d'en venir à sa spécialité, l'émotologie, le professeur propose à ses deux visiteuses de leur présenter les méthodes concurrentes :

— La thérapie psychodynamique vise à identifier, comprendre et interpréter des conflits inconscients. La thérapie cognitivo-comportementale, ou TCC, cible plutôt les schémas de pensée nocifs, ainsi que les conditionnements et les mauvaises habitudes. Enfin, les psychothérapies existentielles prétendent redonner du sens à l'existence. L'émotologie est en quelque sorte un condensé de ce que ces différentes méthodes offrent de meilleur, un mélange de mon cru !

Houdin se lève, va prendre sur un meuble un document, revient et déroule en travers de la table un papier où s'étendent cinq colonnes remplies de texte. Maria et Hannah s'extraient de leur chaise à leur tour afin d'embrasser le tableau du regard.

— Voici un aide-mémoire qui résume les spécificités des méthodes thérapeutiques dont nous avons parlé.

	Thérapie psychodynamique, ou « Mon psy a lu Freud »	**Thérapie cognitivo-comportementale, ou « Mon psy ne jure que par Pavlov »**	**Psychothérapie existentielle, ou « Mon psy est un mordu de philo »**	**Émotologie**
Explication des symptômes	Antécédents de conflits non résolus	Système de pensée appris et mal adapté	Recherche de sens	Intégration des trois explications
Niveau d'intervention du thérapeute	Faible	Élevé	Moyen	Variable selon les situations
Objectifs de la thérapie	Retrouver des causes inconscientes	Agir sur le comportement actuel	Agir sur la condition humaine	Trouver ses meilleures émotions
Technique utilisée par le thérapeute	Libre parole, libre association et interprétation	Information, guidance et changement des croyances	Engagements	Expériences de bonne humeur

— Je comprends à peu près les différences entre elles, acquiesce Maria. Et j'imagine que c'est encore plus concret quand on s'y plonge vraiment. Mais votre tableau ne me dit pas comment ni pourquoi choisir un thérapeute plutôt qu'un autre !

— C'est que cela prend beaucoup de temps. Et, surtout, dépend de vos affinités avec tel ou tel professionnel de santé, se défend son interlocuteur avec bonhomie. Au fond, la méthode n'est pas essentielle : quelqu'un de compétent saura varier ses approches afin de proposer des soins adaptés à vos besoins. En revanche, il ne changera pas de personnalité. D'où l'importance de bien choisir !

— Soit, admet la pianiste. Mais sur quels critères dois-je me fonder ?

Houdin énumère alors les éléments qui, selon lui, sont la marque des bons thérapeutes :

- la chaleur. Ils montrent un intérêt sincère envers les tracas du patient ;
- la flexibilité. Ils sont prêts à s'adapter, à changer d'avis, et se révèlent créatifs ;
- l'ouverture d'esprit. Ils reconnaissent leurs erreurs et savent entendre la critique ;
- la tolérance. Ils ne jugent jamais le patient et ne lui mettent pas de pression ;
- le souci du bien-être d'autrui. Ils tiennent compte à la fois des souffrances physiques et psychologiques.

Voyant que les deux femmes acquiescent, Romain Houdin, gagné par le sentiment d'avoir fait mouche, se permet une touche personnelle :

— En ce qui me concerne, je considère par ailleurs qu'un bon thérapeute doit respecter certains codes, certains standards… vestimentaires ! Eh oui, dans le cas qui nous occupe, l'habit fait le moine. Les psychologues, comme les garçons de café, sont tenus de porter ce qu'il faut bien appeler un uniforme.

— C'est pour cette raison que vous avez renoncé à votre costume ? s'amuse Maria.

— En partie, oui ! Je sais bien qu'il ne suffit pas d'enfiler un pantalon en velours côtelé pour faire des miracles. Néanmoins, porter une tenue appropriée est à mon sens une façon de mettre mes patients en confiance. Mon mentor me disait autrefois, citant Marcel Pagnol : « Ce n'est pas moi qui suis élégant, c'est mon costume. » Il m'a formellement interdit les cravates à rayures, tout comme il m'a appris à éviter les formules maladroites du type « Au plaisir ».

— Ces petits rituels sont-ils destinés à mettre vos patients en confiance… ou à vous rassurer vous-même ? ose le taquiner Maria. À ce propos, quand vous vous sentez dépassé, en échec, comment vous en sortez-vous ?

— Là encore, mon maître m'a tout appris. Il m'a ainsi convaincu que l'empathie était la seule bouée de sauvetage qui ne trahit jamais.

— Un psychothérapeute doit se montrer sensible au malheur des autres.

— Voyez-vous, l'empathie est bien plus que de la sensibilité ! Je la définis comme la capacité à comprendre les sentiments de mes interlocuteurs et à y répondre, tout en restant professionnel. Mon métier consiste à repérer ces émotions, et à faire comprendre à l'autre que j'y suis attentif – sans me laisser moi-même atteindre.

— Cela devient-il plus facile avec le temps ?

— Au contraire, mon trac empire au fil des années ! Mais en exprimant mes doutes, je renforce la relation de confiance avec mes patients.

Maria hausse les épaules, sceptique :

— Pour ma part, je ne saurais que faire d'une thérapeute qui m'impose ses doutes et ses dilemmes au lieu de m'aider à résoudre les miens !

— Vous préféreriez peut-être dialoguer avec un ordinateur programmé pour avoir réponse à toutes vos questions ? répond Houdin, malicieux. Sachez qu'un émotologue revendique le droit d'être traversé par des remords et des scrupules, autant que d'être agacé face aux patients qui ne coopèrent pas.

Maria, à court de sarcasmes, apprécie cette repartie flegmatique. Tout bien considéré, Houdin serait-il la personne qu'il lui faut ? Dans ce costume plus décontracté et avec ce discours ouvert, il apparaît bien moins agaçant et prétentieux que sur la scène de la mairie du IXe. Une pensée qu'elle n'aurait jamais imaginé avoir lui traverse l'esprit : et si lui, parce qu'elle le découvre sous un autre aspect – ces différents visages sont d'ailleurs, en eux-mêmes, intrigants et enrichissants au sens où ils trahissent une large ouverture d'esprit –, arrivait à l'accompagner dans sa quête de bonne humeur ? Après tout, n'est-il pas, selon Hannah, un thérapeute de confiance, capable de lui donner des conseils avisés et de se taire au bon moment ? Pusqu'il a senti son malaise lors du concert raté de la veille, se pourrait-il qu'il en éprouve davantage d'empathie à son égard ?

Hannah, de son côté, devine que sa présence devient inutile, voire gênante. Romain et Maria se flairent, se demandent s'ils doivent entamer un travail en commun ou, au contraire, en rester là, mieux vaut donc les laisser seuls. Elle s'éclipse et leur murmure un *bye-bye* discret, posant son index sur ses lèvres afin de leur indiquer de ne pas se déranger pour elle. Elle restera disponible pour son amie, si nécessaire. À eux de « jouer » ensemble, s'ils s'adaptent et s'adoptent.

De retour chez elle, Hannah s'installe confortablement dans le canapé replié en hâte le matin même, aussitôt Maria levée. Une part d'elle s'attriste d'avoir été exclue de la conversation qui, là-bas, se poursuit dans l'arrière-boutique de la rue du Faubourg-Saint-Antoine. Mais n'était-ce pas précisément le but de leur visite ? Elle prie pour que son amie trouve en la personne du professeur l'aide qu'elle réclame si ardemment.

Apaisée par le calme qui règne dans le studio, la guide entame le panini qu'elle a acheté dans sa boulangerie favorite, sur le chemin du retour. Alors qu'elle mord avec délice dans le pain chaud, une pensée fulgurante lui vient. Mettre immédiatement en pratique quelques-uns des enseignements glanés auprès du professeur, qu'elle n'avait pas relevés lorsqu'elle était sa patiente. Face à une situation difficile, elle se demande si elle préfère :

- trouver des explications en lien avec son histoire et son enfance ;
- développer de nouvelles manières de penser, qui rendent l'épreuve plus acceptable ;
- se lancer dans une quête profonde de sens.

La réponse n'est pas évidente, mais le simple fait de réfléchir à cette question lui fait du bien.

Références

Richard B. Makover, *Les Fondamentaux de la psychothérapie. Le guide d'une pratique clinique efficace*, op. cit.

T. B. Karasu, « The Specificity Versus Non Specifity Dilemma : Toward Identifying Therapeutic Change Agents », *American Journal of Psychiatry*, 143/6, 1986, p. 687-695.

Si vous voulez savoir comment Romain Houdin applique à la recherche de la bonne humeur les secrets d'un magicien américain de sa famille, rendez-vous page 117. Vous y découvrirez au passage l'un des pères fondateurs de la psychologie, Viktor Frankl, inventeur de la logothérapie.

Si vous êtes impatient de savoir comment Maria se débrouille avec ses coups de tristesse, suivez-la page 130. Vous l'observerez faire le point sur ce qu'elle ressent… et recycler un vieil instrument de marine pour en faire un détecteur de pensées cachées.

8

Un arrière-grand-père magicien

Les enseignements d'Harry Houdini et de Viktor Frankl

Désormais en tête à tête avec Romain Houdin, Maria éprouve le besoin de faire le point sur ce qu'elle vient d'apprendre. Si elle ressent un pincement au cœur en songeant qu'Hannah a dû s'émouvoir, en partant, de son indifférence, elle se propulse dans un tel état de concentration que sa soif de comprendre occulte le reste. L'émotologie demeure, à ses yeux, une discipline obscure, qui doit faire ses preuves. Il lui semble en outre toujours étrange que le professeur reçoive ses patients dans cette arrière-boutique, certes spacieuse, mais décorée pour le moins étrangement, à grand renfort de schémas scientifiques, de posters de la statue de la Liberté et de clichés en noir et blanc tirés de films anciens. La petite voix qui lui susurre sans cesse des pensées négatives ou railleuses ressasse que *ça ne fait pas sérieux*, et ajoute : *Dire que tu voudrais faire confiance à un zozo pareil. L'habit ne fait pas le moine mais quand même. Croire la parole d'un type qui tient une boutique des horreurs, faut vraiment ne plus avoir la moindre prudence...*

— J'ai besoin de quelques éclairages supplémentaires, se lance-t-elle en allant contre les médisances de son esprit en proie au doute. Vous devez savoir que j'ai la fâcheuse habitude d'anticiper, de vouloir contrôler tout ce qui m'arrive, y compris mes émotions. Cela me joue souvent des tours, mais je n'y peux rien. Ce désir de contrôle atteint parfois une telle intensité que j'explose comme une Cocotte-Minute, dans un gros nuage de vapeur ! Pensez-vous que l'émotologie puisse m'aider ?

— Vous commencez, observe Houdin d'un air approbateur, à utiliser des images intéressantes pour raconter ce qui vous arrive. Une Cocotte-Minute, de la vapeur… C'est très bien ! Quant à l'émotologie, il est normal, à ce stade précoce de votre quête de bonne humeur, que vous doutiez de ses bienfaits. Laissez-moi vous raconter où elle puise ses origines : cela vous la rendra certainement plus familière…

Un thérapeute est un magicien

Le professeur Houdin verse à Maria une nouvelle tasse de thé, se rassied confortablement face à elle et désigne, d'un grand geste circulaire, l'ensemble de son commerce, où commence à pénétrer plus franchement la lumière vive de la mi-journée.

— Vous vous demandez à coup sûr ce qui m'a poussé à m'établir dans un magasin de meubles comme celui-ci, et à exercer deux activités qui, il faut le dire, n'ont pas grand-chose en commun. La réponse m'oblige à effectuer un saut dans le temps d'une grosse centaine d'années. Voici mon secret : mon arrière-grand-père paternel n'était autre que le magicien américain Harry Houdini ! Qui est devenu célèbre grâce à un tour consistant à s'échapper d'un coffre-fort. Ce que l'on sait moins, c'est qu'Harry Houdini a longtemps caché ses origines au public. De son véritable nom Ehrich Weisz, il était issu d'une famille hongroise, lignée de rabbins et de mystiques juifs d'Europe de l'Est. À son arrivée aux États-Unis, il a d'abord vécu en vendant des cravates, puis en travaillant comme serrurier et enfin comme trapéziste. C'est en exécutant des tours de magie inédits qu'il a accédé à la gloire.

Romain se lève et décroche, sur le mur derrière Maria, un portrait qu'elle n'avait pas remarqué. Non sans une certaine fierté, il lui montre le visage de son ancêtre :

— Le voici. C'était un homme extraordinaire ! En 1898, il a défié la police de Chicago, déclarant qu'il serait capable de s'enfuir d'une cellule du commissariat le mieux gardé de la ville. Et il a réussi ! Le grand Houdini s'est évadé grâce à une clé cachée dans le fond de sa gorge. Selon la légende, cette technique lui aurait été enseignée par un avaleur de sabres. À cette époque, il s'était déjà fait remarquer dans un spectacle monté avec Buster Keaton. Son nom de scène, Houdini, est un hommage au magicien français Robert Houdin.

Le professeur remet à sa place le cliché d'époque encadré, sans cesser de parler. Maria, sentant que cette histoire familiale lui tient à cœur, se garde de l'interrompre.

— Mon grand-père, le fils d'Harry Houdini, est arrivé en France très jeune, portant l'histoire des Juifs hongrois en exil. Comme beaucoup de ses compatriotes, il a ouvert un magasin de meubles. Rue du

Faubourg-Saint-Antoine, à l'époque le quartier du bois, du mobilier fait main dans des ateliers cachés au cœur des petites rues derrière le bâtiment. Il a repris le local, inoccupé depuis la fin de la guerre, et a décidé de garder le nom de scène Houdini. C'est mon très cher père qui a retiré le « i » final – par peur d'être pris pour un Italien. Sans le savoir, il en est donc revenu au nom originel de Houdin, dont s'était inspiré Harry. La boucle était bouclée !

Maria fait de son mieux pour paraître surprise. Alors qu'au fond, elle se moque des ancêtres du thérapeute, et plus encore de la magie dont les tours d'illusion la laissent froide, pire hermétique. Elle qui vénère tout ce qui sonne vrai, au piano comme dans la vie, ne peut comprendre la passion pour des tours de passe-passe et du mensonge mis en scène, aussi habilement pratiqué soit-il. Mais bon, par sociabilité et bonne éducation elle n'en montre rien. Quant au spécialiste américain de l'évasion, elle en a vaguement entendu parler. Curieuse de savoir comment l'ascendance de Romain Houdin l'a amené à développer l'émotologie, elle l'encourage néanmoins à poursuivre d'un regard qui se veut admiratif :

— Mon arrière-grand-père Harry, explique l'émotologue avec une lueur d'exaltation dans les yeux, est pour moi un modèle de résilience. Il a survécu aux épreuves les plus improbables : quand il ne s'évadait pas d'une prison ou d'un commissariat, il se laissait enfermer dans des malles remplies d'eau, qu'il faisait cadenasser et ceinturer de chaînes. Il s'extirpait aussi de bidons métalliques suspendus à plusieurs mètres au-dessus du sol, sautait dans des fleuves, menotté et lesté d'un boulet au pied… Et s'en sortait toujours.

La légende veut qu'Arthur Conan Doyle, au moment de créer le personnage de Sherlock Holmes, se soit inspiré de lui ! En ce qui me concerne, son parcours m'a enseigné quelque chose d'essentiel : un optimisme à toute épreuve, frôlant l'insouciance parfois, je l'admets. Si bien que je crois dur comme fer qu'il est possible de se défaire d'une camisole, de forcer ses chaînes, d'ouvrir des menottes… Y compris lorsque toutes ces contraintes sont d'ordre mental.

Soudain captivée, Maria se penche sur la table :

— Voilà qui me parle… J'ai moi-même souvent l'impression d'être enfermée, ligotée, de manquer d'air… Si l'émotologie est un art de la libération, elle a donc beaucoup à m'apprendre ! En attendant, vous ne m'avez toujours pas expliqué pourquoi vous continuez à tenir cette boutique de meubles. Je comprends qu'il s'agit d'un hommage aux hommes de votre famille, mais un cabinet médical classique ne serait-il pas plus confortable pour vous et… plus adapté pour vos patients ?

— Ce magasin, que les nazis n'ont jamais pu fermer pendant l'Occupation malgré de nombreuses tentatives, est, à mes yeux, un trésor à préserver. Lorsqu'il en était le gérant, mon père travaillait déjà main dans la main avec de nombreux thérapeutes : il les fournissait en divans, fauteuils, bureaux… Quand j'ai cessé d'enseigner, il m'a donc semblé tout naturel de continuer à faire vivre ce lieu, mais en y développant une thérapie d'un genre nouveau : l'émothérapie.

Le professeur jette soudain un bref regard à sa montre :

— Laissez-moi vous expliquer cela autour d'un déjeuner…

Viktor Frankl pour trouver du sens à sa vie

Houdin emmène Maria chez un traiteur asiatique de la rue de Charonne, où elle commande différents plats à emporter. Absorbée par leur échange, la pianiste n'a pas vu le temps passer. Aussi, devant les différents plats proposés – nems, rouleaux de printemps, canard laqué, poulet au lait de coco et brochettes au saté –, son estomac gargouille. Elle jette son dévolu sur des nouilles sautées qu'il lui tarde de dévorer afin de pouvoir passer à la suite. Houdin se contente d'un bol de riz blanc cuit dans sa boutique et assaisonné de sa sauce soja personnelle.

De retour dans l'arrière-boutique, qui s'emplit bientôt d'un fumet de sauce soja et de légumes, Maria revient dans le vif du sujet et s'enquiert, ses baguettes à la main et la bouche encore pleine :

— L'émothérapie ne s'inspire-t-elle que de votre histoire familiale ?

— Pas tout à fait, la contredit poliment Houdin. Au cours de mes recherches, j'ai été influencé par un grand nombre de thérapeutes et de penseurs. En particulier, j'ai lu et appliqué avec assiduité les théories du psychiatre viennois Viktor Frankl, un contemporain et ami de Sigmund Freud, père de la logothérapie. Ces deux-là ont fini par se brouiller tant leurs conceptions de l'esprit et de la santé mentale divergeaient, mais je ne crois pas me tromper en affirmant qu'au fond, ils défendaient les mêmes valeurs.

— Quelqu'un capable de tenir tête à Freud, et de se fâcher avec lui… voilà qui attise ma curiosité, s'étonne Maria, songeuse.

— Ce qui est admirable, chez Frankl, c'est surtout son éthique, la parfaite cohérence entre ses écrits, sa vie et son travail. Il a, par exemple, refusé d'abandonner ses parents en Autriche pendant la guerre, alors même qu'on lui proposait un poste de professeur aux États-Unis. Bien sûr, il a d'abord rêvé de s'envoler vers l'Amérique mais, en allant chercher son visa, il a hésité. Sans sa protection, ses parents risquaient, après son départ, d'être envoyés dans un camp de concentration, parce qu'ils étaient juifs. Jusque-là, en tant que chef du service de neurologie de l'hôpital de Vienne, il avait réussi à les protéger par ses relations ; mais il craignait pour leur vie s'il quittait la ville. Imaginez son dilemme : d'un côté la liberté et la sécurité, une brillante carrière outre-Atlantique, de l'autre, l'amour filial…

— Comment a-t-il tranché ? le presse-t-elle. Moi, je bloque sur des décisions autrement plus faciles. Vous avez vu combien de temps il m'a fallu pour choisir ces nouilles plutôt que du riz !

— Allons, rit Houdin, ne soyez pas trop dure envers vous-même. Dans le cas de Frankl, disons que le ciel a tranché pour lui, en lui rappelant ses valeurs les plus chères… Songez qu'un soir, en rentrant chez ses parents, il trouve un morceau de marbre sur la table de la salle à manger. Lorsqu'il interroge son père, celui-ci lui explique qu'il a ramassé le précieux fragment dans les décombres de la synagogue, incendiée par les nazis. Or il ne s'agit pas de n'importe quel débris, mais d'une fraction des Tables de la Loi, où sont gravés les Dix Commandements. Son père lui montre alors une lettre hébraïque gravée sur le marbre, qu'on distingue encore : la première lettre du commandement qui dit : « Respecte ton père et ta mère et tes jours sur cette terre seront plus nombreux. » Frankl prend à cet instant précis la décision de rester à Vienne avec ses parents, et de renoncer à son visa pour les États-Unis. Longtemps, il se souviendra de ce choix qui lui a permis, selon ses dires, d'expérimenter quatre choses essentielles : la réalisation d'une action importante, qui donne l'impression d'accomplir son destin ; l'amour désintéressé que l'on porte à ses proches ; le courage de faire face aux souffrances inévitables, au lieu de les fuir ; la puissance du sens et de la cohérence.

— Je comprends qu'il ait fait ce choix par nécessité, par principe, sachant qu'il devrait en affronter les conséquences… Toutes proportions gardées, il en va de même avec la musique : je continue à jouer parce que c'est la seule activité à laquelle je trouve du sens, même lorsqu'elle me fait du mal.

Houdin s'affaire à présent dans la kitchenette, nettoyant les restes du repas. La curiosité qu'éprouve Maria pour la figure de Viktor Frankl ne lui a pas échappé. Aussi continue-t-il son récit une fois réinstallé à la longue table, tournant pensivement sa cuillère dans sa tasse de café :

— En 1941, Frankl est arrêté par les nazis. Très vite, l'agent de la Gestapo chargé de l'interroger se met à lui poser des questions en rapport avec son travail : « Qu'est-ce que la psychothérapie ? Comment la pratiquez-vous ? Qu'est-ce qu'une névrose ? » Il prétend se renseigner pour le compte d'un ami qui aurait besoin de conseils, mais Viktor Frankl ne s'y trompe pas, et improvise une séance de thérapie : il aide son bourreau à surmonter ses crises d'angoisse et à trouver du sens à son quotidien. Cette consultation inattendue lui sauve la vie.

— Heureusement que vous ne pratiquez pas, comme lui, en temps de crise, s'exclame Maria à la fois impressionnée et éprouvant le besoin de faire baisser l'émotion que ce récit fait grandir en elle. Votre carrière est plus tranquille…

— Bien sûr, et je mesure ma chance ! Cela dit, je suis convaincu que les enseignements de Frankl, réunis sous le nom de logothérapie, sont universels et valables en toutes circonstances. J'essaie donc, à ma façon, d'être fidèle à ce qu'il appelle ses « raisons de vivre ». Et je donne à celles et ceux qui me consultent des arguments pour retrouver du sens à leur quotidien. Au fond, Viktor Frankl estime que la mauvaise humeur, qu'elle soit passagère ou profondément ancrée, s'explique d'abord par un manque de confiance en soi et de motifs de fierté.

Guérir en se trouvant un blason

Le récit de cette vie aussi dramatique qu'héroïque et inspirante a assombri la concertiste, qui imagine tout à coup ce que ses propres tracas doivent avoir de futile aux yeux du thérapeute. Elle se persuade cependant que sa souffrance est légitime, parce qu'à son échelle, et devine que dans la notion de « sens » se cache une clé précieuse qui l'aiderait à aller mieux.

— La quête de sens serait le médicament qu'il me faut ? interroge-t-elle timidement.

— Exactement ! adhère un Houdin qui décompose alors la notion de sens en trois pans fondamentaux :

- la reconnaissance des valeurs fondamentales de l'existence (ce qui nous motive, ce qui compte vraiment à nos yeux) ;
- la clarification des buts que l'on poursuit, tant au travail que dans la sphère privée ;
- la capacité à ressentir et à exprimer de la gratitude envers les personnes qui nous aident à tenir debout.

— Et ces trois éléments suffisent à rétablir la bonne humeur ?

— C'est ce qu'affirme Frankl. Mais sachez qu'une étude très récente portant sur des patients dépressifs lui donne raison : elle a en effet établi que les personnes de mauvaise humeur trouvaient souvent moins de sens à leur travail et à leurs loisirs que les autres. En revanche, elles continuent à soigner leurs relations romantiques, familiales et amicales. Certaines conservent également un certain intérêt pour la sexualité, l'intimité et tout ce qui leur apporte un sentiment de sécurité. Autrement dit, la mauvaise humeur s'en prend d'abord au « superflu » – les hobbies, les emplois qui ne sont pas en même temps des passions – pour ne laisser que le strict nécessaire, qui suffit à survivre, mais pas à être pleinement heureux. La déprime se définit donc comme un champ de vision restreint de tout ce que l'existence a à offrir.

— Je me reconnais dans cette restriction extrême. En dehors de la musique et des gens qui me sont chers, plus rien ne m'importe vraiment…

— Se concentrer sur l'essentiel n'est pas un mal, loin de là ! Seulement, il est important de réintégrer à son quotidien des activités banales et des joies simples. Dans cette optique, Frankl et ses confrères ont développé un certain nombre d'exercices à destination des patients malheureux.

— Pourriez-vous m'en donner un exemple ?

— Certainement : en voici un que j'ai expérimenté moi-même. Il consiste à découvrir ses propres valeurs en se fabriquant… un blason ! Au Moyen Âge, les seigneurs ornaient leur bouclier d'une image soigneusement sélectionnée, censée les protéger. Ils choisissaient pour emblème le portrait d'une personnalité illustre ou d'un proche aimé, le symbole d'un métier, la représentation d'un lieu… Tout était bon à prendre, du moment que l'image véhiculait des valeurs protectrices. Aujourd'hui, il est possible de rechercher les valeurs que nous avons un jour reçues, et peut-être oubliées, en nous forgeant aussi un blason. Cet exercice apporte un triple bénéfice : il oblige à mettre le doigt sur ce qui nous anime, à le représenter de manière synthétique, et à l'arborer à la face du monde. On ne peut plus dire que sa vie n'a aucun sens ou qu'elle est complètement ratée quand on a été capable d'en faire un emblème puissant !

— Je vois. Et vous, quel est votre blason ?

— Vous l'avez vu en arrivant : c'est la devanture de ce lieu hybride, « Houdin Père & Fils. Tout pour meubler sa vie ». Cette enseigne me rappelle mon père, son goût pour les meubles, mais aussi mon métier de thérapeute et mon projet de faire de l'émotologie une nouvelle discipline à part entière.

Maria est de plus en plus intriguée, au sens positif du terme, par ce que le professeur Houdin lui dévoile de sa méthode. Elle souhaite mettre en pratique la logothérapie de Frankl, imagine à quoi ressemblerait un blason reflétant ses valeurs fondatrices… Et sa première pensée fait surgir dans son esprit le visage de Gabriel. Comme elle le regrette ! Mais, refusant de s'installer dans la morosité, elle décide de convoquer plutôt l'imaginaire de la musique : un piano, un portrait de Claude Debussy ou de Maurice Ravel – ses compositeurs préférés –, pourquoi pas le visage d'Hannah… Tout à coup, une autre figure s'impose : la jeune fille qui lui a offert un bouquet de roses à la fin du concert raté de la salle Rossini, ces roses sur lesquelles elle s'est écorché les mains. Que pourrait-elle symboliser ? Un désir d'enfant ? La peur de vieillir ? Elle sonde le thérapeute, mais celui-ci semble réticent à lui livrer une interprétation toute faite. Face à son silence espiègle, elle accepte que certains mystères ne puissent être résolus… Ou, du moins, pas immédiatement.

Références

Viktor E. Frankl, *Découvrir un sens à sa vie grâce à la logothérapie*, trad. par Clifford J. Bacon et Louise Drolet, J'ai Lu, 2013.

Emily Hielscher, Julie Blake, Ivan Chang, Tara Crandon, Martina McGrath, James G. Scott, « Sense of Purpose Interventions for Depression and Anxiety in Youth : A Scoping Review and Cross-Cultural Youth Consultation », *Journal of Affective Disorders*, 339, 2023, p. 887-932.

Lauren Jerome, Philip McNamee, Aleksandra Matanov, Victoria Bird, Stefan Priebe, « Which Life Domains Are People with Major Depression Satisfied or Dissatisfied with ? An Individual Patient Data Meta-Analysis », *Journal of Affective Disorders*, 338, 2023, p. 459-465.

Souhaitez-vous apprendre à vous servir d'un sextant émotionnel ? Maria, elle, est prête à tester cet instrument de marine rouillé et unique en son genre. ***Accompagnez-la page 130.***

9

À la découverte de ses émotions

Mettre des mots sur ce que l'on ressent, et amplifier la bonne humeur

En quittant l'étrange boutique de Romain Houdin, ce mix aussi improbable qu'original de cabinet de psy et de magasin Conforama à la sauce rétro, Maria trouve l'air plus doux. Est-ce la météo plus clémente ? Ou a-t-elle découvert en elle-même un gisement de chaleur insoupçonné ? L'après-midi touche à sa fin ; des passants s'arrêtent devant les vitrines de vêtements, les bras chargés d'emplettes. Une file d'attente s'est formée devant le cinéma situé au coin de la rue, près de la place de la Bastille. Les terrasses, couvertes et bordées de bâches en plastique translucides en cette période de l'année, sont bondées de gens qui bavardent gaiement en se réchauffant les mains autour d'une tasse de café. Les braseros au gaz qui, il y a peu, faisaient grimper la température de multiples degrés au mépris de l'écologie, ont été bannis mais l'envie d'être ensemble et de partager un peu de chaleur humaine vaut tous les carburants. Et s'ils ont froid, des couvertures en polaire protègent les frileux. Maria trouve à ceux qu'elle croise un visage radieux. Elle qui se plaint souvent de n'apercevoir que des mines renfrognées, hostiles ou absentes, croit déceler ici et là de larges sourires. Elle se mêle aux promeneurs, rêvant à Viktor Frankl et à ses parents, là-bas, à Vienne, tant d'années auparavant. Ses pensées, grisâtres depuis si longtemps, prennent timidement de nouvelles couleurs – bleu, rose, vert. La voix grinçante dans sa tête relâche son emprise. Temporairement ? Elle s'en moque à cet instant. À la place, ce sont les mots du professeur qu'elle se repasse en boucle :

« Je crois en vous, chère Maria, en vos qualités actuelles et en celles que vous n'avez pas encore révélées. »

Avant de passer une nouvelle nuit sous les toits à partager le studio d'Hannah, la pianiste s'autorise une pause dans un pub écossais et invite son amie à l'y rejoindre. La décoration, dont la pièce maîtresse est une énorme cheminée couvrant presque toute la largeur d'un mur, est aussi kitsch qu'envahissante ; dans un coin, un groupe de fêtards déjà gris s'époumone au rythme d'une chanson. L'ensemble offre un tableau aussi joyeux que chaotique, mais elle s'en moque ; ce soir, ce qui d'habitude l'agace l'amuse plutôt.

Hannah la retrouve à observer des parties de fléchettes et les clients qui s'amusent tandis que des plateaux chargés de pintes débordantes virevoltent et que les magnums de whisky qui pendent du plafond semblent inviter à boire plus que de raison.

— Tu as l'air en meilleure forme que ce matin, observe-t-elle. Pour fêter ça, je t'offre au choix une bière, un irish-coffee ou un chocolat chaud !

Maria opte pour une bière, rousse et à la pression, brassée localement avec du houblon belge. La boisson est légèrement trop amère, mais elle ne boude pas son plaisir. Quant à la guide, elle ne résiste pas à l'appel du chocolat viennois maison revisité à la mode écossaise, nappé d'une crème chantilly trop sucrée et couvert de myrtilles. Les deux femmes, perchées sur des tabourets hauts, se sourient par-dessus l'énorme tonneau qui fait office de table et trinquent à leur fructueuse journée.

Un sac de farine à moitié vide

— Alors, se lance Hannah Kraus, qu'as-tu pensé de cette entrée en matière sous l'égide du professeur Houdin ?

Maria avale une longue gorgée de bière pour se donner le temps de rassembler ses idées.

— Eh bien, avance-t-elle prudemment, ma mauvaise humeur ne m'a pas quittée, mais je me sens plus forte face à elle. Mon corps a repris sa forme, sa consistance, il paraît à nouveau capable de la combattre. L'air glacé risque moins de le briser.

— Lorsque je t'ai rejointe rue Drouot, hier soir, ton corps ressemblait à ce que le neurologue et psychanalyste hongrois Sándor Ferenczi appelle un paquet de farine à moitié vide : il était cabossé, creux par endroits, comme s'il gardait la forme des coups qu'il avait reçus. Mais il va désormais et peu à peu se remplir à nouveau, se durcir.

— Ce serait un sacré soulagement… Cependant, votre gentillesse, au professeur Houdin et à toi, et votre acharnement à me faire voir le verre à moitié plein, ne suffisent pas à me détourner de mon idée fixe : je pense sincèrement m'être trompée d'orientation en choisissant la musique. Mon talent n'est pas à la hauteur de mes ambitions. Sans compter que je manque de combativité, de résilience face à l'échec.

Hannah cogite un instant, puis demande brusquement, comme si elle venait de trouver un nouvel angle d'attaque :

— Tu perçois ce qu'on entend dans ce bar, Maria ?

— Bien sûr. Un mélange de pop et de musique traditionnelle écossaise. Assez nul mais sympathique, dépaysant.

— Et comment l'écoutes-tu ?

— Distraitement, sans m'arrêter dessus.

— Est-ce que tu repères des fausses notes ? Des erreurs de rythme ?

— Ma foi non, car je n'y fais pas assez attention.

— Ce détachement, ne pourrais-tu te l'appliquer à toi-même, lorsque tu t'écoutes jouer ?

Maria lève les yeux au ciel :

— Je vois où tu veux en venir. Malheureusement, non, ça ne fonctionnerait pas. Cesser de viser la perfection reviendrait à me trahir. À quoi bon jouer, si c'est pour être médiocre ?

— Eh bien, soupire Hannah, Houdin ne va pas s'ennuyer avec toi… Ni toi avec lui ! Le perfectionnisme est, à mon sens, le premier poison dont il devra te désintoxiquer.

— N'y songe pas ! Je sais que je suis trop exigeante dans beaucoup de domaines mais, s'agissant de la musique, c'est cette hargne qui m'a permis de devenir concertiste. Sans elle, j'aurais abandonné vingt fois. Il y a des résolutions auxquelles ni lui ni toi ne pourrez m'obliger à renoncer, des idéaux que je ne trahirai jamais.

— Soit. Tu préfères une autre bière, ou un chocolat chaud ?

— À vrai dire, plutôt une tisane chez toi, en regardant la Seine, ses quais, ses péniches, ses ponts… En espérant qu'ils me donnent envie de m'y promener, plutôt que d'en sauter !

Un voile sombre est revenu dans ses yeux. Le travail sera long.

Reconnaître son émotion présente

Le lendemain matin, après avoir informé Romain Houdin de sa venue, Maria retrouve le chemin de la boutique de meubles. Le temps s'étant à nouveau dégradé, elle remonte son écharpe jusqu'au nez pour se protéger des flocons qui lui griffent les joues et du vent glacé qui la gifle. Elle a dormi d'un sommeil de plomb et se sent encore un peu engourdie. En poussant la porte du magasin, elle comprend, à son estomac qui gargouille, qu'elle a sauté le petit déjeuner… Trop tard : Houdin l'accueille d'une poignée de main chaleureuse.

Il porte le même cardigan informe que la veille – l'a-t-il enlevé pour dormir ? Une bonne paire de charentaises compléterait sa panoplie, songe la visiteuse malgré elle avec une pointe d'amusement. L'agencement de l'espace, en revanche, a changé. Les meubles ont été écartés de part et d'autre de la pièce principale pour céder la place à une table encombrée de cartons. Maria s'assied dans le fauteuil que lui désigne le thérapeute, aussitôt à son aise dans le rembourrage dense couvert d'un plaid en crochet. Elle doute qu'il s'agisse là d'un meuble à vendre ; plutôt une vieillerie réservée aux longues consultations…

— Par quoi allons-nous commencer ? demande Maria non sans une certaine impatience.

— Eh bien, puisque vous semblez décidée à tester ma méthode, j'ai besoin de vous connaître un peu mieux, annonce le professeur en prenant place sur une chaise face à elle. Jouons à un jeu très simple : dites-moi sans tabou ce qui vous traverse l'esprit, ici et maintenant.

— La même chose que depuis deux jours : je me sens très triste. J'ai beau essayer de poser un regard objectif sur ma situation, je ne peux m'empêcher de remettre en question mon talent et ma vocation de pianiste. Et de penser que mon présent ne vaut pas mieux que mon avenir…

— Ou que l'idée que vous vous faites de votre avenir. Car rien n'est écrit ! Voici une idée phare autour de laquelle nous aurons l'occasion de travailler. Mais précisons la tonalité de votre esprit : êtes-vous triste tout le temps, ou seulement quand vous pensez à la musique ?

— Tout le temps, à vrai dire – en tout cas, depuis le *Blue Monday*. Avant, on me décrivait comme une soliste hors du commun, menant de front son métier d'enseignante au conservatoire, des incursions dans la musique moderne, la composition de musiques de film, le jazz, les récitals classiques… J'étais très exigeante envers moi-même, mais les résultats étaient au rendez-vous. Tout concourrait à ce que mon talent éclate au grand jour : on m'invitait partout, le public m'acclamait, je jouais sur les meilleurs pianos du monde, assise sur des tabourets réglés au centimètre près… La déprime de l'hiver n'avait qu'à bien se tenir, j'avais la musique à mes pieds ! Et puis, au moment où je m'y attendais le moins, ça a commencé à aller de travers. Je ne sais plus si j'ai chuté par manque ou excès d'émotion, par manque ou excès de préparation.

— Sauriez-vous mettre des mots précis sur votre état d'esprit actuel ? Sur les émotions qui vous traversent depuis le jour où tout a déraillé ?

— C'est difficile… Au quotidien, je pense souffrir d'hypersensibilité. Un rien m'agresse, me fait pleurer. Au contraire, sur scène, je manque de sensibilité, et il me devient impossible d'insuffler la moindre émotion à mon jeu : l'image qui me vient est celle d'un piano mécanique, qui jouerait seul quand on ne lui a rien demandé et qui resterait brusquement silencieux aussitôt qu'il est question d'un public.

— Voilà qui est précis. Si je vous dis que votre métaphore me fait songer non pas à un trouble de l'humeur, mais à un mécanisme d'autodéfense, je vous fâche ?

— Pas du tout ! Même si vous me parliez de maladie, cela ne me choquerait pas… J'ai toujours pensé que les plus grands pianistes étaient forcément anormaux, d'une manière ou d'une autre.

— La normalité vous effraie-t-elle à ce point ?

— Il ne s'agit pas d'être effrayée : seulement, je suis sûre d'être fêlée… J'en ai la preuve. Tenez : j'ai passé en revue tous les critères qui définissent les personnalités pathologiques. J'ai appris par cœur les signes qui indiquent des caractères déviants, perturbés. Je me reconnais dans toutes ces dérives !

— Par exemple ?

— J'ai besoin de séduire, comme les gens narcissiques. Je suis influençable et susceptible comme les hystériques, et hésitante comme les personnes obsessionnelles. Il n'y a que la personnalité antisociale qui ne me corresponde pas trop : je n'aime ni voler ni me bagarrer. Pour ne rien arranger, mon cerveau coche toutes les cases de la mauvaise humeur. Quelle machine à produire du désordre j'ai sous le crâne ! Une machine qui contamine mes amoureux, mes amis, même mes spectateurs.

— Vous voilà bien embêtée, observe avec douceur l'émotologue, qui n'a pas l'air de trop s'en faire. Et si vous étiez à ma place, comment vous aideriez-vous ? Que diriez-vous afin de vous convaincre que tout ne va pas de travers ?

— Je n'ai pas confiance en ce genre de beaux discours. Convaincre ne suffit pas : ce qu'il me faudrait, c'est un traitement minute, une psychothérapie qui me calme rapidement, me rende moins à fleur de peau, moins affolée en amour et plus lyrique devant mon piano.

— À vous entendre, vous seriez une catastrophe émotionnelle ambulante… Mais savez-vous que vous avez achevé votre récital sans qu'aucun spectateur ne décèle votre malaise ?

— Peu m'importe : je l'ai bien senti, moi ! Je cherche le moyen d'être à la fois une pianiste plus sensible et une femme plus équilibrée au quotidien, si ce mot a un sens… Le *Clair de lune* de Debussy avait bien commencé : c'est le dérèglement de mes émotions qui a tout fichu en l'air. Les notes sonnaient sous mes doigts, mais elles ne remontaient pas jusqu'à mon cerveau, et encore moins jusqu'au cœur du public.

Romain Houdin se laisse aller en arrière, pensif. Après quelques instants de silence, il se redresse et plonge son regard dans celui de la pianiste.

— Voici la première étape que je vous propose d'aborder dans notre quête commune de bonne humeur : renoncer à toutes les fausses croyances que vous venez de lister, et les remplacer par une vérité très simple – à savoir que vous êtes une femme tout à fait normale, parfois émotive, sans que cela relève de la maladie.

— Vous ne croyez pas à mon hystérie triste, à mon narcissisme insatisfait, à mon obsession contrariée ? réplique Maria, piquée au vif.

— Bientôt, vous n'y croirez plus vous-même. Votre personnalité est peut-être bigarrée, mais normale. Les êtres humains bien portants connaissent des sautes d'humeur et des angoisses… comme les zèbres ont des rayures ! Tant que vous pensez correspondre point par point à toutes les personnalités pathologiques décrites dans les livres, c'est que vous n'allez pas trop mal : vous espérez seulement aller mieux et, surtout, vous cherchez des explications, vous n'êtes pas résignée. Voilà l'essentiel ! Si seulement vous pouviez consacrer juste un peu moins d'énergie à vous accabler de reproches…

Le thérapeute guette une réaction de la part de Maria, qui reste interdite.

— … et un peu plus à reconnaître votre talent et vos qualités, continue-t-il face à son silence. En tant que femme comme en tant que pianiste.

— Votre conseil est trop incantatoire à mon goût, professeur. S'il n'y avait « qu'à » se jeter des fleurs, je n'aurais pas besoin de vos conseils… Ce sont des vœux pieux, émanant d'un professionnel de la consolation confortablement installé dans son expérience et dans sa boutique-cabinet. Vos encouragements me touchent, mais ils ne me seront d'aucune utilité dans les moments de panique. Aucune parole ne suffira à me faire croire que je suis aussi douée que ce que j'espérais en commençant ma carrière. En tant que femme, je n'ai pas non plus de motifs de me réjouir : tous mes amoureux ont fini par me fuir !

Le sextant des émotions : faire le point sur son humeur

Houdin décide d'éviter un débat stérile, et d'attirer l'attention de son hôte sur un autre sujet. Il ouvre l'un des cartons posés sur la table, et en extrait un vieil outil de navigation : l'engin, sans doute doré il y a des années ou des siècles, porte désormais de larges plaques de rouille.

— Avez-vous déjà utilisé un sextant ? Celui-ci a appartenu à Harry Houdini lui-même. Selon la légende, il s'en servait lorsqu'il était en phase d'expérimentation pour l'un ou l'autre de ses tours de magie. Il se faisait conduire sur une barque au large de New York, au milieu d'une foule de curieux et de photographes montés sur de petits bateaux, espérant assister à son premier échec. Grâce à ce sextant, il déterminait la profondeur à laquelle il pouvait plonger, avec ses chaînes aux pieds et aux mains, tout en gardant des chances de survivre.

Maria attrape l'objet et le manipule sans précaution, l'observant sous tous les angles. Romain le lui reprend bientôt des mains, inquiet qu'elle n'abîme l'unique héritage qui lui reste de son ancêtre.

— Lorsqu'on m'a légué ce sextant de magicien, je l'ai aussitôt transformé en « sextant des émotions », déclare-t-il avec emphase. Sur la branche inférieure, on note l'intensité de l'émotion qui nous traverse, de zéro à dix. Sur la branche inférieure, on estime la tonalité de cette émotion, zéro représentant la tristesse, et dix, la joie. En se situant sur ce plan en deux dimensions, on fait un « point émotionnel ». Bien sûr, l'idéal est de se positionner au milieu de chacune des deux branches, ce qui dénote une émotion modérée, à mi-chemin de la tristesse et de la gaieté. Parfois, la vie mentale est très active, ce qui donne lieu à un excès d'émotions agréables (enthousiasme, excitation) ou désagréables (tristesse, nervosité). D'autres combinaisons sont possibles : par moments, on se sent à la fois triste et éteint – plus rarement, gai et éteint. En faisant le point plusieurs fois par jour, on constate que le score varie beaucoup entre le matin et le soir, ce qui est normal.

Le sextant des émotions

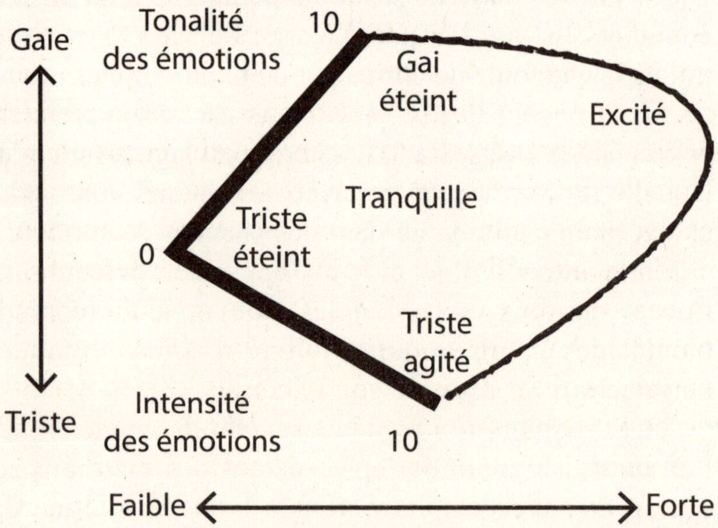

— Trop facile, déclare Maria en se prenant néanmoins au jeu. Depuis quelque temps, mon état émotionnel est stable : je suis enfermée dans la zone « triste et éteinte ».

— Vous n'exagéreriez pas un peu ? Que s'est-il passé lorsque vous avez retrouvé Hannah ?

— Mon énergie et ma bonne humeur sont remontées de quelques crans, concède la pianiste.

— Bon signe. Les états d'âme les plus préoccupants sont ceux qui ne varient jamais, qui nous paralysent dans la tristesse. Il s'agit d'un symptôme de la dépression clinique. Certaines humeurs heureuses sont aussi problématiques, lorsqu'elles sont trop intenses ou durent trop longtemps : je parle des accès maniaques. On parle trop, on cherche à séduire, on se confie, on dépense et on se dépense. La vie paraît si exaltante que le temps file en un éclair.

— Lorsque je suis sur scène, j'aimerais être une « pianiste maniaque », au sens clinique du terme… À la place, j'écope de manies et de tics de vérification qui me tapent sur les nerfs !

Maniant cette fois le sextant avec prudence, Maria décide de prendre les choses en main et propose à son tour un exercice. Pour chacune des quatre grandes catégories de l'humeur distinguées par l'instrument, elle veut identifier la mélodie qui lui correspond le mieux. Heureux de la voir s'impliquer, Houdin l'encourage. Après quelques minutes de réflexion silencieuse, la pianiste lui expose la liste des morceaux qu'elle a retenus :

- pour l'humeur triste et éteinte, *Strangers by Nature* d'Adèle et un cycle de lied de Schubert, *Le Voyage d'hiver* ;

- pour l'humeur triste et agitée, la bande originale du film *La Liste de Schindler* composée par John Williams et la *Sonate au Clair de lune* de Beethoven ;
- pour l'humeur gaie et tranquille, la *Marche turque* de Mozart ;
- enfin, pour l'humeur gaie et agitée, *Dancing Queen* d'ABBA.

Tandis que Maria s'amuse de cette liste visant à accorder musique et émotions, le professeur appuie sur le bouton d'un interphone situé à côté de la porte d'entrée de la boutique. Le boîtier semble aussi ancien que le sextant. En réponse à l'appel, une voix se met à grésiller dans le vieux haut-parleur qui ne tient plus que par un fil usé :

— Vous avez besoin de moi, patron ?

— Oui, cher Aldo. Pourriez-vous me rejoindre ?

Quelques secondes plus tard, un homme d'une quarantaine d'années émerge de la réserve. Plutôt séduisant.

— Voici Aldo Monk, mon employé, annonce Houdin à l'attention de Maria. Il m'est d'une aide précieuse dans la réception et la livraison des meubles.

Puis, se tournant vers Aldo :

— Pourriez-vous tenir le magasin pendant une petite heure ? Nous allons nous replier dans l'arrière-boutique, or je crains qu'il y ait un peu de monde puisqu'on est mercredi.

— Bien sûr, patron. Il s'agit d'une consultation ? C'est cette charmante dame qui a besoin de vos conseils ?

— Allons, vous savez qu'étant tenu au secret professionnel, je ne peux rien dire.

— Oh, je partage tous vos secrets, alors… Un de plus ou un de moins… Qu'il s'agisse des chaises que vous allez chercher toutes neuves à Cracovie et que je dois patiner pendant une semaine pour leur donner l'air authentique, ou de tous ceux qui font semblant de s'intéresser à nos meubles alors qu'ils espèrent consulter gratuitement…

— Aldo, vraiment !

Romain Houdin tape du pied, le visage rouge. Faisant fi de sa gêne, Monk adresse un clin d'œil à Maria, avant de s'exclamer tout à coup en se frappant le front :

— Excusez-moi mais… votre visage me dit quelque chose ! Pardonnez mon indiscrétion, vous arrive-t-il de passer à la télévision, ou au cinéma ? Ne seriez-vous pas une artiste célèbre ?

À ces mots, Maria sent un fluide glacé remonter le long de sa colonne vertébrale. Ses maxillaires se serrer. Sa gorge se rétrécir. Son visage se fermer. Elle s'oblige néanmoins à surmonter cette intrusion, sa réticence, aussi. Mais le physique d'Aldo, son accent italien, ses épaules musclées, sa silhouette souple alourdie par un début d'embonpoint, son catogan noué d'un fil orange, sa démarche qu'elle a jugée pesante n'arrivent pas à la distraire de sa question. Et pour cause, elle le trouve « trop »… sans pour autant savoir trop quoi, au juste.

— Vous êtes effectivement très indiscret, le réprimande Houdin d'un regard appuyé et sévère. Vous voyez bien que vous embarrassez cette dame… Et puis, combien de fois vous ai-je précisé que tout ce qui se disait ici était strictement confidentiel ?

— Bon, bon, soupire l'assistant. Je me tais, j'oublie tout. Permettez-moi au moins, madame, de vous souhaiter bon courage… Il vous en faudra pour subir les questions à double sens et les longs silences de mon patron ! Mais sachez que si c'est pénible, c'est aussi indispensable : la marotte du professeur est d'inciter ses patients à plonger en eux-mêmes. Si vous voulez mon avis, il a lu trop de philosophes anciens et il y a des limites à la fameuse injonction « Connais-toi toi-même. » Mais lui ne pense qu'au Parthénon, à la Grèce antique, à Socrate et compagnie. À ses yeux, c'est de l'actualité ! Oh, et je ne parle pas de son cher Montaigne : quand il nous lâche enfin avec les uns, c'est pour citer l'autre… « Chacun regarde devant soi, moi, je regarde dedans moi. » Peut-être regrette-t-il de n'être pas lui-même devenu philosophe, alors il se console autrement… Enfin, passons. Après tout, il pourrait vous surprendre, voire vous aider : cela lui est déjà arrivé !

— Trop aimable, râle Houdin.

Toujours assise, Maria, qui a suivi l'échange sans rien dire mais non sans penser que le nouveau venu s'autorisait une liberté de langage plus que déplacée face à son boss, se tord nerveusement les mains. Car un trouble surprenant la gagne. Alors que les hommes conscients de leur charme, hâbleurs ou séducteurs ont tendance à l'agacer, elle ne peut s'empêcher d'estimer que celui-ci a quelque chose de différent. Et ce ressenti la surprend. Que lui arrive-t-il ? Le professeur la ramène à la réalité en refermant le boîtier du sextant d'un claquement sec.

Grossir volontairement ses meilleures émotions

De retour à la longue table couverte d'une toile cirée, Maria se sent presque chez elle. C'est fou comme le cerveau aime retrouver un lieu déjà vu lorsqu'il est lié à un moment pas désagréable. Même les odeurs de plats réchauffés au micro-ondes qui flottent la rassurent presque.

— Nous allons, lui annonce Houdin, faire l'inventaire de tout ce qui alimente votre morosité.

— Ah ! La liste risque d'être longue… Je suis une cliente difficile, vous savez, oublieuse de mes réussites, accrochée à mes échecs, dominée par une mauvaise humeur coriace. Vous l'avez vu, je me défie de ceux qui souhaitent m'aider… Mais soit, dressons-la ensemble cette satanée liste afin que j'y voie plus clair, une fois pour toutes.

— Bien. Nous en profiterons pour mettre aussi en évidence les raisons que vous avez d'être fière de vous.

— Si nous en trouvons…

— Voyons, Maria, finit par s'irriter l'émotologue. Un petit effort de clairvoyance, que diable ! En psychologie moderne, on appelle « insight équilibré » la capacité d'un individu à reconnaître toutes ses humeurs, les bonnes comme les mauvaises. Pour compenser votre tendance à l'autoflagellation, je vous demande de tester « l'introspection orientée vers la bonne humeur ».

Se munissant d'une feuille de papier, le professeur trace deux petites croix, qu'il relie par une flèche :

— Mon objectif est de vous faire passer d'un état d'esprit triste, qui vous pousse à décortiquer sans fin vos défauts, à un mode d'observation plus neutre, qui laisse davantage de place à vos émotions agréables, à vos qualités et à votre force de caractère.

Le moment « ah-ah » et le « clic » de la pensée

— L'insight équilibré, continue Houdin, ne fait pas seulement du bien au moral : il protège aussi le corps. Ceux qui le cultivent s'adaptent mieux aux coups durs. Ils trouvent des solutions innovantes face à l'imprévu. Dites-moi : avez-vous déjà entendu votre cerveau rire ?

— Ni rire ni pleurer, s'étonne la concertiste.

— Je vois. Nous allons apprendre ensemble à prêter l'oreille à ce rire silencieux. Les chercheurs le décrivent comme une sorte de déclic, de « moment ah-ah ». Pensez à une énigme complexe dont la solution vous apparaîtrait subitement comme une illumination. Qu'éprouveriez-vous ? De la fierté, une forte satisfaction, et la joie de sentir jaillir toutes ces émotions agréables, auxquelles vous semblez ne plus croire.

— D'accord, mais comment être sûre que j'écoute correctement mon cerveau ?

— Vous le saurez très vite. Lorsque vous aurez commencé à déceler vos propres qualités, vous entrerez dans un cercle vertueux : plus vous serez attentive aux émotions agréables qui vous traversent, à votre talent, plus vous y prendrez de plaisir. Et pas seulement au piano ! Quand on accepte de regarder en soi et d'y trouver des motifs de satisfaction, cela devient facile.

— Un jour viendra-t-il où j'aurai la maîtrise de mes émotions ?

— La maîtrise, non. Mais vous serez capable de les percevoir, de minimiser celles qui vous blessent et de favoriser celles qui vous font du bien. On parle de « clic de la pensée », un phénomène qui se produit chez ceux qui ont appris à identifier et à amplifier la moindre variation positive dans leur humeur. C'est comme si une porte s'ouvrait, ou qu'une fenêtre laissait tout à coup passer la lumière du soleil… Ce type de déclic met à contribution à la fois l'intelligence et les émotions. Les planètes s'alignent !

D'instinct, Maria éprouve une forte réticence à l'idée de s'écouter penser. N'est-elle pas déjà trop obnubilée par ce qui tourne et revient dans sa tête, jusqu'à la nausée ? Saura-t-elle ressentir l'illumination que lui promet Houdin ? Elle décide de faire preuve de bonne volonté et met en pratique l'insight équilibré, listant par écrit aussi bien les reproches qu'elle se fait que les sources de satisfaction qu'elle identifie dans sa vie. Quelles réussites pourrait-elle convoquer pour sa défense et celle de son moral mal en point ? Les seules images qui lui viennent sont plutôt anciennes : sa rencontre avec Gabriel, ses premiers succès sur scène. Elle tire sur les lobes de ses oreilles avec l'espoir d'entendre un « clic de pensée » ou de ressentir un « moment ah-ah ». Le professeur la rassure : voilà déjà un excellent point de départ.

Références

10.1016/j.concog.2023.103494

Kadi Tulver, Karl Kristjan Kaup, Ruben Laukkonen, Jaan Aru, « Restructuring Insight : An Integrative Review of Insight in Problem-Solving, Meditation, Psychotherapy, Delusions and Psychedelics », *Consciousness and Cognition*, 110/9-10, 2023, 10.1016/j.concog.2023.103494.

Si la question des émotions ne vous a pas encore lassé, rendez-vous page 149 : vous y trouverez d'excellentes raisons de vous pardonner votre mauvaise humeur et de justifier vos colères passagères. Vous y apprendrez également la définition d'une maladie plus grave et moins connue que l'hypersensibilité, l'alexithymie.

Si vous souhaitez mettre dès maintenant en pratique d'autres leviers de bonne humeur, allez directement page 164 pour une rencontre inattendue avec Aimé et son camion-librairie.

10

Quand elle puise dans la musique et le cinéma

Les bienfaits des émotions fortes

Maria profite d'une courte pause pour se dégourdir les jambes et déambuler dans le magasin, jetant au passage quelques regards dérobés à Aldo Monk pour mieux le cerner. Le trublion trop bavard l'intrigue. Il la gêne mais aussi l'attire. Que ses émotions sont contradictoires ! songe-t-elle lorsque Houdin l'appelle à le rejoindre dans l'arrière-boutique, désormais plongée dans l'obscurité. Le thérapeute a tiré un store opaque sur le puits de lumière, et posé sur la table un vidéoprojecteur poussiéreux qu'il a relié à un ordinateur portable. Sur le mur dénudé jouxtant la kitchenette se découpe un rectangle lumineux.

— Je vais vous projeter un court extrait de *Gilda*, le film culte de Charles Vidor, annonce-t-il tout en ajustant la netteté de l'image.

— Vous espérez me traiter par le cinéma, maintenant ?

— Figurez-vous que l'art sous toutes ses formes est une merveilleuse manière de nous confronter à nos émotions les plus fortes.

— Je n'aime ni les films muets, ni les films en noir et blanc, râle Maria. Question de génération…

— Il est vrai que celui-ci date de 1946 ! Mais rassurez-vous, il n'a pas pris une ride. Je vous garantis que la tension qui s'en dégage est impérissable.

À moitié convaincue, la pianiste s'assied et observe les images qui défilent à présent sur le mur. Rita Hayworth chante, séduisante et sans doute un peu ivre, devant un parterre d'hommes qui la déshabillent du regard. Elle enlève ses gants noirs centimètre par centimètre, sans jamais s'interrompre, et l'exposition de ses bras très blancs est aussi troublante que si elle se dénudait complètement.

— La force de Rita Hayworth, c'est sa maîtrise des émotions, intervient le professeur. Elle est capable non seulement d'exprimer tout ce qu'elle ressent, mais aussi de le faire ressentir à ceux qui l'entourent.

— Vous auriez peut-être préféré que je porte des gants pendant le concert de la salle Rossini ?

Le commentaire sarcastique n'ébranle pas Houdin. Et juste après l'avoir énoncé, Maria s'en veut déjà. D'autant qu'au fond, elle est inexplicablement touchée par le visage de Rita Hayworth, son charme puissant, son allure à la fois fragile et résolue. Tandis que l'extrait du film se poursuit, elle se laisse emporter par la beauté des images et oublie jusqu'à la présence du professeur, absorbée. Lorsque celui-ci met fin à la projection, de longues minutes plus tard, elle revient à elle et constate, à son grand étonnement, avoir les larmes aux yeux.

— Eh bien, vous aviez raison : ce vieux film a quelque chose de touchant. Ou alors, c'est moi qui suis vraiment trop sensible ! Il m'a plongée dans des souvenirs d'enfance, à l'époque où mon entourage espérait pour moi une immense carrière de musicienne, un talent magnétique. En creux, c'est à mes échecs et à mes faiblesses que me renvoient vos images…

— Il est normal de se sentir bousculé face à ce chef-d'œuvre, répond Houdin sans relever l'agressivité latente de sa remarque. Mais je vous répète que vous n'êtes pas hypersensible – pas plus que vous n'êtes une mauvaise pianiste ! Seulement, vous craignez le moindre mouvement d'humeur alors que le principal danger pour la santé de votre esprit réside au contraire dans l'absence d'émotion. C'est une question de bon sens : ressentir des émotions, même violentes, est la preuve que l'on est vivant. En tant qu'émotologue, mon rôle est de vous inviter à accepter ces émotions, et à redouter plutôt le vide. À ce propos, aimez-vous Albert Camus ?

— Oui, rétorque la pianiste sans hésitation. Hannah et moi apprécions particulièrement *Le Mythe de Sisyphe*. Je me reconnais dans le portrait de ce pauvre homme, condamné à pousser éternellement un rocher jusqu'au sommet d'une montagne, et à le voir ensuite dégringoler… C'est le résumé de ma vie.

— Un autre de ses romans, *L'Étranger*, pourrait vous inspirer davantage. Camus y raconte comment l'absence d'émotion rend malade, voire fou. L'antihéros de cette histoire apprend que sa mère vient de mourir, mais n'éprouve aucune tristesse : il est frappé d'insensibilité. Son humeur reste froide, vide, imperméable. Je connais par cœur les premières lignes de ce livre :

> « Aujourd'hui, maman est morte. Ou peut-être hier, je ne sais pas. J'ai reçu un télégramme de l'asile : "Mère décédée. Enterrement demain. Sentiments distingués." Cela ne veut rien dire… Pour le moment, c'est un peu comme si maman n'était pas morte. Après l'enterrement, au contraire, ce sera une affaire classée et tout aura revêtu une allure plus officielle. »

La maladie décrite dans *L'Étranger* est de mieux en mieux connue : elle s'appelle l'alexithymie. Et consiste en l'absence totale d'humeur, bonne ou mauvaise. Camus suppose qu'une telle insensibilité mène à des actes terribles, en l'occurrence à l'assassinat d'un inconnu.

— En quoi cela est-il supposé m'inspirer ? C'est quand même l'opposé total de ce qui m'arrive !

— Exactement. Parce que vous allez mieux que le personnage de Camus ! Je cherche donc à vous faire sentir de quel côté se situe le vrai danger.

L'absence d'humeur est pire que la mauvaise humeur

Romain Houdin éteint le vidéoprojecteur et ouvre le store, laissant la lumière crue du mois de janvier emplir la pièce. Sur le mur à nouveau nu, à l'endroit exact où chantait Rita Hayworth quelques minutes auparavant, il suspend un petit tableau noir sur lequel il inscrit à la craie : « Alexithymie ». Maria songe qu'il doit souvent l'utiliser dans ses séances et s'amuse de le voir jouer ainsi les instituteurs.

— Ce terme, enchaîne le thérapeute sans s'apercevoir de son sourire, a été inventé dans les années 1970 par deux psychiatres, Peter Sifneos et John Nemiah. « A » est un préfixe privatif, qui signifie « je ne peux pas » ; « *lexi* » signifie lire ; enfin, « thymie » désigne les émotions. J'ai eu la chance, dans ma jeunesse, de travailler avec des pionniers de la recherche sur l'alexithymie. Selon eux, ce trouble est susceptible d'être à la racine d'autres maladies encore inexpliquées. Ils ont démontré que la sensibilité était la condition de la bonne santé et de la bonne humeur. « Heureux soient les fêlés, car ils laisseront passer la lumière », disait le dialoguiste Michel Audiard… Pour ma part, j'ajouterais : heureux les ronchons, les acariâtres, les misanthropes ! Leur morosité, lorsqu'elle n'est que passagère, n'est pas une tare. Au contraire, quand l'esprit fait des vagues, c'est qu'on se porte bien.

— Vous avez le chic pour positiver en toutes circonstances !

— J'ai la prétention de faire plus que positiver : je lis toutes les études les plus pointues sur l'humeur et l'émotion. Quand les hypersensibles se plaignent de leur tristesse ou de leur peur, c'est qu'ils reconnaissent ces états, ce qui est bon signe. Les paralysés de l'humeur, au contraire, s'exposent à des douleurs et à des fatigues sans cause médicale apparente, voire à des maladies plus graves. Leur malaise s'exprime par le corps, à défaut d'être identifié par l'esprit ! Alors, je préfère encore ceux qui déclarent que « tout va mal » ou qu'ils sont « foutus ».

— Si je vous suis, hésite Maria, je devrais me féliciter de ressentir de l'angoisse ? Vous avez de drôles d'idées…

— Et pourtant, la recherche me donne raison ! Un de mes confrères, le psychiatre australien David Preece, a insisté sur l'importance de *toutes* les émotions, qu'elles soient agréables ou stressantes. Selon lui, seuls les individus qui ne ressentent rien ont besoin de soins.

— Nous savons tous les deux que je n'entre pas dans cette catégorie.

— Précisément. Les alexithymiques, en cas de coup dur, se replient sur eux-mêmes et rejettent toute compagnie, car ils ne supportent pas de se confier. Ils restent sourds à leur propre détresse psychologique, et refusent donc également toute aide médicale…

— Je comprends, le coupe Maria. En un mot, la première condition de la bonne humeur, c'est d'accepter de regarder en soi. Est-ce là une bonne synthèse ?

— Vous avez tout bon ! Je n'ai rien contre la sérénité ; mais tant qu'à être triste – et nous le sommes tous de temps à autre –, mieux vaut s'en rendre compte et savoir l'exprimer. C'est là une forme de sagesse. À ce propos, saviez-vous que les personnes hypersensibles sont généralement plus réfléchies, plus rationnelles que les autres ?

— Tiens ! J'aurais dit l'inverse.

— Cela paraît contre-intuitif au premier abord, mais en vérité, les individus sans affect sont les plus imprévisibles. En temps de crise, ils sont incapables de lire leurs propres émotions et donc de s'adapter. Ils adoptent ainsi des stratégies qui aggravent souvent la situation : l'autocritique (« Tout est ma faute »), le catastrophisme (« Les choses ne vont faire qu'empirer »), le blâme des proches ou du destin (« C'est leur faute »), le repli (« Puisque c'est comme ça, je préfère rester dans mon coin ») ou encore le déni (« Je préfère faire comme si rien ne s'était passé »).

La pianiste médite un instant sur ces différentes réactions avant de répondre :

— Je crains de donner tort aux recherches de votre collègue australien, en étant à la fois émotive et irrationnelle. Je me sens comme une hypersensible qui se défendrait aussi mal qu'une alexithymique !

Elle pousse un soupir de découragement. Dans une dernière tentative de la convaincre, Houdin lui assure qu'elle présente des variations normales de l'humeur. Muni de sa craie, il inscrit sur le tableau les quatre critères qui, selon lui, justifient que l'on s'inquiète :

- les émotions négatives durent plusieurs jours de suite ;
- elles sont envahissantes ;
- elles conduisent à des actes insensés avec des conséquences durables, par exemple des crises, des colères, des disputes ou des brouilles prolongées ;
- elles n'ont aucune cause lisible ou compréhensible, ni pour soi, ni pour un ami ou un thérapeute.

Comment reconnaître ses bonnes émotions

— Si je vous suis, il est possible d'apprendre à lire ses émotions – surtout les bonnes – comme j'ai appris à déchiffrer des partitions. Chez moi, les moments heureux n'« impriment » pas : ils glissent, et je les oublie. Je dois donc être atteinte d'alexithymie sélective, un trouble qui me vole mes instants de joie.

Hannah, elle aussi, me reproche souvent de nier mes propres qualités… Comme si la moindre flatterie que je me fais me paraissait une fanfaronnade.

— L'alexithymie, sélective ou totale, n'est pas une fatalité. Depuis quand diriez-vous que vous en souffrez ?

— Depuis toujours.

— Bon. Nous pouvons encore inverser la tendance. Essayons par exemple une technique très récente que m'a apprise une collègue canadienne. Vous la trouverez peut-être autoritaire, mais je vous la restitue telle qu'elle m'a été enseignée, étape par étape. Libre à vous, ensuite, de l'adapter à votre personnalité. Voici : ma collègue a inventé la méthode dite « Isom », qui se décompose en quatre temps.

— Quatre temps, cela me parle ! Pourquoi pas quatre mouvements, comme pour une symphonie ?

— Si vous voulez ! Le premier mouvement, donc, est celui de la lettre « i » : il s'agit d'*identifier* la situation que l'on traverse, et de noter son caractère agréable ou désagréable. On n'en est pas encore, à ce stade, aux émotions, mais simplement aux faits. Vient ensuite le « s » : on *sélectionne* une manière de répondre à cette situation. Cette sélection doit être consciente, volontaire et adaptée aux circonstances : il peut s'agir de s'accorder un moment de réflexion, d'accepter ce qui nous arrive, de prendre de la distance ou d'adopter une stratégie plus active. Au troisième moment, celui du « o », on met en *œuvre* la réaction choisie. Enfin, le « m » signifie que l'on doit *moduler* l'intensité de la réponse. Autrement dit, on nuance sa réaction, afin d'éviter les extrêmes et de se comporter de manière acceptable tant vis-à-vis des autres que de soi-même.

Le propre d'une réaction modulée est d'être inoffensive : elle ne tombe ni dans l'agressivité, ni dans l'autodestruction. Voilà en quoi consiste la méthode Isom, qui requiert – comme le solfège – un certain apprentissage.

— Est-elle efficace ? Avez-vous déjà vu des personnes pessimistes s'ouvrir à leurs émotions grâce à ces quatre temps ?

— Absolument ! Les personnes alexithymiques qui appliquent une telle technique cessent d'apparaître comme froids ou indifférents, voire hostiles : non seulement ils réapprennent à éprouver des émotions, mais ils deviennent capables d'exprimer ce qu'ils ressentent et d'y réagir de manière appropriée.

Romain Houdin brandit un nouveau morceau de craie et écrit sur le tableau noir l'acronyme Isom :

- j'identifie la situation afin de savoir si elle est susceptible ou non de me bouleverser ;
- je sélectionne une réponse émotionnelle ;
- je la mets en œuvre ;
- Je la module.

Guérir son alexithymie par la musique

Embrassant le tableau du regard, le front plissé traduisant de la perplexité comme de l'espoir, Maria déclare :

— Votre méthode canadienne me semble un peu simpliste, mais elle a le mérite d'être immédiatement applicable et facile à mémoriser – pas comme celle du sextant, qui requiert tout de même de posséder un instrument aussi vieillot ! En connaissez-vous d'autres ? Je ne demande pas mieux que ce type de conseils pratiques, qui pourraient changer concrètement ma manière de penser et de ressentir.

— Il y a bien une autre méthode, mais j'ose à peine vous la recommander. Car vous allez me trouver présomptueux de prétendre vous enseigner quoi que ce soit sur… la musique !

L'intérêt de Maria est piqué. En tant que concertiste renommée, elle a longtemps estimé n'avoir rien à apprendre de personne sur les liens entre la musique et les émotions. Et si elle avait eu tort ? Après tout, son malaise dure depuis plusieurs semaines déjà : au point où elle en est, elle est prête à mettre de côté ce qu'elle sait sur le piano.

— Parlez librement, comme si j'étais une novice, consent-elle.

— Bien. La musique met en action les émotions : elle permet, même aux plus réticents d'entre nous, d'être attentifs à ce qu'ils éprouvent. Chacun sait dire si une musique est gaie ou triste, si elle remonte le moral ou au contraire le plombe. La méthode que je suggère à tous mes patients consiste à identifier quatre chansons ou mélodies : une qui rend joyeux, une qui rend triste ou nostalgique, une qui est neutre et n'agit pas sur l'humeur et, pour finir, une qui soulève des émotions complexes, à mi-chemin entre tristesse et joie. Vous l'avez compris, nous travaillons ici sur le mouvement « i » de la méthode Isom.

Maria hoche la tête :

— En tant que musicienne, je conçois l'intérêt de cet exercice. Mais, de même qu'il existe des personnes « allergiques » à l'écoute de leurs propres émotions, certaines sont allergiques à la musique ! Comment les persuadez-vous d'avoir confiance en une telle méthode ?

— C'est bien simple : je leur demande de prendre leur pouls. Ensuite, je leur passe cinq minutes de la *Sonate pour piano n° 8 en la mineur K. 310* de Mozart, puis cinq autres de la *Chevauchée des Walkyries* de Wagner ou de *Clockworks* du groupe de métal suédois Meshuggah. Après chaque écoute, je leur demande de mesurer à nouveau leur fréquence cardiaque.

— Est-ce qu'ils constatent des variations ?

— Presque toujours ! L'écoute de Mozart ralentit le rythme cardiaque : celle de Wagner ou du métal l'accélère. Bien sûr, il ne s'agit pas là d'un effet direct de la musique sur le système vasculaire – contrairement au café qui, à forte dose, provoque des palpitations. Il existe un intermédiaire, qui est précisément les émotions.

Maria s'enthousiasme :

— Moi, j'ai le cœur qui se calme à l'écoute de mon propre jeu, lorsque j'ai confiance en mon talent ou que je me sens appréciée du public. Au contraire, les battements s'accélèrent à la moindre fausse note, ou quand j'ai l'impression de jouer dans l'indifférence générale.

— Rien d'étonnant à cela : nous pourrions le prouver en mesurant votre réaction électrodermale pendant un concert. Une simple électrode placée au bout du doigt suffit à détecter les émois les plus subtils. La tristesse, la peur ou la gaieté stimulent les glandes situées sous la peau, qui libèrent de la transpiration. Le courant électrique passe alors plus vite. Voilà comment on décèle scientifiquement une émotion !

— J'espère surtout que ce sont les spectateurs qui transpirent, et pas seulement moi… ironise la pianiste. Et vous me donnez une idée : lors de ma prochaine représentation, il faudrait équiper toute la salle d'électrodes !

— Ce qui est embêtant, c'est qu'une fois l'émotion détectée, la diode est incapable de nous dire s'il s'agit d'enthousiasme ou de morosité ! tempère l'émotologue sans relever, là non plus, l'ironie du propos. Une expérience menée à Berlin par des psychologues et portant sur 772 volontaires a d'ailleurs démontré qu'une musique triste pouvait, dans certains cas et par un effet de contraste, stimuler la bonne humeur. Parce qu'on se réjouit de n'être pas aussi chagrin que ce qu'on écoute. La musique triste rend en outre plus perméable à toutes les émotions, y compris les meilleures ; elle est aussi un excellent refuge pour ceux qui sont au bord de la déprime, en offrant un socle de substitution à ce qu'ils éprouvent – la tristesse musicale étant rarement aussi difficile à vivre que celle que l'on subit dans la réalité.

Maria songe aux innombrables morceaux qu'elle a interprétés au cours de sa carrière, et dont certains, pourtant poignants, voire pleins de désespoir, lui ont laissé le souvenir d'une étrange énergie ainsi que d'une joie très pure.

— J'aime l'idée selon laquelle améliorer ma relation aux émotions demande du travail, déclare-t-elle, même si cela exige que je redéfinisse certains aspects de mon rapport à la musique.

Constatant que le professeur reste silencieux, un sourire bienveillant aux lèvres, elle se lève et saisit son manteau, abandonné à son arrivée sur le dossier de la chaise.

— Avons-nous fini ? Cette séance résume-t-elle tout ce que vous avez à m'apprendre ?

— Heureusement non, pour vous comme pour moi ! Que deviendrais-je si ma méthode était basique, si rapide ? Les exercices que nous avons pratiqués ce matin sont une mise en bouche : d'autres découvertes suivront. Cependant, j'estime que vous avez fourni suffisamment d'efforts pour aujourd'hui. Avec des résultats visibles : votre météo mentale a déjà légèrement changé ! Si l'on ressortait mon sextant des émotions, on pourrait être surpris…

Maria reconnaît volontiers que son humeur s'est adoucie grâce aux conseils du professeur Houdin. En son for intérieur, elle songe aussi que sa rencontre avec l'assistant incongru du magasin, cet étrange Aldo Monk, n'est peut-être pas non plus totalement étrangère à une telle éclaircie. À cet instant, l'idée de se remettre au piano lui paraît même, sinon alléchante, du moins plus tolérable que la veille. Tout comme l'idée d'un rendez-vous galant… Un déclic survient-il en elle ? Le baromètre de son humeur remonte-t-il déjà vers « meilleur temps » ?

Serrant la main du thérapeute, elle quitte la boutique, un peu plus légère. Sans oser adresser la parole à Aldo, absorbé dans une discussion animée avec un client, qui teste un canapé en velours rouge et or. Elle perçoit juste de leur échange quelques mots qui la font sourire : « authenticité garantie », « pièce unique », « importé de Louisiane ».

Une fois à l'extérieur, elle déambule en direction de la place de la Bastille, perdue dans ses pensées oscillantes. Afin de mettre en pratique les enseignements de la matinée, elle convoque des souvenirs chers et cherche à mesurer leur effet sur son humeur. Quelques images lui traversent l'esprit, ravivant sa peine sans toutefois la bouleverser comme auparavant : elle se rappelle un réveil à l'aube aux côtés de Gabriel, dans la chambre d'un hôtel de luxe. Ce jour-là, ils ont attendu main dans la main que le soleil se lève sur la place de la Concorde encore déserte. Puis elle se souvient d'un concert donné à l'opéra de Toulouse, une soirée merveilleuse qui lui a laissé un goût d'éternité. Le public l'avait ovationnée, elle était descendue de la scène avec des lys plein les bras. S'il lui est encore difficile d'affronter ces pépites de son passé sans que son cœur se serre, l'idée d'y parvenir un jour lui redonne un peu de courage. Elle se met à marcher d'un pas plus vif, pressée de rejoindre Hannah pour le déjeuner.

Références

Albert Camus, *L'Étranger*, Gallimard, 1942.

David A. Preece, Ashish Mehta, Kate Petrova, Pilleriin Sikka, Johan Bjureberg, Rodrigo Becerra, James J. Gross, « Alexithymia and Emotion Regulation », *Journal of Affective Disorders*, 324, 2023, p. 232-238.

Liila Taruffi, Stefan Koelsch, « The Paradox of Music-Evoked Sadness : An Online Survey », *PLoS One*, 9/10, 2014, 10.1371/journal. pone.0110490.

Outre la méthode Isom et la musique, vous allez découvrir, au cours de votre lecture, bien d'autres

exercices qui vous aideront à mieux vous connaître. Vous êtes toujours le seul maître à bord… mais la rencontre qui suit est si importante qu'elle constitue un passage obligé ! Rendez-vous donc page suivante sans plus attendre : Aimé vous dévoilera comment les livres peuvent jouer le rôle de médicaments pour le corps comme pour l'esprit.

11

L'émoto-libraire en camion jaune

Comment les livres soignent le corps et l'esprit

Maria retrouve Hannah à quelques pas de son immeuble, boulevard de la Bastille. Malgré le froid vif, elles choisissent de déjeuner en terrasse, à l'abri sous un plaid épais, et de profiter du soleil désormais voilé qui éclaire doucement le port de l'Arsenal. Leur repas est léger : deux grands verres de jus de mangue, des tartines de houmous et des litchis. Elles arpentent ensuite les berges du fleuve d'un pas rapide pour se réchauffer, observant le souffle blanc qui se forme devant leur visage à chaque expiration. Elles vont et viennent devant des péniches, dont certaines ont été converties en habitations régulières. En y mettant du leur, elles trouveraient presque des airs de Bretagne à cette partie de Paris.

Alors qu'elles remontent vers la place de la Bastille, la pianiste s'étonne de la présence d'un grand camion jaune citron garé à quelques dizaines de mètres, au milieu du quai encombré de chaînes rouillées et de cordes d'amarrage.

— Quelle drôle de couleur…

— Mais c'est lui ! s'exclame Hannah, ravie. Je savais qu'il viendrait. Il ne m'a jamais fait faux bond.

— Qui donc ?

— Mon complice, Aimé Bonaventure. Le camion jaune lui appartient. Je l'ai appelé pendant que tu discutais avec Houdin, et il a accepté de venir spécialement pour toi !

Maria ouvre de grands yeux :

— Tu n'exagères pas un peu ? Un si grand truck, juste pour moi ?

— Eh oui ! Spécialiste de la bonne humeur, Aimé figure aussi sur mon « mur des psys ». Et nous sommes devenus amis au fil des consultations. Sa méthode est très réputée. Il exerce partout dans Paris, mais aussi en Angleterre, et reçoit dans son camion aussi bien des lords que des gens modestes. C'est l'un des thérapeutes qui m'a donné les conseils les plus utiles dans les moments difficiles que j'ai traversés.

— Je n'en doute pas… Mais s'il est si renommé, n'a-t-il pas les moyens de s'offrir autre chose qu'un bus canari prêt à s'écrouler ?

— Surtout pas ! Avec le temps, son drôle de véhicule est devenu sa marque de fabrique. Il ne veut plus en changer, malgré l'âge de son tas de ferraille… Qu'on l'apprécie ou non, on reconnaît le cabinet ambulant d'Aimé à sa couleur impossible comme aux grincements qu'il fait en arrivant.

— Me voilà servie. Un émotologue marchand de meubles, et maintenant un psychanalyste livreur de peinture jaune, ou de moutarde, peut-être… à moins qu'il n'élève des poussins là-dedans ?

Hannah part d'un rire sonore :

— Sans être aussi incongru, son métier est plus original que tu ne le penses. Laisse-moi te le présenter : tu vas très vite comprendre.

L'entraînant à sa suite, la guide se dirige droit sur le véhicule et frappe trois coups à la portière passager du mastodonte. Aussitôt, celui que Maria identifie comme Aimé Bonaventure s'extrait de la cabine et la prend dans ses bras, rayonnant. Il se tourne ensuite vers la pianiste et lui serre plus sobrement la main.

— Hannah m'a parlé de vous, annonce-t-il d'une belle voix grave. Elle m'a demandé de vous soigner à l'aide de ma bibliothèque-foraine.

La concertiste reste interdite, ce qui semble beaucoup amuser son interlocuteur.

— Dans chaque ville où je consulte, c'est-à-dire à Londres, Paris et Fort-de-France, je me procure des livres et je les ajoute à ma collection d'ouvrages, qui est une sorte de « stock de médicaments ». Voilà mon métier : je prescris de la lecture en fonction des symptômes de mes patients. Aussitôt qu'un bouquin a trouvé preneur, je le remplace. Quand je n'ai pas le titre adapté en réserve, je le fais livrer en vingt-quatre heures.

— Surprenant, concède Maria. Et comment vous présentez-vous ? Comme un libraire-sauveteur ? Un bouquiniste-médecin ?

— Plutôt comme un bibliothérapeute, quoique je préfère l'expression « émoto-libraire ». Je *deale* la plus précieuse des marchandises : des écritures riches et puissantes, qui infusent dans nos esprits et nous rendent plus heureux. La littérature a le pouvoir de nous plonger dans la joie ou dans la détresse ; elle déclenche des guerres, rétablit la paix, sépare ou rassemble les amoureux, console des pires ruptures… Aujourd'hui, puisque je suis missionné pour vous aider – il adresse un clin d'œil à Hannah –, je vous propose d'expérimenter gratuitement la puissance de ma méthode. Accepteriez-vous de répondre à quelques questions, afin que je vous prescrive le livre le plus pertinent pour vous ? Ou peut-être préférez-vous d'abord découvrir mon livret de présentation et en apprendre davantage sur l'émoto-librairie ?

Maria saisit le prospectus que lui tend le quadragénaire énergique aussi poète et original qu'enthousiaste. Elle le parcourt lentement des yeux en même temps que son amie, qui lit par-dessus son épaule. L'émoto-libraire y décrit sa méthode de manière synthétique ; sur la dernière page sont cités quelques témoignages enthousiastes d'anciens patients. Elle accepte de remplir un bref questionnaire, toujours sous le regard attentif et curieux d'Hannah.

Question 1 : Quelle est votre principale émotion en tant que lectrice ou lecteur ?

— Avant toute chose, déclare Aimé, j'ai besoin de savoir quel type de lectrice vous êtes. Attention, vous ne pouvez choisir qu'une proposition !

Maria sent aussitôt se rebeller sa nature de caméléon. Elle voudrait pouvoir cocher toutes les cases mais, docile, elle s'efforce de respecter la consigne et d'opter pour une seule des cinq réponses qui s'offrent à elle :

• réponse 1 : Émotion de possession. J'aime surtout acheter de nouveaux livres pour le plaisir de les faire entrer dans ma bibliothèque… même si celle-ci est déjà pleine à craquer ! J'adore flâner dans les librairies et renifler les couvertures neuves. Chaque achat me procure une sensation inédite ;

- réponse 2 : Émotion de collection. Mon bonheur est de classer, d'empiler, de ranger mes livres. J'aime les savoir proches de moi, comme de vieux amis qui ne se manifestent que de temps à autre, mais sur qui on peut compter. Je fais attention à les disposer selon un ordre précis : il ne me viendrait pas à l'idée de faire cohabiter un écrivain conservateur avec un auteur révolutionnaire ;
- réponse 3 : Émotion-passion. Je lis souvent d'une traite, et il m'arrive de finir un livre en deux heures. Quand je me plonge dans un bon roman, rien ne saurait me faire remonter à la surface ;
- réponse 4 : Émotion du rendez-vous. J'aime déguster les textes en prenant mon temps, comme on sirote une boisson par petites gorgées. J'ai d'ailleurs choisi un créneau horaire dédié à la lecture, et je m'y tiens chaque jour ;
- réponse 5 : Émotion de surprise. J'adore saisir un livre au hasard dans une librairie, une bibliothèque… ou chez moi ! Mon plaisir est de me laisser surprendre par un texte inattendu.

La musicienne a l'impression de se reconnaître dans chacune des propositions. Que faire ? Après un moment de réflexion, elle sélectionne la réponse 4 : depuis toujours, elle aime les gros ouvrages qui demandent de longues heures de lecture et qui, au fil des ans, deviennent des compagnons. Saisissant le stylo-bille que lui tend le bibliothérapeute, elle trace une petite croix bleue en regard de son choix. Hannah, quant à elle, a plutôt tendance à avaler les textes en une seule fois, et se retrouve dans la lecture-passion. En revanche, ni l'une ni l'autre n'apprécient de sélectionner des ouvrages au hasard : elles ont besoin d'anticiper ce qu'elles vont ressentir.

Aimé Bonaventure pointe alors du doigt la deuxième question du formulaire.

Question 2 : Quel type de livre vous émeut le plus ?

— Voyons maintenant quel genre de contenu, selon vous, est susceptible de vous faire le plus de bien ou de vous émouvoir. Là encore, vous ne devez donner qu'une réponse !

Maria hoche docilement la tête et parcourt des yeux le reste du document :

- réponse 1 : Un livre théorique sur la bonne humeur, qui explique le fonctionnement du cerveau, de l'esprit, et détaille les traitements disponibles contre la déprime ;
- réponse 2 : Un livre qui présente des témoignages et vise à redonner de l'espoir. L'auteur a par exemple traversé des épreuves similaires à celles de son lectorat, mais il les a surmontées et prodigue désormais des conseils pour une bonne humeur à portée de main. Son récit repose sur l'idée qu'aucune situation n'est désespérée ;
- réponse 3 : Un guide pratique, étoffé d'exercices sélectionnés par des spécialistes de la santé mentale. On y parle aussi bien de bonne humeur que de cuisine, d'amour ou de sport : tout est bon pour éveiller les neurones !

• réponse 4 : Un livre qui bouleverse, qui provoque un sentiment de révolte ou de compassion – ou au contraire le rire ! –, grâce à une écriture originale et puissante laissant des traces durables dans l'esprit du lecteur.

Instinctivement, la pianiste est attirée par les livres théoriques et les guides pratiques. Les conseils prodigués dans de tels ouvrages ne seraient pas de trop ! Hannah, de son côté, affirme ne pas supporter l'idée qu'un texte puisse avoir sur elle un ascendant trop fort : elle préfère la distraction, le dépaysement. Mieux encore si l'ouvrage est rédigé dans une langue étrangère qui l'oblige à sortir de sa sphère culturelle. Sa préférence va aux auteurs nordiques au nom imprononçable, ainsi qu'aux grandes sagas russes.

Une fois le questionnaire rempli, Aimé remercie Maria d'avoir joué le jeu et se déclare prêt à sélectionner le texte-médicament qui répondra à ses attentes. Tel un médecin, il rédige une ordonnance sur une feuille de papier à en-tête, qu'il lui tend aussitôt. Puis il disparaît à l'arrière de son camion. Les deux femmes l'entendent fouiller dans sa réserve de livres, un peu inquiètes du tapage, mais l'émoto-libraire réapparaît quelques minutes plus tard, tenant à la main un ouvrage enveloppé dans un papier aussi jaune que le véhicule.

Commence alors un rituel étrange : Aimé demande à sa « patiente » de poser les mains à plat sur le volume qui lui est destiné. Selon lui, avant de le déballer et de commencer à le lire, elle doit essayer de percevoir par simple contact l'énergie bienfaisante qui s'en dégage, les mots qui en émanent. Maria ne ressent absolument rien, trop impatiente de découvrir ce qu'Aimé lui a prescrit, car son écriture sur l'ordonnance est complètement illisible – à croire qu'il est vraiment médecin !

— J'ai l'impression que ça te fait déjà du bien, l'encourage Hannah. Tu es plus vive, plus souriante.

Puis elle se retourne brusquement vers Aimé, frappée d'une illumination :

— Y a-t-il toujours un piano au fond de ton camion ? Je crois me souvenir que tu l'as hérité de ta grand-mère, et qu'il ne te quitte jamais... Si oui, autoriserais-tu Maria à jouer quelques notes dessus ?

— Avec grand plaisir, s'exclame Aimé. Et tu as très bonne mémoire : c'est le piano de ma grand-mère adorée mais, à ma grande honte, je n'ai jamais rien compris à la musique... Qu'une concertiste comme Maria accepte d'y poser les mains serait un honneur. Vous m'excuserez en revanche s'il est complètement désaccordé !

Plein d'enthousiasme, Aimé invite les deux femmes à grimper par la porte arrière de son véhicule. Maria s'exécute avec réticence : elle n'a pas joué depuis le concert de la rue Drouot – soit, pour une pianiste de son niveau, une éternité ! – et appréhende terriblement le moment de s'y remettre.

L'avalanche de livres qui occupe tout l'espace la distrait un instant de son angoisse. Il y en a tant qu'elle craint d'être complètement ensevelie au moindre faux pas. Aimé, au contraire, se meut avec aisance dans cet habitacle surchargé. Il la guide tout au fond du camion, et l'assied presque de force devant un vieux piano droit qui exhale une forte odeur de poussière. Et là, aussitôt, le corps de la concertiste se met à trembler. Les muscles de ses épaules se contractent, ses doigts se glacent et refusent d'enfoncer la moindre touche. Elle n'est pas prête.

— Peut-être est-ce encore trop tôt, admet Hannah, qui devine sa détresse. Pardonne-moi cette mauvaise idée ! Il te faut quelques consultations auprès de Romain Houdin avant de te remettre en selle… À ce propos, quand le revois-tu ?

— Demain à 9 heures, déclare Maria d'une voix blanche tout en se levant du tabouret avec soulagement.

— Dans ce cas, intervient Aimé, il serait fort utile d'avaler dès ce soir cette potion magique qu'est la littérature. Grâce à ma prescription, vous allez sentir vos émotions se libérer ! Une synthèse récente de plus de trente études scientifiques a démontré le pouvoir extraordinaire des livres sur l'humeur : la bibliothérapie fait progresser l'estime de soi, et calme les angoisses comme les colères. En toute modestie, l'ouvrage que j'ai soigneusement choisi pour vous pourrait bien rivaliser avec des traitements chimiques !

— Pour la modestie, nous repasserons, relève la jeune femme en lui adressant un clin d'œil.

— Vous m'en direz des nouvelles, insiste Aimé. Mais où ai-je la tête ? J'ai omis de vous préciser une condition importante : pour que la bibliothérapie fasse son effet, l'individu traité doit déjà être un adepte de la lecture. Une personne complètement indifférente aux livres n'en tirera aucun bénéfice ! Et, tant que nous y sommes, permettez-moi une seconde mise au point : les bienfaits de l'émoto-librairie ont été démontrés en ce qui concerne les ouvrages théoriques et les guides pratiques. En revanche, aucune étude n'a encore clairement mesuré à ce jour l'effet des romans policiers, des titres de science-fiction, des histoires d'amour ou des recueils de poèmes sur l'humeur. Pourtant, j'en prescris tous les jours ! À mon sens, la fiction est une source infinie d'émotions, et mes patients sont là pour en attester…

Références

Shanshan Wang, Daniel T. Bressington, Angela Y. M. Leung, Patricia M. Davidson, Daphne S. K. Cheung, « The Effects of Bibliotherapy on the Mental Well-Being of Informal Caregivers of People with Neurocognitive Disorder : A Systematic Review and Meta-Analysis », *International Journal of Nursing Studies*, 109/4, 2020, 10.1016/j. ijnurstu.2020.103643.

Si vous êtes impatient de découvrir le livre choisi par Aimé pour Maria, continuez page 174.

Si vous préférez poursuivre l'aventure sans vous arrêter sur le détail de cet ouvrage, rendez-vous directement page 189.

12

À chaque malheur, son livre

Baruch Spinoza, Socrate et les émotions

Maria et Hannah s'attardent dans le camion, désireuses d'échapper encore quelques instants aux bourrasques glacées qui balayent les quais et font trembler les vitres du véhicule. Elles observent les rayonnages, et chaque livre dont elles déchiffrent le titre attise leur curiosité. Comme toute bibliothèque bien fournie, celle d'Aimé Bonaventure contient une large gamme de classiques, des ouvrages inconnus et, ici et là, quelques fautes de goût. Tout en bas d'une étagère proche du piano, presque au niveau du sol, sont empilés des volumes épais pudiquement orientés de manière que les regards indiscrets ne puissent en lire le titre. Il s'agit de la réserve personnelle de l'émotologue, dont il garde jalousement le secret.

— Ce sont les traitements que je m'autoprescris en cas de coup dur. Car moi aussi, j'ai parfois besoin de soigner mon esprit !

Tandis que les deux femmes poursuivent leur exploration, il allume une bougie parfumée qui diffuse dans l'habitacle une odeur subtile de chocolat et de miel. Les effluves sucrés évoquent des images de fêtes, de réveillons et de grandes tablées joyeuses.

En revenant sur ses pas, Maria avise, près des portes arrière du camion, un avertissement gravé sur une plaque qu'elle n'avait pas remarquée en entrant : « Prière de ne pas toucher les livres, car ils sont hantés. Si vous en sortez ne serait-ce qu'un seul des rayonnages, vous risquez de libérer un génie… Rien ne garantit que ce génie vous veuille du bien ! »

Intimidées, les deux amies continuent à circuler dans le camion en prenant désormais garde de ne toucher à rien. Elles s'aperçoivent qu'Aimé Bonaventure classe les ouvrages comme un pharmacien, ses remèdes, en fonction des maux qu'ils soulagent. La musicienne grave dans sa mémoire une liste de textes qui pourraient, un jour, lui être utiles :

- en cas de nostalgie, la poésie d'Aragon et les romans d'aventures d'Alexandre Dumas ;
- pour les après-midi pluvieux, un bel ouvrage relié, de préférence avec des images ;
- en vacances en amoureux, le livre le plus court possible ;
- en visite dans une ville étrangère, un guide des musées et des meilleurs restaurants locaux ;
- pour lire à la campagne, *Le Blé en herbe* de Colette ;
- pour sauter un repas et tromper sa faim, un livre de Balzac ou de Simenon avec les recettes associées ;
- pour augmenter son estime de soi, *Ulysse* de James Joyce ou tout autre livre difficile que l'on réessaye régulièrement d'ouvrir avant d'abandonner ;

- en hommage à ses parents, *Le Dernier des justes* d'André Schwarz-Bart ou *La Voix d'un peuple* d'Aimé Césaire ;
- avant d'aller voter, *Si c'est un homme* de Primo Levi ;
- le jour où il faudra mourir, la Bible et les *Essais* de Montaigne.

— Dites, vous n'êtes pas curieuse de savoir quel livre je vous ai prescrit ? s'étonne Aimé, qu'elle n'a pas senti approcher dans son dos.

— Si, bien sûr, mais j'aime faire durer le suspense ! Tant que je n'ai pas ouvert le paquet, je ne risque pas d'être déçue. Au contraire, je peux continuer à imaginer des ouvrages extraordinaires, susceptibles de changer ma vie.

— J'ai fait la même chose lors de ma première consultation, intervient Hannah. Toi et moi, nous avons du mal à nous confronter à la réalité. Nous préférons le possible à l'acquis !

Le Traité de l'amendement de l'intellect de Baruch Spinoza

Après avoir envisagé mille ouvrages différents, Maria finit par déballer son livre-médicament et tombe nez à nez avec le *Traité de l'amendement de l'intellect* de Baruch Spinoza. Par-dessus son épaule, Hannah laisse échapper un cri de surprise et de joie. La pianiste, elle, est plus mitigée : elle a beaucoup entendu parler du philosophe, mais n'a jamais lu aucun de ses travaux et se demande ce qu'il va bien pouvoir lui apporter.

Avant même qu'elle ait pu feuilleter le volume, Aimé le lui retire des mains et se propose de lui en commenter les extraits qui, selon lui, font le plus de bien. Ravi de pouvoir tester en direct la pertinence de son choix, il tourne frénétiquement les pages à la recherche de passages qu'il a soulignés. Puis il se chauffe les cordes vocales avec de longs « oh » et des petits « ah » qui montent dans les aigus, à la manière d'un chanteur d'opéra.

— Sentez-vous libre de m'interrompre à tout moment s'il y a des choses que vous ne comprenez pas, déclare-t-il, ou si vous souhaitez rebondir et partager des anecdotes personnelles.

Il pianote un instant sur son téléphone, et la chanson *Hallelujah* de Leonard Cohen, diffusée par des enceintes bien dissimulées, résonne en sourdine dans le véhicule, ajoutant à la solennité poétique et, espère-t-il, quasi curative du moment. Mêlée aux parfums de chocolat et de miel de la bougie, la musique mélancolique plonge Maria et Hannah dans une légère ivresse.

— Ça me rappelle les coups de blues de mon adolescence, murmure cette dernière.

— Grâce à Spinoza, vous allez changer d'avis et trouver cette chanson entraînante ! Sans plus attendre, j'ai donc l'immense plaisir de vous présenter le *Traité de l'amendement de l'intellect*.

Fuir les trois passions tristes de Baruch Spinoza

— Cet ouvrage est l'un des premiers que Baruch Spinoza a écrits en latin, dans les années 1660. Certains passages étant un peu jargonneux à mon goût, sachez que je n'hésite pas à utiliser mon propre vocabulaire lorsque cela me paraît plus clair. L'idée principale de ce texte est la suivante : selon Spinoza, la lubricité, la recherche de l'honneur et la quête de la richesse sont trois désirs vains qui « plombent » notre esprit. En ce qui me concerne, par exemple, j'ai depuis longtemps renoncé à m'enrichir. Mon métier m'a apporté une certaine notoriété, mais celle-ci reste très limitée, et je m'en contente. Enfin, s'agissant de la lubricité, de belles femmes, des aventures, des rendez-vous volés… disons que je continue à espérer tout cela !

Il s'interrompt un instant afin de vérifier que ses patientes n'ont pas déjà décroché. Maria en profite pour intervenir :

— De mon côté, on ne peut pas dire que cette « lubricité » occupe une part importante de ma vie… Je n'ai personne avec qui la partager ! Pourtant, je ne crois pas avoir passé l'âge. En revanche, je dépense beaucoup de temps et d'énergie afin d'attirer l'admiration de mon public : est-ce que cela correspond à la quête de l'honneur dont il est question chez Spinoza ?

— Absolument. Il s'agit là d'un tort compréhensible, avouable, mais qui n'en est pas moins aliénant et contraignant. L'honneur peut devenir une obsession plus redoutable encore que l'argent ou le sexe ! Rien ne décourage ceux qui en sont frappés ; d'autant que le moindre succès les conforte dans leur quête insensée.

— C'est tout moi, reconnaît la concertiste avec une pointe d'embarras. L'honneur, la gloire, tout cela m'a toujours fait rêver… Enfant, je m'imaginais déjà sur scène dans une belle robe, telle une diva !

— Ne soyez pas trop sévère envers vous-même : il est moins grave de poursuivre l'honneur que la richesse ou le sexe facile. Seulement, on s'expose alors à des déceptions plus cruelles encore ; on chute à la hauteur de ce qu'on s'était imaginé… On rate une cible que l'on croyait avoir toutes les raisons de viser, et que l'on aurait été fier d'atteindre !

— Je suis parfaitement d'accord, approuve Hannah. La gloire est un objectif noble, mais flou, un horizon que l'on n'atteint jamais vraiment. La rechercher avec trop d'énergie, c'est s'épuiser et se ruiner la santé. Regardez où cela m'a menée ! L'entreprise pour laquelle j'ai travaillé pendant si longtemps me promettait régulièrement des récompenses, des promotions : la réussite était à ma portée, je ne voulais surtout pas la laisser passer. Quitte à m'oublier… Mais qu'en est-il de la richesse ?

— À ce sujet, Spinoza observe que beaucoup de gens sont prêts à endurer de grandes souffrances pour gagner plus d'argent. Certains prennent même de tels risques qu'ils finissent par payer leur obsession de leur vie.

— Et quels conseils donne-t-il pour affronter ces différents travers ?

— J'y viens. Selon notre philosophe, la lubricité, la quête d'honneur et celle d'argent – ce qu'il appelle les « trois passions tristes » – doivent se regarder en face.

— Avoir conscience de ses propres défauts, voilà qui est bien beau, mais comment s'en dégager ?

— En se rendant compte qu'on se trompe, on s'approche de la vérité et on se raconte moins d'histoires. Lorsqu'on désire quelque chose, c'est qu'on pense en tirer du bien ou du plaisir. Cette croyance se fonde aussi sur nos perceptions. Or Spinoza distingue les perceptions arbitraires, qui poussent à l'erreur, des perceptions justes. Un désir erroné – vouloir être richissime, célèbre ou se rêver en Dom Juan – provient d'une perception arbitraire, par exemple d'une rumeur ou d'une expérience vague. En observant quelqu'un qui possède une grande fortune ou qui enchaîne les conquêtes amoureuses, on en déduit à tort qu'il *doit* être heureux… mais c'est souvent faux.

— Cela me rappelle un des psychothérapeutes que j'ai consultés, et qui me parlait sans cesse de corriger mes biais cognitifs, observe Hannah.

— C'est exactement cela ! s'exclame Aimé Bonaventure, de plus en plus enflammé. Spinoza donne de nombreux exemples de « biais » ou de fausses croyances. Avez-vous déjà douté de votre date d'anniversaire ? Rien ne vous assure que vous êtes vraiment née ce jour-là ; pourtant, vous acceptez cette information sans la remettre en question… De même, nous savons tous par expérience vague que nous allons mourir un jour : nous avons vu d'autres gens mourir, et nous pensons savoir de quoi il s'agit, voire l'âge approximatif auquel cela pourrait nous arriver… En vérité, personne ne meurt au même âge ni dans les mêmes circonstances. Ces croyances que j'appelle « molles » ont vite fait de se muer en dogmes personnels. Certaines nous font du mal, mais restent profondément ancrées en nous. Parfois, elles nous poussent à rechercher l'argent, l'honneur ou le sexe, comme l'indique Spinoza : dans d'autres cas, elles nous incitent à nous faire des reproches injustifiés et à nous trouver nuls.

— Reste-t-il alors, interroge Maria, des croyances vraies ou indiscutables aux yeux de Spinoza ?

— Heureusement, oui : il s'agit des règles mathématiques. Des lignes parallèles ne se croisent jamais. Voilà qui met tout le monde d'accord !

— Certes, mais cela me fait une belle jambe… N'y a-t-il aucune certitude sur laquelle je puisse m'appuyer pour aller mieux au quotidien ?

— Spinoza n'a pas établi de liste des « bonnes » croyances – les passions gaies, comme il les appelle par opposition aux passions tristes –, mais il a conçu une méthode pratique pour les reconnaître, très utilisée en psychologie : il s'agit tout simplement d'accepter de regarder en soi. Sans connaissance de soi, pas d'action ni d'évolution possible. Pour Spinoza, toute connaissance fait du bien. Il faut donc s'ouvrir à un maximum de domaines différents, pas seulement à ce qui se passe en nous ; plus l'esprit acquiert d'outils, même des outils dont il ne sait pas se servir dans l'immédiat, mieux il va. L'humanité progresse en apprenant à fabriquer des marteaux. Une fois qu'elle a le manche en main, elle trouve des façons de s'en servir !

Pensive, Maria réfléchit aux outils et connaissances dont elle pourrait avoir besoin pour retrouver le sourire. Autrefois, le piano lui suffisait, mais l'utilisation du sextant de Romain Houdin lui a prouvé qu'il existait d'autres méthodes pour aller mieux et lire en elle. Elle reprend l'ouvrage que lui tend Aimé et le glisse dans son sac, bien décidée à s'y plonger.

Comment Socrate assouplit la pensée

À l'extérieur, le port de l'Arsenal s'est animé. Quelques passants jettent des regards curieux à travers les vitres du camion jaune, et Maria distingue leurs nez rougis par le froid. Bonaventure, lui, les ignore, entièrement dévoué à sa consultation.

— Chère Hannah, je ne résiste pas à l'envie de te prescrire un livre, à toi aussi. Cela fait si longtemps ! Je perçois moins de tristesse chez toi qu'à l'époque, et tu m'en vois ravi. Cela dit, je sens toujours ta légère tendance à l'entêtement, cette propension à adopter des théories toutes personnelles et à t'y cramponner. À mon sens, tu as besoin de douter un peu plus ! Et fort heureusement, je connais un autre philosophe, encore plus ancien que Spinoza, qui devrait t'y aider.

Aimé s'approche d'un rayonnage et, après une légère hésitation, s'empare d'un livre relié à la couverture élégante.

— Nous voici désormais dans la Grèce antique, annonce-t-il avec emphase. La philosophie est en train de naître. Socrate, personnage récurrent des dialogues de Platon, est réputé pour son éloquence ; sa spécialité consiste à placer ses adversaires, rencontrés sur le forum d'Athènes, face à leurs propres contradictions, et à les faire tourner en bourrique. Dans l'*Hippias mineur*, Platon relate sa joute verbale avec deux citoyens grecs, Eudicos et Hippias. C'est Socrate qui déclenche les hostilités en avançant une première idée :

> « Les hommes faux ou menteurs ont de l'intelligence, de la connaissance, du savoir. Ils ont la capacité de dire des choses fausses si cela leur plaît. Ils pourraient aussi dire la vérité. C'est pour cela qu'ils sont menteurs. »

— Je ne vois pas où il veut en venir, avoue Hannah.

— Son adversaire Hippias non plus ! Il est désarçonné par l'affirmation de Socrate : pour bien mentir, il faudrait connaître la vérité, et décider en son âme et conscience de dire l'inverse… Désireux de répliquer, persuadé que les menteurs sont en même temps des ignorants, Hippias ne se rend pas compte qu'il vient de mordre à un hameçon, et que Socrate ne le laissera pas repartir sans une petite cure d'esprit critique comme il l'aime tant.

Aimé reprend sa lecture de l'*Hippias mineur*, interprétant les différents rôles avec un enthousiasme de comédien passionné :

— Socrate pousse son avantage. Il prend ici un exemple inspiré des mathématiques, flattant au passage Hippias en le qualifiant de grand mathématicien, et même de l'un des meilleurs calculateurs de toute la Grèce.

> « Tu es bien celui qui sait le mieux calculer 3 fois 700 ? Donc c'est probablement toi aussi qui pourrais le mieux fausser la vérité, toi qui pourrais dire au

sujet de ce calcul les choses les plus fausses, quand tu aurais envie de mentir et de ne jamais répondre juste. Ou alors, est-ce que c'est une femme ou un homme qui ne sait pas calculer qui serait plus que toi capable de fausser la vérité ? »

— Hippias encaisse l'argument sans répondre. Pour reconnaître ou prêcher le faux, il est indispensable de savoir le vrai. Socrate continue :

« Accepte avec moi l'idée que celui qui ne sait pas compter pourrait de manière involontaire dire ou la vérité ou une erreur. Toi qui sais calculer, tu dis toujours quelque chose de faux si tu en as envie. Avec d'autant plus de régularité que tu sais dire le vrai. »

— Bien sûr, Hippias ne peut qu'être d'accord. Il se met à douter. Socrate continue à déconstruire ses certitudes :

« Les meilleurs calculateurs sont aussi les meilleurs menteurs potentiels dans le domaine des chiffres. »

— Ici, Hippias essaie de reprendre la main en accusant Socrate de tricher. Il lui reproche de tisser des raisonnements sans jamais toucher au point le plus épineux, et de s'attacher à des détails au lieu de débattre de la vérité et du mensonge dans leur globalité. Socrate ignore sa critique et oriente la conversation différemment :

« Qui sont les plus condamnables à ton avis ? Les hommes qui nuisent à leurs semblables, ceux qui commettent des injustices, qui disent des mensonges, qui abusent les autres volontairement ? Ou ceux qui le font de manière involontaire ? Personnellement je crois que ceux qui font une faute volontaire sont meilleurs que ceux chez qui c'est involontaire. »

— Hippias est si troublé qu'il ne sait quoi répondre. Mentir en connaissance de cause serait moins grave que de se tromper ! C'est insensé… Mais Socrate continue :

« Explorons un autre domaine. Dans la course, ce qui est bien, c'est la rapidité à courir. Ce qui est mal, c'est la lenteur. Tu es d'accord ?

— Bien sûr.

— Mais lequel est le meilleur coureur ? Celui qui court lentement parce qu'il le veut, ou celui qui le fait sans le vouloir ?

— Celui qui le fait parce qu'il le veut.

— Le coureur le plus mauvais est celui qui court lentement sans pouvoir accélérer. Celui qui décide de courir lentement est moins condamnable. Et pour une boiterie ? Qu'accepterais-tu le plus volontiers pour toi ? Une boiterie volontaire où tu ferais exprès de boiter, ou une boiterie involontaire ?

— Une boiterie volontaire.

— C'est pareil pour la vision. Préférerais-tu une vision imparfaite qui t'est imposée par une maladie, ou une vision imparfaite volontaire ? »

— Hippias est forcé de donner raison à Socrate, commente Aimé. Ce dernier en revient alors au sujet principal, à savoir le mensonge :

« Arrivons-en au comportement. Nous souhaitons tous une bonne conduite.

— Oui.

— Notre âme sera-t-elle meilleure si c'est volontairement qu'elle fait le mal ou qu'elle commet des fautes gaves ? Ou est-elle meilleure si elle fait des horreurs sans le vouloir ? »

— Là, Hippias perd pied. Il est certes étrange de penser que ceux qui commettent délibérément des injustices puissent être de meilleures personnes que ceux qui en font sans le vouloir. Cela va contre le bon sens et l'intuition ! Socrate jubile de le voir douter :

> « C'est bien toutefois ce qui suit avec évidence le raisonnement que nous avons conduit. Un homme de bien commet volontairement des injustices. Un méchant les commet sans le vouloir. »

— Ce raisonnement, explique Aimé, en apparence absurde et provocateur, n'a qu'un but : bousculer les certitudes de celui qui le suit. Lorsqu'on commence à douter d'une conviction initiale, qui semblait pourtant raisonnable, on en arrive de fil en aiguille à corriger d'autres croyances qui, elles, sont toxiques. C'est ainsi que l'esprit devient plus flexible.

La confession d'Aimé Bonaventure

Hannah reçoit l'*Hippias mineur* avec gratitude et remercie Aimé pour sa leçon de souplesse mentale. Comme à leur arrivée, l'émotologue prend l'une dans ses bras et serre la main à l'autre.

Alors que les deux femmes s'apprêtent à descendre du camion, Hannah se retourne une dernière fois et lance sa fameuse « question sur le seuil de la porte » qui, elle le sait, agace et déstabilise les thérapeutes. Elle a remarqué qu'à ce stade de la consultation, ces derniers ont tendance à baisser la garde et se préparent déjà à recevoir le patient suivant. Dans ces moments, elle aime obtenir d'eux des réponses inattendues, involontaires et riches d'enseignements.

— Aimé, toi qui es né aux Antilles, n'as-tu dans ta bibliothèque aucun livre qui te rappelle tes origines ? Fuis-tu cette littérature, cette culture ?

Bonaventure se fige. Maria se sent désolée pour lui : elle le voit aussi crispé qu'elle-même au moment de s'asseoir devant le piano.

— Je suis l'enfant d'un conflit, tu sais, finit-il par balbutier. Ma mère enseignait le français dans une école primaire de Marie-Galante. Presque chaque jour, elle me donnait à lire un auteur des Antilles : Aimé Césaire, Joseph Zobel, Josépha Luce… Mon père, lui, surveillait la qualité des eaux et pêchait l'espadon et le barracuda en Martinique. Passionné par son travail, il ne croyait qu'aux mathématiques et à la science. Il m'arrachait des mains les romans maternels et les remplaçait par des traités sur les marées et le climat. Ce conflit latent a fini par me détourner de la littérature de ma terre natale. Tout ce qui s'éloigne de ma pourtant très chère mer des Caraïbes me paraît moins chargé de drame…

Touchées par les confessions du bibliothérapeute, les deux femmes le saluent à nouveau avant de s'éclipser, le laissant plongé dans ses souvenirs. À peine descendues du camion jaune, elles sentent sur elles les regards des passants intrigués : elles les ignorent et s'en vont au bras l'une de l'autre, discutant des enseignements d'Aimé, encore étourdies de ce qu'elles ont appris. Maria est décidée à combattre les passions tristes qui l'animent, à savoir son goût pour les histoires d'amour impossibles et son obsession de la gloire ; Hannah, pour sa part, se promet de prendre exemple sur la pensée socratique afin de lutter contre ses fausses croyances et d'entretenir la souplesse de son esprit. Sur la voie de la bonne humeur, de nouveaux chemins se dessinent.

Les aventures de la bonne humeur continuent place des Vosges : rendez-vous page suivante avec Maria et Aldo, qui expérimentent des émotions inattendues.

13

Les émotions d'Aldo

Comment la poésie exprime l'humeur

Froid redevenu vif, grisaille d'une ville saturée de bruits multiples que les habitants ne perçoivent plus au fil du temps, pensées éparses à la fois plus légères et encore incertaines, quelle sera la tonalité du reste de la journée pour Maria et Hannah, qui marchent courbées afin de mieux résister au froid ? Tandis que, le long de la Seine, les passants avancent eux aussi d'un pas rapide, pressés de rentrer chez eux ou de se mettre à l'abri dans un café, et qu'un pêcheur intrépide défie l'hiver, assis au bord de l'eau, trempant sa canne dans le fleuve pollué – Maria se demande ce qu'il espère pêcher –, elles ne disent rien. Jusqu'à ce qu'Hannah brise le silence :

— Tu es bien pensive ?

— C'est que je dois t'avouer une chose dont je ne suis pas fière.

— Je te vois venir, avec ton petit sourire en coin ! De quoi s'agit-il ?

— Quand Aimé a parlé de lubricité, je m'attendais à ce que Gabriel me manque plus que jamais… Or c'est à… quelqu'un d'autre que j'ai pensé.

— Ah bon ? À qui ?

— À… à Aldo Monk, l'Italien qui travaille dans la boutique du professeur Houdin. Son catogan, son accent, l'intérêt qu'il me porte même s'il fait exprès de ne pas le montrer trop directement, tout cela m'a troublée… Plus que je ne le croyais en tout cas.

— Voilà une bonne nouvelle, se réjouit Hannah. Je suis ravie de te voir prête à aller de l'avant ! Suis ton instinct et va donc rendre une petite visite surprise à cet Aldo : moi, je monte vite me faire un thé brûlant.

— OK, j'y vais.

D'abord pleine d'entrain et propulsée par une poussée d'énergie et d'ardeur qu'elle n'avait pas connue depuis longtemps, Maria se dégonfle aussitôt qu'elle arrive en vue du magasin de meubles. D'un coup, ses pensées moroses reviennent au galop : et si elle avait mal interprété l'attitude d'Aldo ?

Tu ferais mieux de filer avant de te ridiculiser, ressort tout aussi brusquement la petite voix. *Qu'est-ce qui te fait dire qu'un homme au final séduisant pourrait s'intéresser à toi ? Tu rêves, ma pauvre fille ! Et puis le professeur Houdin risque lui aussi d'avoir une piètre estime de toi, s'il te prend à rôder devant son commerce…*

C'est Aldo Monk qui met fin à son grand débat intérieur en l'apercevant à travers la vitrine. Il la rejoint sur le trottoir, souriant et taquin, et lui propose aussitôt une promenade : la boutique est vide, il peut bien laisser son boss se débrouiller seul pendant une heure ou deux.

Maria coupe son téléphone et décide de profiter d'un rendez-vous si impromptu. Aldo s'active devant elle comme un cicérone, racontant mille anecdotes sur lui, la ville, le quartier pour la distraire. Elle se laisse guider ainsi jusqu'à la place des Vosges, désarçonnée par ce flot de paroles, le trouvant à la fois touchant – il traduit une gêne et peut-être une fausse confiance en soi ; *à moins que ce soit un moulin à paroles uniquement centré sur lui*, intervient la petite voix – *et agaçant.*

— Je fais tout pour le professeur Houdin, vous savez, confie Monk en chemin. Je tiens son magasin, je prends ses rendez-vous, j'installe ses patients… Je m'occupe même du ménage ! Et en guise de reconnaissance, je ne reçois qu'un salaire minable.

— Pourtant, vous restez, observe Maria, sèche, qui juge incongru et indiscret qu'on la mêle à ce genre de choses.

— Oui, parce que je lui voue une reconnaissance sans limite. Grâce à lui, j'ai retrouvé confiance en la vie et j'ai moins peur de vieillir. Il m'a appris à chasser mes démons. D'ailleurs, je ne résiste pas trop mal au temps qui passe : quel âge me donnez-vous ?

— Je ne suis pas en état de donner quoi que ce soit aujourd'hui, même pas un âge, esquive-t-elle car la question la met mal à l'aise.

Secrètement, elle l'observe sous toutes les coutures : il a de l'allure, c'est certain, un mélange d'assurance et de décontraction qui plaît à sa tendance caméléon. Il se tient bien droit, les bras le long du corps. Elle prête attention à sa voix : la parole est posée, rythmée, sans brutalité. Son regard s'attarde sur elle sans insistance, mais sans timidité. Une confiance contagieuse. Maria est tentée de le trouver aussi charmant qu'il s'imagine sans doute l'être.

Comme cette aisance semble avoir été conquise de haute lutte après des périodes de doute, elle n'en est pas trop agacée. Mais ses impairs, son côté bavard la freinent.

Arrivés place des Vosges, Maria et Aldo admirent les hôtels particuliers rouges et blancs qui les entourent. Chaque pierre semble renfermer une histoire, un passé secret. Ils entrent dans la synagogue, érigée en hommage aux Juifs du quartier déportés dans les camps nazis et au rabbin résistant Charles Liché, rescapé d'Auschwitz. À cette heure, il n'y a pas d'office. La salle de prières est vide. Seules restent allumées les veilleuses orange, qui évoquent l'âme des disparus, ainsi qu'une lumière perpétuelle devant l'arche contenant les rouleaux de la Torah, appelée *Ner Tamid*.

Ressortis, Maria et Aldo s'arrêtent ensuite devant la maison de Victor Hugo, non loin de la synagogue. Ils sont tentés de la visiter, puis décident qu'ils préfèrent profiter de l'air frais et de la lumière du jour. Renonçant aux plafonds de bois peints, aux assiettes de porcelaine suspendues aux murs, aux meubles en laque venus de Chine et aux fresques dorées à motifs surnaturels, ils s'orientent vers le jardin qui occupe le centre de la place et s'assoient côte à côte sur un banc.

— Savez-vous d'où la place des Vosges tire son nom ? interroge Aldo.

Déjà abreuvée d'anecdotes historiques, la pianiste n'est pas impatiente de le savoir, mais elle sent qu'elle n'y échappera pas.

— C'est un hommage au département des Vosges, le premier à avoir payé l'impôt pendant la Révolution de 1789 !

Insensible au froid et au vent, Monk continue à bavarder avec de grands mouvements de bras sans se rendre compte que Maria grelotte.

Victor Hugo, antidépresseur en vers

— Pardonnez mon exaltation, s'excuse-t-il après quelques minutes de soliloque. C'est sans doute la proximité de la maison de Victor Hugo qui me galvanise. Hugo est à mon sens le plus grand écrivain qui ait jamais vécu. Quand je m'ennuie, j'apprends par cœur ses poèmes ou certains passages de ses romans : cela me console et me donne de la joie. Saviez-vous que le professeur Houdin a dirigé la thèse d'une étudiante japonaise sur les émotions dans les poèmes Victor Hugo ? Cet auteur a le chic pour évoquer d'un seul mot à la fois la tristesse, la joie et la révolte. Quelques-uns de ses vers m'ont marqué à jamais. Comme :

> « Les mots sont les passants mystérieux de l'âme. »
> « On passe la moitié de sa vie à attendre ceux qu'on aimera et l'autre moitié à quitter ceux qu'on aime. »
> « La mélancolie, c'est le bonheur d'être triste. »
> « La musique, c'est du bruit qui pense. »

Et d'ajouter :

— Ce dernier semble avoir été écrit pour vous, chère Maria.

Mais la pianiste est lasse de son monologue. Et commence à regretter d'avoir eu l'idée de ce rendez-vous. Cet homme-là en fait beaucoup trop ! Il la fatigue à force de citations et de compliments. Pire : plus il prend d'assurance, plus il devient insistant dans la flatterie, voire la flagornerie. En pleines montagnes russes affectives, la concertiste s'en veut de ne plus supporter Aldo après s'être crue séduite. C'est plus fort qu'elle : maintenant elle veut fuir, retrouver Romain Houdin et reprendre le fil de sa quête de bonne humeur sans s'embarrasser de cet adorateur jacassier voire saoulant qu'elle trouve inutilement expansif.

Sur le banc, Aldo, lui, ne devine rien. Pis, il se rapproche imperceptiblement d'elle, comme pour rattraper par le contact physique ce qu'il a perdu en complicité à force d'étaler son savoir. Elle s'éloigne de quelques centimètres. Lui s'immobilise. Perdu. Il ne comprend pas pourquoi Maria est fâchée, ce qu'il a fait de mal. Reste que le ton de la jeune femme a changé, il le sait. Alors, il adopte une nouvelle stratégie et décide de lui raconter son histoire, espérant qu'elle l'écoutera avec plus de bienveillance.

Charles Baudelaire contre les coups durs

— Figurez-vous qu'il y a six mois, commence-t-il, j'aurais été incapable de soutenir une conversation comme celle que nous avons aujourd'hui. J'étais détruit, tant physiquement que psychologiquement. Je ne lisais que des poèmes désespérés, et j'avais l'impression de les vivre de l'intérieur, comme s'ils parlaient de ma vie. D'ailleurs, je ne pouvais pas supporter l'énergie de Victor Hugo. J'avalais plutôt des kilomètres de spleen de Baudelaire :

> « Quand le ciel bas et lourd pèse comme un couvercle
> Sur l'esprit gémissant en proie aux longs ennuis,

Et que de l'horizon embrassant tout le cercle
Il nous verse un jour noir plus triste que les nuits ;
Quand la terre est changée en un cachot humide,
Où l'Espérance, comme une chauve-souris,
S'en va battant les murs de son aile timide
Et se cognant la tête à des plafonds pourris… »

— Je suis encore trop fragile pour en entendre plus, le coupe avec raideur sa voisine.

— Je comprends, se rétracte aussitôt Aldo. Excusez mon indélicatesse… C'est que, en ce qui me concerne, je ne tolère que la poésie malheureuse lorsque je vais mal. Puis-je vous confier pourquoi j'étais dans cet état de spleen avancé ?

Maria ne répond pas. Aldo décide de prendre ce silence pour une invitation à la confidence.

Se surmener ne console pas

— Avant de m'effondrer, je menais une vie épuisante. Je passais mon temps à travailler, ce qui n'était qu'une façon de me fuir. J'étais persuadé d'être en faute dès que je prenais un moment pour me reposer ou me distraire… Vendeur de costumes le jour et chauffeur de taxi la nuit, j'avais un emploi du temps saturé. Les week-ends, je suivais une formation en isolation thermique des bâtiments anciens. Sur mon rare temps libre, je m'entraînais à utiliser des logiciels de comptabilité. L'essentiel était de ne surtout prendre aucun recul sur ma vie : l'épuisement m'en protégeait. Si les journées avaient duré trente heures, cela n'aurait rien changé, je les aurais occupées de la même façon. Pas de temps pour moi, pas d'émotions non plus : j'étais un émoto-résistant acharné, un cas clinique ! Il va sans dire que ma santé en a énormément pâti. D'ailleurs, j'avais perdu une partie de mes sens – l'odorat, le goût, le plaisir du toucher, même l'ouïe…

— Évidemment, répond Maria. À ce rythme, n'importe qui finirait par craquer. Ce n'est qu'une question de temps… J'imagine que vous avez été frappé de *burn-out* ?

— C'est cela. J'ai tenu plusieurs mois avant de m'effondrer : mon aveuglement m'empêchait d'identifier les premiers signaux d'alerte. J'avais beau être épuisé au-delà du raisonnable, je ne ressentais plus la fatigue, comme ces cyclistes qui montent des cols la tête dans le guidon, jusqu'à l'évanouissement.

— Vous n'aviez personne à qui vous confier, à qui demander conseil ? s'adoucit la jeune femme.

— Si, mais par fierté, je m'étais promis de ne jamais déballer mes états d'âme devant mes amis. Encore moins devant un professionnel ! J'ai toujours trouvé le pathos et les larmes ridicules.

— Et moi donc, confie la pianiste. Si je garde mes émotions pour moi, c'est que je les trouve exagérées, risibles. Mais parfois, elles débordent, et mon corps les exprime sans me consulter.

— On envie tous la manière dont les autres gèrent leurs émotions. Moi, j'aimerais faire comme vous, Maria : chercher à comprendre les réactions de mon corps et de mon esprit, me poser des questions… Mon rêve serait d'apprendre à jouer du piano, pour transformer mes états d'âme en œuvre d'art !

— Je croyais que le professeur Houdin vous avait aidé ?

— Et comment ! Il m'a rendu mon énergie, mon optimisme. Grâce à lui, j'ai compris que l'épuisement n'était qu'une fausse défense. Depuis, je vais beaucoup mieux… mais je n'ai pas encore trouvé le courage de me regarder en face. Il faut croire que l'introspection n'est pas mon fort. Ce sont peut-être mes racines napolitaines qui me poussent à parler à tort et à travers de sujets légers.

— Visiblement, vous savez parler de vous… et en détail !

— Oui, répond Aldo sans relever la pique, mais sans jamais m'émouvoir. Si je dois pleurer ou souffrir, je préfère encore me figer dans l'indifférence. Ma maladie, si c'en est une, pourrait s'appeler l'émotophobie.

— Je n'en crois pas un mot ! N'y a-t-il rien qui vous touche ?

— Il y a bien une chose, mais vous allez certainement vous moquer… Dès que je regarde un match de football, que ce soit dans un stade ou à la télévision, je pleure, je crie, je ne suis plus moi-même.

— Je vois. Vous êtes donc un émotif très sélectif.

— Il faut dire que le football était la seule activité que je partageais avec mon père. Le reste du temps, il m'adressait à peine la parole… Mais j'y pense : il existe autre chose qui me bouleverse, ce sont les chansons sentimentales ! Celles qui font rimer premier amour avec toujours… Je suis sensible aux histoires de séparations et de romances contrariées. Vous connaissez peut-être ce vieux tube de Michel Delpech sur les divorcés : eh bien il me met en larmes dès les premières notes.

— En fin de compte, ironise Maria, vous pleurez beaucoup, pour un émotophobe !

Elle note une incohérence entre ce que dit Aldo et ce qu'exprime son corps. Lorsqu'il parle de lui, ses mains tremblent légèrement, bien qu'il se prétende indifférent. D'autres indices révèlent une sensibilité cachée : une goutte de sueur sur sa tempe gauche, son front plissé, son regard mobile… Mais, au lieu d'être attendrie par cette émotivité, Maria s'en agace plus encore que des citations à rallonge dont il l'a étourdie. Elle lui avait presque pardonné sa trop grande assurance, et cette démonstration de faiblesse, au contraire, l'irrite. L'une comme l'autre lui paraissent surjouées. Alors elle se lève, raide, et déclare sèchement :

— Partons.

Références

Lorenzo Brienza, Alessandro Zennaro, Enrico Vitolo, Agata Ando, « Affective Neuroscience Personality Scale (ANPS) and Clinical Implications : A Systematic Review », *Journal of Affective Disorders*, 320, 2023, p. 178-195.

Maria retourne à présent auprès du professeur Houdin. Suivez-la page suivante pour apprendre, avec elle, à comprendre et changer vos fausses croyances.

14

Le salon des illusions

Comment changer sa perspective et combattre les biais

Romain Houdin abaisse le rideau de fer de sa boutique, préoccupé par les mauvais résultats de la journée. Comme chaque soir avant de rentrer chez lui, il a fait les comptes, obéissant à la sage recommandation de son père qui l'a souvent mis en garde contre la paresse en matière de gestion administrative. Or les chiffres sont encore plus mauvais qu'il ne le craignait.

Maria l'aperçoit au loin alors qu'elle remonte la rue du Faubourg-Saint-Antoine, et presse le pas pour le rejoindre. À ses côtés, Aldo tente désespérément de renouer la conversation bien qu'elle ne l'écoute plus. Il raconte son enfance en Sardaigne puis à Naples, sa passion du football, l'ivresse du travail. Lorsqu'ils arrivent à portée de voix, elle interpelle le professeur, qui la dévisage avec surprise. Elle lui jette un regard lourd de sous-entendus en inclinant discrètement la tête du côté de l'assistant du magasin. Aussitôt, Houdin comprend et vient à son secours :

— Aldo, j'espère que vous n'êtes pas en train d'importuner notre chère amie avec le récit de votre vie… Je vous ai déjà reproché d'être trop bavard ! Vous avez fait un *burn-out*, et votre immaturité émotionnelle a retardé votre rétablissement : voilà tout. Votre morosité, comme celle de beaucoup d'autres, est une affaire de fausse croyance et d'entêtement.

— Avec le recul, j'en conviens, bafouille un Aldo qui ressemble à un enfant en faute pris sur le fait d'une bêtise. S'anesthésier par l'effort est une très mauvaise idée. Mais sans cela, la moindre contrariété m'aurait paru insurmontable.

— C'est aussi mon cas, intervient alors Maria, honteuse d'avoir déclenché le reproche du professeur.

— Lorsque j'étais au plus bas, poursuit Aldo, rassuré de cette comparaison, mon passé m'apparaissait comme une succession d'échecs, et je ne voyais pas en quoi mon futur serait différent. Le jour où j'ai été recalé à l'examen en isolation thermique des bâtiments anciens pour lequel je me formais depuis des mois, j'ai perdu le peu de confiance qu'il me restait. Je ne me trouvais plus bon à rien, à part peut-être à marcher, et c'est ce que j'ai fait : j'ai quitté le centre d'examen de Rungis et j'ai rejoint Paris à pied. Au bout d'une heure, j'avais déjà regagné un peu de contrôle sur mes émotions. Avec cet examen raté, c'était finalement un poids immense qui me glissait des épaules. C'est le moment qu'a choisi mon sens de l'odorat pour brusquement revenir : je me souviens d'avoir senti l'odeur de l'herbe fraîchement coupée, celle des fleurs, le souffle frais du vent… Même les gaz d'échappement en provenance de la nationale m'étaient presque agréables, car je les redécouvrais.

Houdin glisse dans sa poche les clés de sa boutique et interrompt son assistant, cette fois sans sécheresse :

— Puisque vous insistez pour vous épancher, ne restons pas plantés là au milieu du trottoir, installons-nous quelque part…

Ce n'est qu'une fois assis devant un verre d'eau pétillante aromatisée qu'Aldo reprend le récit de sa métamorphose. Maria, qui sirote un thé, un peu mieux disposée, l'écoute :

— Dans mon système de croyances non plus, explique-t-elle, les échecs ne sont jamais des événements isolés. Une catastrophe en appelle une autre. Y compris en amour !

— Avant de sombrer dans la déprime, j'ai été frappé, renchérit Aldo, d'un autre type de fausse croyance : pendant quelque temps, je me suis cru capable de gagner systématiquement au casino, à la roulette ou au black jack. J'ai misé toujours plus d'argent, sans m'apercevoir que je me mettais en danger. Au contraire, j'avais l'impression d'avoir un don d'anticipation !

— D'où venait cette certitude ? demande Houdin en fronçant les sourcils. Vous ne m'en avez jamais parlé.

— J'avais trop honte… Tout a commencé lorsqu'un jour, j'ai accompagné des amis au casino avec seulement quelques pièces en poche. J'en suis ressorti avec des liasses de billets, ce qui a fait de moi le héros de la soirée ; évidemment, le croupier m'a fait comprendre qu'un talent comme le mien était rare, et que je perdais de l'argent à chaque fois que je ne jouais pas. Je me suis cru invincible ! Cette croyance m'a coûté une fortune, et m'a plongé plus profondément encore dans la tristesse.

Retrouver sa bonne humeur en changeant ses interprétations

— La leçon essentielle à tirer de vos malheurs, reprend le professeur, c'est que l'on attrape une fausse croyance comme on attrape froid, sans y prendre garde. Et que personne n'est à l'abri ! Cela peut arriver après un échec, un bouleversement, mais aussi après un événement plus heureux, comme une rentrée d'argent. La bonne nouvelle, c'est qu'aucune erreur de jugement n'est incorrigible. Doucement, progressivement, il est possible de s'en défaire.

— Comment ? interroge Maria.

— Eh bien, pas avec l'aide de quelqu'un qui prétend vous raisonner ou vous faire la morale ! Ce qu'il faut, c'est une personne en mesure de mettre le doigt sur le moment exact où votre réflexion a commencé à dérailler.

— Cela me fait penser à Hannah. Elle sait m'expliquer, sans me juger, ce qui selon elle « coince » dans mes schémas de pensée.

— C'est un excellent début !

Houdin invite alors la pianiste à identifier ses fausses croyances les plus toxiques. Avec franchise, elle établit la liste suivante :

- trop d'énergie et de temps consacrés à la quête de l'argent et de la gloire, ce qui dénote un syndrome de l'imposteur ;
- une tendance à s'accuser de tout, à entretenir une culpabilité constante ;
- une incapacité à changer d'avis, doublée d'une propension à ruminer et à voir les choses « en noir ou blanc ».

Les images-pièges pour douter de sa mauvaise humeur

Après avoir écouté attentivement les fausses croyances que Maria s'attribue et s'être autorisé un moment de réflexion, l'émotologue déclare :

— Ce qui vous pèse au quotidien, ce sont des erreurs de raisonnement, mais aussi des schémas de pensée répétitifs et inutiles, ainsi qu'une « voix intérieure » que vous ne parvenez pas à faire taire. Il se trouve que je possède, dans mon arrière-boutique, d'étranges images qui pourraient vous aider à surmonter vos biais. Comme il se fait tard, je vous propose de venir les voir demain, à la première heure. Qu'en dites-vous ?

Maria hoche vivement la tête en finissant son thé. Elle tombe de fatigue, et se réjouit intérieurement de remettre au lendemain la suite des explications du thérapeute.

Nuit agitée chez Hannah – qui est allée dormir ailleurs pour lui permettre d'être en phase avec elle-même mais lui a laissé un mot gentil sur le bureau –, traversée de rêves mystérieux où se croisent

Socrate, en pleine joute verbale avec Hippias, et Victor Hugo déclamant des vers tandis que sa barbe blanche se teinte de jaune. Alarme du smartphone qui sonne pour la troisième fois et la pousse enfin à se lever d'un bond. *Merde, déjà 8 h 30.* Prendre à peine le temps de filer sous la douche avant de courir vers la boutique de meubles. Être pressée de découvrir les étranges images qu'Houdin a promis de lui montrer. Cette nouvelle journée, Maria a hâte de la vivre. Le moral remonte et la bonne humeur semble revenir. *Mais attention aux rechutes*, murmure la petite voix.

Le professeur l'attend dans l'arrière-boutique, vêtu de son éternel cardigan. Sur la nappe cirée, il a soigneusement aligné plusieurs images imprimées sur un papier épais. À l'entrée de Maria, il l'invite à s'asseoir et lui sert une tasse de café fumant. La pianiste se débarrasse de son manteau, accepte le mug avec un sourire et reprend à bâtons rompus la conversation de la veille :

— Voici donc les images qui aident à corriger les fausses croyances !

— Absolument. Je les appelle mon « salon des illusions », en hommage à mon arrière-grand-père. Grâce à elles, vous serez, je l'espère, bientôt convaincue que les histoires que l'on se raconte sont parfois loin de la vérité !

L'émotologue attire son attention sur la première image, qui est imprimée en noir et blanc. D'un geste un peu théâtral, il pointe du doigt l'illustration et déclare :

— Voici le premier piège à croyances de mon « salon des illusions » !

« Optical illusion of a duck or a rabbit head »,
Popular Science Monthly Volume 54
(Jastrow, Joseph: « The Mind's Eye », p. 299-312), 1899.

— Ce dessin a été publié pour la première fois dans un journal allemand en 1892. C'est son ambiguïté qui le rend fascinant : quand on l'observe en supposant que le regard de l'animal est dirigé vers la droite, on y voit un lapin. Au contraire, si l'on part du principe que le regard part vers la gauche, on est tout à coup face à un canard ! En fixant longuement l'image, on oscille entre les deux perceptions. Le psychologue américain Joseph Jastrow a compris quelques années plus tard l'usage qu'il pouvait faire de ce phénomène : le dessin nous enseigne que nous devons nous méfier de notre première impression, car rien n'est jamais sûr. Mieux encore, notre « lapin-canard » est la preuve qu'en toute chose, notre esprit est obligé de faire un choix, quitte à se tromper ! Il est incapable de distinguer les deux animaux en même temps. De la même façon, chère

Maria, en imaginant que je vous demande si vous êtes de bonne ou de mauvaise humeur, vous allez considérer votre situation sous différents angles avant de faire un choix. Soit vous vous focaliserez sur vos réussites et vos projets – disons le lapin – et vous me répondrez que vous allez bien, soit vous ressasserez vos échecs – le canard – et vous vous apitoierez sur votre sort. Mais jamais les deux en même temps !

— J'ai justement l'impression de passer beaucoup de temps à mi-chemin entre le canard et le lapin… Comment faire pour prendre rapidement une décision ?

— Vous choisissez déjà, même sans vous en rendre compte. Je l'ai compris parce que j'aime demander aux gens que je rencontre de me raconter leur situation actuelle : c'est, si l'on veut, une sorte de déformation professionnelle. Parfois, je tombe sur un jour triste et l'on me parle d'échecs, de deuils, de rendez-vous manqués, de difficultés insurmontables… Mais quand je croise la même personne une semaine plus tard, et qu'elle est de meilleure humeur, son histoire change du tout au tout ! Elle insiste sur ses réussites, ses opportunités de carrière et les bons moments qu'elle a vécus. A-t-elle changé de vie entre ces deux rencontres ? Non. Seulement de regard entre le lapin et le canard !

Houdin s'intéresse alors à la deuxième image qu'il a disposée sur la table :

— Voici « l'échiquier d'Adelson ». Edward Adelson est un chercheur qui enseigne les sciences de la vision au prestigieux Massachusetts Institute of Technology (MIT).

© 1995, Edward H. Adelson.

— En 1995, il a conçu ce dessin qui fonctionne comme un piège pour les yeux et pour l'esprit. Bien qu'il soit presque impossible de s'en apercevoir au premier regard, les cases A et B sont de la même couleur ! Tout est fait pour nous induire en erreur : la case A est entourée de cases plus claires, et la case B, de cases plus foncées. Sensible au contraste, notre cerveau « obscurcit » artificiellement la case A et « éclaircit » la case B. L'ombre du cylindre posé sur l'échiquier aggrave ce trouble de la perception. Même lorsqu'on connaît la clé de l'énigme, la raison doute encore.

La leçon des aveugles autour d'un éléphant

Le professeur montre à Maria la dernière image, qu'il considère comme le trésor de son salon des illusions.

— Voici une nouvelle leçon de souplesse d'esprit. Une légende indienne raconte l'histoire de six hommes aveugles, qui se tiennent autour d'un éléphant : le premier tâte le flanc de l'animal et pense se trouver face à un mur. Le deuxième touche une défense de l'éléphant et croit qu'il s'agit d'une lance. Le troisième prend la trompe dans ses mains : il imagine tenir un serpent. Le quatrième palpe la jambe et conclut qu'il est devant un arbre. Le cinquième se saisit de l'oreille, qu'il prend pour un tapis. Enfin, le sixième attrape la queue de l'éléphant : pour lui, pas de doute, c'est une corde… Un sage réunit alors les six aveugles autour d'une table et leur explique leurs erreurs. « Vous vous êtes tous trompés. Chacun d'entre vous a touché une partie différente de l'animal ; vous ne détenez donc qu'une part très incomplète de la vérité. »

Cette légende indienne s'applique aux croyances déprimantes. Lorsqu'on se fait des reproches, on ne prend généralement en compte qu'un aspect de la situation. La bonne humeur revient quand on adopte un peu de recul, autrement dit lorsqu'on comprend enfin avoir affaire à un éléphant !

« The six blind men and the elephant »,
© Hans Møller, mollers.dk

Références

Dennis Greenberger, Christine Padesky, *Changez vos émotions, changez votre vie*, Thierry Souccar, 2017.

Si vous souhaitez en savoir davantage sur les fausses croyances, Romain Houdin vous expliquera page 211 leurs liens avec les émotions. Il partagera aussi avec Maria une technique pour chasser les idées tristes.

Si vous préférez avancer vers une autre méthode pour améliorer l'humeur, découvrez page 225 comment l'émotologue transforme un fauteuil en meuble anti-déprime.

15

Agir sur ses croyances, agir sur sa santé

Croyances et émotions

Romain espère que son salon des illusions a fait forte impression à Maria. Il est persuadé qu'en prenant conscience du poids des pensées automatiques et des idées préconçues, on allège le quotidien. Accrochant au mur son fidèle tableau noir, il y trace à la craie un schéma de la bonne humeur, inspiré des enseignements qu'il vient de dispenser à la pianiste.

Une croyance qui rend heureux ou malheureux

— Maintenant, voici une synthèse de la manière dont votre humeur est influencée par ce que vous pensez, plutôt que par des événements objectifs.

Événement → Interprétation → Sensation → Émotion → Humeur

— Prenons un exemple. Pour votre confort, je vais éviter toute mention d'un concert raté, ou d'un autre événement en rapport avec votre situation…

— Vous êtes trop charitable, ironise son interlocutrice.

— Donc, imaginons qu'un inconnu vous demande son chemin. Plusieurs réactions sont possibles : vous interprétez la situation comme un événement neutre, comme une menace, ou au contraire comme l'opportunité de faire une nouvelle rencontre. L'analyse peut être raisonnable ou irrationnelle, positive ou négative.

— Je dois vous avouer que je perçois plutôt les nouvelles rencontres comme des menaces…

— Eh bien, sachez que cette interprétation a des conséquences sur votre réaction physique. Votre rythme cardiaque et votre respiration vont s'accélérer, ce qui est un mécanisme de défense. Vous allez ressentir de la peur. Si cette émotion négative dure ou se répète sans raison, par exemple à chaque nouvelle rencontre, elle finit par peser sur votre humeur. À trop rester sur vos gardes, vous vous épuisez.

— Si je vous suis, mieux vaudrait que je reste seule chez moi, de manière à éviter les rencontres ?

— Surtout pas ! Il n'est pas réaliste de s'isoler ainsi. Que vous le vouliez ou non, des inconnus risquent chaque jour de croiser votre route et de vous adresser la parole. C'est donc plutôt sur votre croyance qu'il convient d'agir, en vous entraînant à ne pas vous sentir menacée en permanence. Un bon thérapeute doit vous aider à produire de meilleures interprétations de ce qui vous arrive. Pensez à un fer à repasser : l'esprit se froisse, c'est inévitable, mais on peut repasser les faux plis !

— Je comprends. En ce qui me concerne, je ne vous consulte que depuis trois jours et j'espère que nos séances porteront bientôt leurs fruits… Combien de temps me faudra-t-il avant d'arriver enfin à bon port ?

— Modifier des schémas de pensée profondément ancrés prend du temps. Pour le moment, reconnaissons déjà que nous avons du pain sur la planche, et clarifions les croyances toxiques que vous souhaitez changer. C'est une étape essentielle !

Maria trouve l'émotologue optimiste. Bien qu'il l'ait déjà invitée plusieurs fois à s'armer de patience, comme Hannah, elle ne peut s'empêcher d'être déçue. Elle voudrait changer d'humeur sur-le-champ, constater des améliorations immédiates.

— Bientôt, lui promet Houdin, vous vous retournerez sur le chemin parcouru, et vous vous féliciterez des progrès réalisés… Mais pour cela, vous devez encore assouplir votre esprit. Laissez-moi à présent vous parler d'une méthode que j'ai développée au retour d'un voyage à Philadelphie, au cours duquel j'ai rencontré deux psychologues américains, Dennis Greenberger et Christine Padesky. Leurs travaux se concentrent sur la manière de distinguer les réalités objectives des interprétations discutables, sur soi, sur son quotidien ou sur l'avenir.

— Ils avaient lu Spinoza ? s'enquiert Maria.

— Certainement… Ou alors, ils s'en sont servis sans le savoir !

Houdin inscrit sur le tableau noir les questions qui permettent de débusquer les pensées automatiques :

- Quel doute, quelle appréhension me traverse l'esprit juste avant que je commence à réfléchir ?

- Quels souvenirs paralysants ai-je souvent en tête ?
- De quoi ai-je peur, même sans raison ?
- Quelle est la pire chose qui pourrait m'arriver ?
- De quoi ai-je honte, sans toujours me l'avouer ?
- Qu'est-ce que je me reproche le plus régulièrement ?

En regard de ces questions, l'émotologue écrit ensuite des exemples de pensées automatiques négatives que Dennis Greenberger et Christine Padesky ont trouvées chez leurs patients :

- je suis nul(le) ;
- je suis un(e) raté(e) ;
- personne ne m'aime ;
- rien ne peut s'améliorer dans ma vie ;
- je ne vaux rien ;
- de plus en plus de gens me détestent et me trouvent sans intérêt ;
- ma situation est sans espoir.

Maria s'entraîne à identifier, pour chacune de ces affirmations, s'il s'agit d'une interprétation sur soi, sur le quotidien ou sur l'avenir. Avec l'aide du thérapeute, elle trouve les bonnes réponses :

- je suis nul(le) = interprétation sur soi ;
- je suis un(e) raté(e) = interprétation sur soi ;
- personne ne m'aime = interprétation sur le quotidien et sur soi ;
- rien ne peut s'améliorer dans ma vie = interprétation sur l'avenir ;
- je ne vaux rien = interprétation sur soi ;

- de plus en plus de gens me détestent et me trouvent sans intérêt = interprétation sur le quotidien et sur soi ;
- ma situation est sans espoir = interprétation sur l'avenir.

Distinguer les faits des croyances

— Cet exercice vous a peut-être paru trop simple, suggère Houdin. En voici un autre : Greenberger et Padesky ont établi une liste de phrases décrivant soit des faits, soit des croyances. Saurez-vous les distinguer ?

- mes amis me lancent des regards déprimants ;
- le visage de mon ami a changé d'expression en me voyant ;
- je me sens en colère ;
- mon ou ma meilleur(e) ami(e) se moque de savoir si je suis de bonne ou de mauvaise humeur ;
- je compte moins que les autres pour mes proches et cela entame mon moral ;
- mon voisin a crié devant moi hier et m'a fait des reproches ;
- mes amis ont tellement l'habitude de me voir triste qu'ils pensent que je resterai tout le temps de mauvaise humeur ;
- je n'ai plus d'appétit ;
- je dévore des sucreries tous les soirs ;
- j'ai peur de m'évanouir si je n'ai pas de sucre sur moi.

La pianiste se prête à nouveau au jeu et, aiguillée, inscrit au tableau les réponses correctes :

- mes amis me lancent des regards déprimants = interprétation ou croyance ;
- le visage de mon ami a changé d'expression en me voyant = fait objectif ;
- je me sens en colère = fait objectif ;
- mon ou ma meilleur(e) ami(e) se moque de savoir si je suis de bonne ou de mauvaise humeur = interprétation ou croyance ;
- je compte moins que les autres pour mes proches et cela entame mon moral = interprétation ;
- mon voisin a crié devant moi hier et m'a fait des reproches = fait objectif ;
- mes amis ont tellement l'habitude de me voir triste qu'ils pensent que je resterai tout le temps de mauvaise humeur = interprétation ;
- je n'ai plus d'appétit = fait objectif ;
- je dévore des sucreries tous les soirs = fait objectif ;
- j'ai peur de m'évanouir si je n'ai pas de sucre sur moi = interprétation.

Maria recule de quelques pas afin d'embrasser du regard l'ensemble des réponses. Tout à coup, elle fronce les sourcils :

— En voilà une avec laquelle je ne suis pas d'accord !

— Laquelle ?

— « Je compte moins que les autres pour mes proches » : dans mon cas, c'est un fait, pas une croyance. D'ailleurs, j'en ai la preuve !

— Allons…

— Il y a quelques semaines, mon compagnon m'a quittée sans se retourner. N'est-ce pas le signe que je ne compte plus à ses yeux ?

— Pas nécessairement. Il ne m'appartient en rien de vous consoler ni d'analyser en détail une relation amoureuse dont vous n'avez, jusqu'ici, pas souhaité me parler. Cependant, retenez ceci : l'exercice que vous venez de finir sert justement à lutter contre ce type de fausse interprétation. On peut quitter quelqu'un qu'on aime profondément, pour différentes raisons. Ce dont je souhaiterais vous convaincre, c'est que vous n'êtes pas dans la tête de votre ex-compagnon… Vous êtes, donc, dans la croyance.

A.R.T. : un moyen de chasser les idées tristes

Constatant que Maria s'est assombrie à l'évocation de cet amour perdu, l'émotologue s'empresse de poursuivre :

— La dernière expérience que m'ont apprise Dennis Greenberger et Christine Padesky se résume en un sigle : A.R.T.

— Voilà qui est de bon augure. L'art m'a toujours fascinée… J'espère qu'il est question de musique !

— En l'occurrence, il s'agit plutôt de l'art de converser avec soi-même.

— Pourquoi pas ? Et à quoi correspond ce sigle ?

— Commençons par la lettre A : elle signifie « acceptation », et fait référence à la souplesse d'esprit, au lâcher-prise, à la capacité à changer d'avis ou à tolérer l'incertitude. Par exemple, en tant que thérapeute, j'accepte qu'il y ait toujours une part de flou dans l'analyse que je fais de la situation d'un patient. Je reconnais que mes opinions, même dans les domaines que je maîtrise le mieux, sont parfois biaisées, voire franchement erronées. L'acceptation permet de rester humble, et combat efficacement la raideur d'esprit qui alimente la mauvaise humeur. Une pensée gaie est une pensée souple ! Les patients heureux sont devenus capables, sans se renier ni se trahir, de faire évoluer leurs certitudes. Sur ce point, Dennis Greenberger et Christine Padesky semblent presque s'être inspirés du comédien Groucho Marx, qui disait : « Voici les cinq grands principes de ma vie, ceux sur lesquels je ne transigerai jamais. Mais s'ils ne vous plaisent pas, j'en ai cinq autres. »

— Très amusant, concède Maria. Mais moi, je serais plutôt du genre à avoir des principes vraiment immuables. Par exemple, si je ne me sens pas suffisamment entraînée avant un concert, je refuse catégoriquement de monter sur scène…

— Peut-être auriez-vous l'impression de trahir votre morale ou votre vocation si vous le faisiez ! Ce que j'essaie de vous faire comprendre, c'est qu'il n'en est rien : on peut se proposer des règles sans se laisser étouffer par elles. Celui qui refuse tout changement devient fragile, tandis que l'acceptation fait retomber la pression. L'essentiel est d'éviter les jugements définitifs, et de laisser une seconde chance – surtout à soi-même.

— Qu'en est-il du R de l'acronyme A.R.T. ?

— Le R signifie « reconnaissance » : le deuxième pilier de la méthode consiste en effet à savoir reconnaître ses propres biais et ses erreurs de raisonnement. En m'observant, je reconnais en moi de fausses croyances, et je mesure le mal qu'elles me font. Par exemple, elles me poussent à confondre des faits indiscutables avec des interprétations ; elles me font inventer des causes irrationnelles, superstitieuses ou absurdes aux événements négatifs ; elles me condamnent à la déprime à force d'analyses erronées de ma situation personnelle, familiale, amoureuse ou professionnelle.

— Perso, je me sens mieux équipée pour la reconnaissance que pour l'acceptation, remarque Maria. Identifier mes défaillances, entendre mes fausses notes… J'ai le chic pour ça ! Et que signifie le T ?

— Le T correspond à la « transformation ». Il existe deux méthodes pour venir à bout d'une croyance toxique : d'abord, lui *substituer* une croyance meilleure, source d'énergie et d'optimisme. Par exemple, Maria, si vous renoncez à vos interprétations catastrophistes (« Tout va mal et ira encore plus mal à l'avenir ») pour leur préférer une lecture plus mesurée de votre situation (« Je traverse une mauvaise passe, cela ira mieux bientôt »), cela vous apportera une véritable bouffée d'oxygène. La deuxième méthode consiste à *transformer* son raisonnement de manière à ne plus écouter les croyances qui fâchent le plus, attristent ou mettent en colère – comme si l'on se bouchait les oreilles ! Greenberger et Padesky recommandent d'ailleurs d'adopter un geste simple : lever la main ou le doigt aussitôt que l'on identifie une fausse croyance. C'est une manière de dire : « Va-t'en, je ne te crois pas ! »

— On voit qu'ils ne sont pas pianistes, vos amis… Vous m'imaginez lever la main en plein récital, à chaque fois que je me trouve nulle ? Et puis, je n'aime pas trop leur idée de se rendre complètement sourds aux croyances négatives. Parfois, se faire des reproches permet de se corriger. Sans autocritique, on devient prétentieux et on cesse de progresser. J'imagine qu'avant d'appliquer la méthode A.R.T., je vais devoir l'adapter à ma personnalité !

Le jeu du miroir

Si d'autres pourraient juger la réponse de Maria Gary comme de la réticence, Romain Houdin, lui, se félicite de la voir faire preuve d'esprit critique et s'approprier malgré tout les outils qu'il lui présente.

— Vous me semblez prête pour une dernière expérience autour des croyances : le jeu du miroir, lui annonce-t-il d'ailleurs. Vous allez découvrir une glace aux talents cachés. À ce propos, face à un miroir, êtes-vous plutôt une fuyarde, qui évite de trop s'attarder sur son image ? Misez-vous sur le maquillage, les bijoux ou la coiffure pour modifier votre apparence ? Ou êtes-vous globalement satisfaite de ce que vous voyez ?

— Sans aller jusqu'à m'adorer au naturel, j'ai appris à faire la paix avec mon visage et mon aspect. C'est plutôt l'intérieur qui me pose problème.

— Eh bien, soyez déjà fière d'avoir conjuré le démon des complexes physiques. Beaucoup de gens se sentent découragés devant leur miroir, comme s'ils contemplaient un champ de ruines. Ils détaillent leurs rides, leurs imperfections, les éventuelles asymétries… Tout ce qui indique le passage du temps leur semble inesthétique, révoltant. Je connais des hommes qui se laissent pousser la barbe uniquement pour cacher leur visage !

Sur ces mots, Houdin disparaît dans la réserve du magasin et en revient avec un carton peu profond, dont il extrait avec maintes précautions un miroir rond. Il le positionne sur la table et invite sa « patiente » à s'y contempler. La pianiste se penche jusqu'à distinguer ses grains de beauté, le léger duvet qui lui couvre les joues, les pores de sa peau. Tout en elle évoque la Méditerranée, l'Espagne ou le Portugal. Seule la clarté de ses yeux indique des origines d'Europe de l'Est.

— L'entreprise française Baracoda a récemment développé un miroir équipé d'un logiciel d'intelligence artificielle, explique le professeur. En plus de renvoyer un reflet fidèle à celui ou celle qui s'y mire, il révèle son humeur en analysant par exemple ses micro-expressions ou la direction de son regard. Mais l'objet que vous voyez devant vous est encore plus perfectionné : il s'agit d'un prototype unique, que peu de gens ont eu la chance de tester. Cette glace a le pouvoir de modifier votre reflet. Si j'appuie sur ce bouton, à gauche, je fais apparaître un sourire sur votre visage… Même si, en réalité, vous restez morose.

Il s'exécute aussitôt. Parfaitement immobile, Maria voit pourtant ses lèvres s'étirer et ses yeux se plisser dans la glace.

— Je ne me reconnais pas du tout dans cette mimique complètement artificielle, proteste-t-elle. Ce n'est pas moi !

— Vous avez raison, ce n'est pas *encore* vous. Cette physionomie modifiée ne s'accorde en rien à votre état d'esprit actuel. Mais ne rejetez pas cette expérience trop vite : elle pourrait vous faire plus de bien que vous ne le croyez ! Un rire, même forcé, vaut toujours mieux qu'une moue. C'est le premier pas vers une joie authentique.

— Quelle drôle d'idée ! Vous souvenez-vous de la célèbre réponse du général de Gaulle à un photographe qui lui demande de sourire ? Il rétorque : « Pourquoi voudriez-vous que je vous fasse un sourire ? Trouvez-vous que le monde donne des motifs de sourire ? »

— En toute franchise, vous ne ressemblez pas au général de Gaulle, et ni le contexte ni le poids de l'histoire n'ont rien de commun. Moi, je ne peux que vous encourager à surmonter ce préjugé. Et vous inciter à vous entraîner devant le miroir : vous verrez que votre humeur s'améliorera presque aussitôt. Car le simple fait d'actionner les muscles du visage bouscule la biologie du cerveau. En étirant vos zygomatiques, vous stimulez, par des circuits complexes, des zones cérébrales liées aux émotions. D'ailleurs, sachez que les individus qui ont fait traiter leurs rides par des injections de botox, et qui arborent de ce fait un sourire artificiel, sont en moyenne de meilleure humeur que les autres.

— J'aimerais tant vous croire…

— C'est la vérité ! En plus, l'exercice du miroir déformant nous apprend à reconnaître notre véritable sourire. Mes homologues américains affirment que les personnes tristes perdent non seulement la faculté de sourire, mais aussi celle de reconnaître toute marque de joie sur leur visage comme sur celui de leurs proches. Ils l'ont démontré en demandant à des volontaires d'exprimer de la colère, du dégoût, de la peur, de la joie, de la surprise puis de la tristesse. Chacune de ces expressions devait être maintenue au moins cinq secondes, le temps de les photographier. Or les participants les plus tristes se sont non seulement révélés incapables de sourire en continu pendant ce laps de temps, mais ont également échoué à reconnaître des sourires chez les autres.

Maria choisit de suivre son conseil et d'appliquer la consigne à la lettre. Elle compte jusqu'à cinq et éclate soudain de rire devant la mimique forcée qu'elle observe.

— Si je ris, ce n'est pas par gaieté… C'est juste que votre machine m'énerve !

Romain Houdin se garde de la contredire. Il sait qu'un sourire, même artificiel, en entraîne d'autres, plus spontanés, et qui dureront plus longtemps.

Références

Gang Fu, Yanhong Yu, Jiayu Ye, Yunshao Zheng, Wentao Li, Ning Cui, Qingxiang Wanga, « A Method for Diagnosing Depression : Facial Expression Mimicry is Evaluated by Facial Expression Recognition », *Journal of Affective Disorders*, 323, 2023, p. 809-818.

Dennis Greenberger, Christine Padesky, *Changez vos émotions, changez votre vie*, Thierry Souccar, 2017.

Joseph Jastrow, *Fact and Fable in Psychology*, Houghton, Mifflin and Co, 1900.

Irvin Yalom, *L'Art de la thérapie*, trad. par Anne Damour, Livre de Poche, 2018.

www.futura-sciences.com/sciences/photos/photos-top-15-illusions-optique-plus-surprenantes-691/photos-echiquier-adelson-son-cylindre-vert-4657.

Vous avez suivi Maria Gary en plein travail sur ses émotions. Avancez maintenant page suivante pour découvrir comment Romain Houdin transforme un simple fauteuil en machine à produire de la gaieté. Après ce chapitre, vous ne vous installerez plus jamais de la même manière dans votre fauteuil préféré !

16

Le fauteuil de la bonne humeur

Se conditionner pour choisir ses meilleures émotions

Tandis que l'émotologue range son miroir augmenté, Aldo, qui tient à nouveau seul le magasin, entend quelques coups frappés à la porte. Surpris que le verglas n'ait pas découragé jusqu'aux plus aventureux des badauds, il ouvre et laisse entrer un homme au nez rougi par le froid.

Attirée par le bruit, Maria passe la tête hors de l'arrière-boutique. Elle entend le client déclarer qu'il a aperçu dans la vitrine un fauteuil doré marqué « Louis XIV, authentique » et souhaiterait le voir. Romain Houdin, qui revient à cet instant de la réserve, loin de se formaliser de la surprendre en train d'écouter aux portes, lui indique à voix basse :

— Aldo est un négociateur hors pair. Vous allez le voir à l'œuvre dans toute sa séduction !

— Ce ne sera toujours que la deuxième fois en deux jours. S'il s'y prend avec les clients comme avec les femmes, permettez-moi d'être sceptique…

— Il est vrai qu'il peut se montrer insistant. Vous m'en voyez vraiment navré… Quoi qu'il en soit, en affaires, il a un toupet que je n'aurai jamais, bien qu'il soit parfaitement autodidacte. Dès qu'un client franchit notre porte, il le prend comme un défi personnel. Vous trouverez peut-être qu'il en fait trop, mais moi, il m'impressionne : il n'a besoin que du plus vague prétexte pour ferrer les curieux et exciter leur instinct de collectionneur. C'est un vendeur épatant, à la limite de la manipulation ! En fait, il a compris que les clients ne désirent pas seulement acquérir des meubles, sans quoi ils iraient chez Ikea : ils veulent faire partie d'un cercle d'initiés, de privilégiés. L'achat est une porte d'entrée vers un changement de vie. Attention, la représentation va commencer…

L'homme d'âge moyen, de grande taille et de forte corpulence, tandis qu'Aldo lui tourne autour, photographie le fauteuil de style Louis XIV exposé. Aux petits soins, l'Italien lui adresse son plus beau sourire et l'invite à s'approcher pour observer de plus près le « bijou » qu'il aura peut-être la chance de posséder un jour. Il lui propose même de s'asseoir sur ce qui deviendra, à n'en pas douter, son nouveau fauteuil préféré, s'il a la sagesse de ne pas le laisser lui échapper. L'homme accepte avec enthousiasme et prend la pose.

— On peut dire que vous avez le coup d'œil, le flatte Monk. Je ne vous cache pas que c'est une de nos plus belles pièces, disponible hélas en quantité très limitée. D'ailleurs, elle a peut-être déjà trouvé preneur… Si vous êtes vraiment intéressé, je peux vérifier.

— C'est que… Il y a deux ans, je me suis promis de m'offrir un beau cadeau, un meuble qui ait à la fois une âme et une histoire.

— Quelle merveilleuse idée ! Vous êtes au bon endroit. Cet original parfaitement conservé saura satisfaire vos attentes.

— Je l'espère.

— Puis-je vous demander ce qui a motivé cette promesse ?

Le client semble hésiter à se confier, puis se jette à l'eau, reconnaissant de l'attention qu'Aldo lui porte :

— Eh bien… Je suis ambulancier, ce qui n'est pas un métier facile. Toute la journée, je transporte des gens qui vont mal. Je leur parle, je les rassure. Dès qu'une course se termine, une autre commence… Alors, pour tenir le coup, j'ai décidé de mettre chaque mois une petite somme de côté, jusqu'au jour où je pourrais m'offrir un objet de valeur. Sauf qu'en deux ans, je n'ai jamais réussi à économiser le moindre euro : à chaque fois, je finis par reprendre l'argent afin de ne pas être à découvert !

— Votre récit me touche profondément, répond Aldo d'un ton grave. Et aujourd'hui, où en est votre projet ?

Maria le soupçonne de s'inquiéter que son client ne soit fauché.

— Figurez-vous qu'il s'est produit un miracle : la semaine dernière, j'ai passé toute une nuit auprès d'une touriste américaine. Elle était venue à Paris pour admirer la peinture française, qu'elle avait étudiée à l'université de Boston. Elle a visité le Louvre, le Grand Palais, diverses galeries privées et plusieurs musées… Or au beau milieu d'Orsay, elle a été prise de ce que les médecins appellent le syndrome de

Paris. Bouleversée par tant de beauté, elle ne savait plus qui elle était ni d'où elle venait ! Ses amis ont appelé une ambulance ; je suis arrivé en dix minutes et nous avons roulé à tombeau ouvert. Avant de la confier aux urgences de l'hôpital Bichat, j'ai pris le temps de la rassurer et nous avons parlé de peinture, car il se trouve que je suis moi-même un amateur. Tout en discutant, j'ai vu qu'elle retrouvait ses esprits – avant même d'être prise en charge, elle se sentait mieux.

— Vous lui avez doublement sauvé la mise, en somme !

— Disons que j'ai toujours aimé aller au-delà du cadre strict de ma mission. Je prête l'oreille aux chagrins, aux échecs, aux mauvaises nouvelles. Même quand je ne travaille pas, je suis capable de passer la nuit auprès d'un ami déprimé et j'en ressors en pleine forme, bien que je n'aie pas fermé l'œil : aider les autres me fait du bien. Parfois, je me demande s'il s'agit de dévouement ou de voyeurisme…

— D'héroïsme, sans aucun doute, assène Aldo.

— Quoi qu'il en soit, plusieurs jours se sont écoulés et j'avais presque oublié cette touriste américaine, quand j'ai eu la surprise de recevoir un virement en provenance des États-Unis. C'était son père, un industriel du New Jersey, à qui elle avait tout raconté et qui tenait à me remercier. Je ne sais pas comment il s'y est pris pour me faire parvenir une telle somme… Mais, maintenant que cet argent est sur mon compte, je ne veux pas qu'il s'évapore en dépenses de vie quotidienne. Au contraire, je veux marquer le coup, m'offrir un objet qui m'accompagnera dans la durée – idéalement, une chaise ou un fauteuil de style.

— Vous ne pouviez pas mieux tomber, l'encourage Monk, qui a repris des couleurs. Nous sommes les spécialistes parisiens du meuble confortable, élégant et chargé d'histoire.

— Votre fauteuil Louis XIV me plaît décidément beaucoup. J'aimerais qu'il me rappelle, dans les périodes difficiles, ce moment de fierté et de joie. Il me donnera aussi un endroit où me reposer le soir. J'ai bien mérité cette petite récompense !

— Voulez-vous que je vérifie sa disponibilité ? Comme je vous le disais, je crains qu'il soit vendu, c'est le problème des pièces uniques…

Dans l'arrière-boutique, debout à côté de Maria, Houdin fulmine. Il sait qu'Aldo a patiné la semaine précédente dix fauteuils de style Louis XIV, et qu'ils attendent dans la réserve. Mais le vendeur serait capable d'annoncer le contraire à son client, simplement pour ne pas renoncer à sa fantaisie – ou pour faire monter les enchères…

Aldo consulte le registre de ventes et, contre toute attente, déclare avec un sourire radieux :

— Vous avez de la chance ! Votre fauteuil n'est pas encore vendu, seulement sous option. Si vous vous décidez rapidement, il peut être livré chez vous dès ce soir.

Aussitôt, le visage de l'ambulancier se ferme.

— Le fait qu'il soit immédiatement disponible me le rend moins désirable. J'avais plutôt en tête un objet rare, difficile à obtenir…

Depuis l'arrière-boutique, Romain Houdin fait de grands signes à Aldo et lui demande la permission d'intervenir. L'assistant lui cède la place.

— Permettez-moi de me présenter, dit le professeur en rejoignant les deux hommes d'un pas assuré. Je m'appelle Romain Houdin et je dirige ce magasin. J'ai cru comprendre que vous étiez à la recherche d'un meuble exceptionnel…

— Absolument. Il me faut une rareté, le genre de pièce qu'on n'acquiert qu'une fois dans sa vie.

— Dans ce cas, votre première intuition ne vous a pas trompé ! Saviez-vous qu'en plus d'être parfaitement authentique, ce fauteuil a des propriétés magiques ? Mais, avant de vous en apprendre plus, permettez-moi de vous demander votre prénom…

— Albert, répond l'ambulancier, décontenancé.

— Cher Albert, le meuble que vous regardez n'est pas seulement une pièce de belle facture. Il a également le pouvoir de modifier les émotions de celui ou celle qui s'y assied.

— Vous m'intriguez. Si votre expérience me convainc, je serai votre homme.

Maria est sortie à son tour de l'arrière-boutique. Adossée à un mur, elle écoute l'échange, tout en se faisant discrète, forcée d'admettre que l'aplomb de Romain Houdin l'agace moins que celui d'Aldo, même si cela lui paraît injuste.

Un fauteuil triste et un fauteuil gai

Sur un geste de son patron, Monk apporte un deuxième fauteuil et le positionne à côté du premier. Les deux meubles, quoique de styles différents, s'accordent à merveille.

— Imaginons, commence Houdin, que le fauteuil de gauche soit associé à la bonne humeur, et celui de droite, à la morosité. Si vous le souhaitez, je peux rendre l'exercice plus visuel en utilisant des coussins de couleur…

— Inutile, je me repère bien.

— Parfait. Asseyez-vous à gauche, et laissez monter en vous des émotions positives : concentrez-vous sur vos motifs de satisfaction, de fierté, d'optimisme. Je vous laisse quelques instants… Bien. À présent, changez de fauteuil et songez à ce qui vous inquiète. Convoquez des souvenirs désagréables, les scènes qui vous ont récemment perturbé. Sentez-vous comment votre humeur change ? Quand vous vous asseyez sur le premier fauteuil, votre humeur est excellente, vous avez une haute estime de vous-même et l'envie de rire. Sur l'autre, vous êtes envahi de sentiments négatifs.

— Mais oui ! s'étonne Albert. Et ce n'est pas tout… Je leur trouve, à vos deux fauteuils, des températures différentes.

— C'est normal. À gauche, vous avez plus de tonus, de motivation : c'est plus chaud. Les deux fauteuils sont des boules de cristal qui révèlent vos émotions.

— Qu'est-ce qui me garantit que ce n'est pas un tour de passe-passe ?

— Je n'oserais pas ! Ce sont les fauteuils qui amplifient vos émotions. Comme vous l'avez peut-être remarqué, dans la vie, nous penchons plus souvent du côté droit, c'est-à-dire celui de la mauvaise humeur…

— C'est vrai. Et pourquoi ?

— Ce déséquilibre n'a rien d'inquiétant : personne n'y échappe. Dans toutes les langues du monde, il y a plus de mots pour décrire les émotions négatives que positives. À la fin d'un voyage, on se souvient toujours mieux des valises perdues et de la queue interminable devant le musée que des visites réussies… Notre cerveau considère que les bons moments devraient être la norme, et les mauvais se gravent dans notre mémoire parce qu'ils s'en écartent.

— Je comprends mieux, acquiesce Albert. Dites, m'autorisez-vous à faire profiter ma compagne et mes amis de cette petite expérience ?

— Si vous achetez mes fauteuils, bien sûr ! Vos proches pourront eux aussi se reconnecter avec leurs émotions, y compris les mieux dissimulées. Un jour, un client qui venait d'acheter un meuble aux propriétés similaires m'a dit : « C'est comme si je retenais en permanence ma tristesse, mais qu'au fond de moi, il y avait une mer de larmes que j'ai enfin pu laisser sortir. »

— Cela me fait penser à la plaque professionnelle que j'ai vue avant d'entrer dans votre boutique, reprend Albert. À ce que je vois, vous êtes aussi thérapeute ? Et vous utilisez ce genre de méthode en consultation ?

— Rien ne vous échappe. C'est tout l'intérêt d'exercer dans un cadre atypique : je prends des libertés, je travaille aussi bien avec les meubles qu'avec les émotions. À ce propos, l'exercice auquel vous venez de vous prêter a pour effet de combattre :

- la peur d'être rejeté ;
- les peurs primaires, qui font percevoir le monde comme un endroit dangereux ;
- la peur de répéter les erreurs qu'on a observées dans le cadre familial ;
- la peur du changement, qui provoque le sentiment ambigu de faire du sur place, mais sans oser en sortir ;
- la peur des émotions, quelle que soit leur tonalité.

Comment révéler ses hontes dans un fauteuil ?

Maria avance timidement vers les trois hommes, qui continuent d'échanger autour des fauteuils. L'exercice proposé au client a retenu son attention : elle voudrait l'adapter à sa propre situation, aux doutes qu'elle ressent vis-à-vis de sa vocation et de sa vie amoureuse. Grâce à la méthode des fauteuils, elle espère ressentir plus nettement la fierté qui s'empare d'elle lorsque son jeu au piano lui semble à la hauteur. Elle voudrait également purger ses regrets, ses souvenirs de Gabriel, ainsi que cette honte diffuse qui chuchote sans cesse à son oreille. *Tu devrais travailler plus dur, tu es une paresseuse ! Tu ne mérites pas l'attention qu'on te porte. Tu finiras rejetée de tous, seule, méprisable.*

L'émotologue, qui l'a entendue approcher, la présente et l'invite à se joindre à la conversation.

— Voici Maria Gary, une grande pianiste qui nous fait depuis quelque temps l'honneur de visiter fréquemment notre boutique. Êtes-vous curieuse de l'expérience des fauteuils, Maria ? Souhaitez-vous l'essayer à votre tour ?

— Pourquoi pas ? accepte la concertiste non sans une certaine pudeur.

Elle s'assied sur le fauteuil de droite, le feu aux joues, tandis que le professeur l'observe attentivement. Elle sent également le regard d'Aldo, fixé quelque part sur sa nuque. Le client, en revanche, s'est éloigné de quelques pas par courtoisie, faisant mine d'examiner les autres meubles.

Bien droite, les jambes à angle droit et les mains sur les genoux, Maria ferme les yeux et se laisse porter. Elle prend conscience de la différence entre la culpabilité et la honte qu'elle ressent tour à tour. La première concerne des actions, des paroles qu'elle regrette ; la seconde touche à quelque chose de plus fondamental, la certitude d'être mauvaise. Mauvaise pianiste, mauvaise compagne, mauvaise amie. Elle s'en ouvre à Houdin, qui cherche à l'apaiser :

— La honte a ceci d'insidieux qu'elle prend toujours appui sur un fait objectif. Seulement, elle amplifie et déforme ensuite celui-ci jusqu'à nous faire croire que nous ne valons rien.

Maria l'écoute en regardant ses pieds, mal à l'aise. Elle essaie de rire pour cacher son embarras. Ses épaules et son dos sont crispés ; une immense fatigue s'abat sur elle, suivie d'un accès de colère qu'elle ne s'explique pas. Sa gorge se noue. Elle a tout à coup du mal à parler. Lorsqu'elle se lève enfin du fauteuil maudit, il lui semble émerger d'un épisode de déprime interminable.

Heureusement, elle a gardé le meilleur pour la fin : il lui reste à s'asseoir sur le fauteuil de gauche, celui de la joie et de la fierté. Mais c'est sans compter sur Albert, qui vient de se décider et accourt à grandes enjambées, fermement décidé à défendre son bien. Puisqu'il va l'acheter, plus personne n'a le droit de s'y installer !

Découvrir son humeur cachée

Monk a transporté les deux fauteuils dans la réserve afin de les emballer, en attendant qu'ils soient transportés chez leur nouveau propriétaire. Le professeur s'est glissé derrière le comptoir et encaisse son client :

— Qu'on le pratique seul ou en présence d'un thérapeute, explique-t-il, l'exercice des fauteuils permet d'identifier notre registre émotionnel dominant et ce qui le déclenche.

Albert est impatient d'accueillir les meubles dans son salon et de leur trouver l'emplacement idéal. Maria ne peut s'empêcher de l'envier. En ce qui la concerne, les choses sont claires : son registre émotionnel dominant est négatif.

— Vous êtes sûr que je dois prendre les deux ? s'enquiert une dernière fois le client.

— Aucun doute, le rassure l'émotologue. L'un ne va pas sans l'autre. Pas de bonne humeur sans possibilité de mauvaise humeur ! Tous les antiquaires et les meilleurs collectionneurs savent que les pièces uniques vont par paires…

Alors que l'ambulancier s'éloigne pour appeler un taxi, Maria s'approche de Houdin et déclare, sur le ton de la provocation :

— Vous l'avez bien embobiné ! Même moi, vous avez failli m'avoir…

Il lui répond avec un clin d'œil :

— Ne soyez pas si sévère. Ce pauvre homme avait besoin de réconfort, et il l'a trouvé ! Ses fauteuils sont faux et ne possèdent évidemment aucun pouvoir magique, mais l'expérience émotionnelle qu'il vient de vivre, elle, est bien réelle… Si cela l'aide à entretenir à l'avenir sa bonne humeur, il a plutôt fait une bonne affaire, vous ne croyez pas ?

Références

Lars Auszra, Leslie S. Greenberg, Imke Hermann, « Client Emotional Productivity : Optimal Client In-Session Emotional Processing in Experiential Therapy », *Psychotherapy Research*, 23/6, 2013, p. 732-746.

Ueli Kramer, Emna Ragama, *La Psychothérapie centrée sur les émotions*, Elsevier Masson, 2020.

Subin Lee, Seung Wan Suh, Taehyun Kim, Kayoung Kim, Kyoung Hwan Lee, Ju Ri Lee, Guehee Han, Jong Woo Hong, Ji Won Han, Kyogu Lee, Ki Woong Kim, « Screening Major Depressive Disorder Using Vocal Acoustic Features in the Elderly by Sex », *Journal of Affective Disorders*, 291, 2021, p. 15-23.

Continuez à explorer avec Maria Gary et Romain Houdin les pouvoirs des fauteuils émotionnels : vous découvrirez à la page suivante celui des chaises vides en matière de communication.

Si vous pensez avoir fait le tour de l'utilité des meubles dans la gestion des émotions, allez directement page 249 pour apprendre à distinguer, grâce au critère des quatre « E », les émotions négatives normales de la dépression clinique.

17

Une chaise vide

Se libérer par la parole

Pendant qu'Aldo achève d'emballer les fauteuils dans la réserve et qu'Albert fait les cent pas, impatient, Maria avise au fond du magasin une chaise sobre, d'aspect moderne, qui détonne par rapport au reste des objets proposés à la vente. Bien qu'un peu honteuse de jouer le jeu du professeur, elle s'y assied et laisse une nouvelle fois monter ses émotions les plus négatives. Elle revoit des scènes de son enfance, qui lui semblent encore plus désespérantes que ses récentes mésaventures : des humiliations subies à l'école, des disputes avec ses parents… Lorsqu'elle ouvre les yeux, elle s'aperçoit que le thérapeute se tient à quelques pas, prêt à répondre à ses questions.

— Que les choses soient claires, lui assène-t-elle, je ne crois pas à vos sornettes de fauteuils magiques. Mais puisque vous aimez utiliser le mobilier comme support de thérapie, dites-moi donc en quoi cette chaise peut m'aider. Voici le problème qui me préoccupe : parfois, il me semble que je suis incapable de communiquer avec ceux que j'aime. À part Hannah Kraus, tous mes proches finissent par s'éloigner. Il faut dire que je leur montre peu d'amour, persuadée que je ne vaux rien… Quoi qu'il en soit, l'exercice des deux fauteuils m'a rappelé un cauchemar que je faisais souvent dans mon enfance. Je dînais à une grande tablée, entourée de mes camarades d'école. Je les appelais, j'essayais désespérément de leur parler, mais ils ne m'entendaient pas. Bien des années plus tard, j'ai vu ce cauchemar se réaliser au cinéma, dans *L'Avventura* de Michelangelo Antonioni, un film italien en noir et blanc des années 1960.

— J'ai adoré ce film, déclare Houdin, un éclair d'enthousiasme dans le regard.

— Peut-être, mais vous ne l'avez pas vécu comme moi de l'intérieur ! Ces amoureux incapables de se parler, de vivre enfin leur passion… et qui errent faute de se comprendre… Ils marchent sur une île éolienne au nord de la Sicile, s'embrassent, se quittent, disparaissent sans explications. J'ai lu que les spectateurs de l'époque en étaient sortis bouleversés, atterrés de l'incapacité des personnages à communiquer.

— Je vous confirme qu'il y a de quoi désespérer, même si je suis trop jeune pour avoir vu le film à sa sortie.

— J'aimerais me débarrasser une fois pour toutes de ce sentiment poisseux, professeur.

— Et si vous commenciez par voir des films plus gais ? suggère Houdin avec un sourire taquin.

— Malheureusement, je suis une bonne cliente de films tristes. Les autres me semblent soit niais, soit complètement irréalistes.

Réapprendre à parler de soi

Le thérapeute fait quelques pas en direction de Maria, pensif, les mains jointes dans le dos. Elle le soupçonne de ménager son effet, et se retient de le presser.

— Puisque la thérapie par les meubles vous intéresse, articule-t-il, laissez-moi vous initier à l'exercice de la chaise vide, conçu pour améliorer la communication. Parler à voix haute, serait-ce en s'adressant à un objet, vaut toujours mieux que de garder ses rancunes pour soi. C'est une première étape en attendant d'avoir suffisamment de courage pour s'adresser à quelqu'un d'autre. La chaise vide, donc, offre l'opportunité de régler ses comptes, notamment en demandant pardon à ceux que l'on se reproche – à tort ou à raison – d'avoir négligés ou maltraités.

— Encore une de vos quasi-charlataneries, soupire Maria. Parler à une chaise…

— C'est bien plus difficile qu'il n'y paraît ! En amour, en amitié, en famille ou au travail, il faut du cran pour se jeter à l'eau et s'expliquer. Vous l'avez compris, le fauteuil n'est qu'un prétexte ; c'est pourtant un excellent échauffement.

Maria, dépassant sa crainte du ridicule, se lève alors d'un bond et se poste face à la chaise. Albert, qui s'est lassé de faire les cent pas, s'approche et observe la scène avec étonnement et curiosité.

— Je risque d'y passer des jours entiers, prévient la pianiste.

— Prenez votre temps.

Elle inspire longuement avant de se lancer, d'une voix forte quoique chevrotante :

— Je voudrais demander pardon pour mon manque de sérieux au piano. Pardon, cher Claude Debussy, vous qui êtes mon compositeur préféré. Pardon à vous aussi, cher Maurice Ravel. J'ai massacré le *Clair de lune* aussi bien que la *Pavane pour une infante défunte*. Je ne suis pas à la hauteur, je n'y arriverai jamais…

Elle ouvre ainsi les vannes pendant une dizaine de minutes, s'adressant tantôt à ses professeurs de piano, tantôt à ses parents, à Gabriel ou à Hannah Kraus. Personne n'ose interrompre son monologue, qui lui fait le plus grand bien : elle retrouve des couleurs, sa voix s'éclaircit, elle respire mieux. Lorsqu'elle estime s'être suffisamment épanchée, elle se tait, et un silence religieux plane quelques instants dans le magasin. C'est Aldo qui le brise en cédant à la tentation de glisser une anecdote historique :

— Saviez-vous que Winston Churchill avait mis au point une méthode équivalente à celle du fauteuil vide ? Il écrivait des lettres dans lesquelles il laissait libre cours à son agressivité, couchant sur le papier tout ce qu'il n'aurait jamais osé dire à ses ennemis, et il passait des heures à polir les formules les plus assassines. Il laissait ensuite les courriers, signés, sur son bureau, débarrassé de sa mauvaise humeur. Le lendemain matin, à tête reposée, il prenait la sage décision de ne pas les envoyer, évitant ainsi de compromettre sa carrière.

— Je crois que nous avons entendu assez d'anecdotes historiques, l'interrompt Romain. Et si vous transportiez plutôt les deux fauteuils à l'extérieur, puisque le taxi de monsieur est arrivé ?

Quatre principes pour trouver le meilleur de soi-même

Une fois le coffre du véhicule chargé par le chauffeur, que le fait de voir son break transformé en camion de déménagement semble irriter, Albert s'assied sur la banquette arrière et disparaît bientôt en agitant la main à travers la vitre descendue. L'après-midi touche à sa fin, et la voiture s'insère dans un trafic dense.

De retour dans le magasin, Aldo cherche désespérément un moyen de s'isoler avec Maria qui, elle, donnerait cher maintenant pour retrouver Hannah. Mais Houdin n'en a pas terminé : il tient à partager quelques derniers conseils qui lui semblent indispensables en matière de bonne humeur. Afin d'inciter sa patiente et son employé à s'attarder un peu, il réchauffe dans l'arrière-boutique une petite galette des rois – une des rares raisons, selon lui, de se réjouir en janvier. Il l'a achetée dans sa pâtisserie préférée de la rue des Rosiers. Une boutique cacher polonaise qui s'adapte au calendrier grégorien en préparant des galettes des rois décorées d'un chandelier doré. Aussitôt servie, Maria fouille la pâte feuilletée du bout de sa fourchette, à la recherche de la fève. Déçue de ne rien trouver, elle se console avec le goût délicieux de la frangipane tiède.

— L'émothérapie telle que je la pratique, énonce le professeur tout en dévorant sa part, se résume à quatre commandements qui incitent à trouver ses meilleures émotions.

Époussetant son col où se sont déposées quelques miettes, il se lève, saisit une craie et commence à écrire sur le tableau noir.

• **Commandement n° 1 : Je suis conscient de ce qui m'arrive et je ne me juge pas.**

— Cette « conscience sans jugement » se comprend facilement par une analogie avec les nuages.

Nous savons tous qu'ils passent dans le ciel ; personne n'éprouve le besoin de s'en assurer en continu. À moins de craindre l'arrivée d'un orage, on ne reste pas toute la journée le nez en l'air ! Cette capacité de l'esprit à mettre certaines questions « en sourdine » est extrêmement utile, et applicable à nos tracas du quotidien. Qu'il s'agisse de nos pensées ou de nos souvenirs, laissons-les filer. N'importe quelle journée apporte son lot de fluctuations de l'humeur : inutile de prendre notre pouls émotionnel en permanence. Il vaut mieux accepter sa vie intérieure comme on accepte la météo, sans chercher à la corriger ni à la maîtriser. Apprenons également à ne plus mettre d'étiquettes sur toutes les situations, à ne pas toujours les classer comme favorables ou défavorables, positives ou négatives. Renouons avec la neutralité !

— C'est là un bel objectif, observe Maria. Mais j'en suis encore loin. Le jour où je pourrai rencontrer quelqu'un ou entendre une mélodie sans mettre une étiquette dessus, sans juger, sans me projeter ni me poser mille questions, je ne me reconnaîtrai pas.

• **Commandement n° 2 : J'exprime ce qui me plaît et ce qui me rend heureux.**

— Beaucoup de gens ne s'aperçoivent qu'ils ont été de bonne humeur qu'au moment où ils commencent à se sentir tristes. Pourquoi ne pas vivre les bons moments en pleine conscience ? N'enregistrons pas seulement nos regrets et nos doutes : comportons-nous comme des collectionneurs d'instants heureux, ou comme de fins gourmets toujours prêts à partager leur dernier plaisir de table. Le propre des personnes à l'aise dans leur vie, c'est de savoir raconter avec talent ce qui les met en joie. Cela doit être fait de manière consciente et volontaire. Affirmons que l'on va bien, en y mettant autant d'intensité que si l'on se libérait d'un gros souci. Je recommande de le faire par écrit, selon la méthode qui convient le mieux à chacun : au fil de l'eau, dès qu'on y pense, sur un morceau de papier volant, sur un carnet ou sur son téléphone ; à des moments fixes de la journée, par exemple au réveil ou au coucher, après les repas, en partant au travail ou en rentrant chez soi ; en tenant un journal de ses émotions, dans lequel on privilégie les réussites, les motifs de réjouissance et les rires.

— Je n'aurai jamais la patience ni le talent pour écrire chaque jour ce que je ressens, déplore Aldo.

— Nul besoin d'être un grand poète pour cela, le rassure Houdin : certains se contentent d'un smiley griffonné dans leur agenda, ou d'un score de bonne humeur compris entre zéro et dix sur leur téléphone. Pour ceux qui n'aiment ni les mots, ni les chiffres, un code couleur ou des dessins feront parfaitement l'affaire !

• Commandement n° 3 : Je me présente à moi-même et aux autres comme une personne de bonne humeur.

— Dans l'idéal, la bonne humeur et la sérénité doivent devenir des éléments constitutifs de notre identité. L'émotion n'est pas qu'un phénomène intérieur : elle est visible, arborée comme un chapeau ou un costume. Bien sûr, se présenter en personne pleine d'entrain n'est pas simple pour ceux qui se sont toujours considérés comme des ratés ou des damnés.

— Je vous confirme qu'Hannah ne me reconnaîtrait pas, marmonne Maria.

— Changer l'image qu'on a de soi et la manière dont on se présente suppose d'apprendre à maîtriser de nouveaux sujets de conversation. Exprimer du contentement ou d'autres émotions positives, cela s'acquiert : au début, l'entourage a de quoi être désarçonné ! Mais, très vite, les proches comprennent et apprécient cette nouvelle identité. Ils ont peut-être été touchés par les longs monologues défaitistes, les divagations sur la fin du monde, les guerres, le climat, mais ils préfèrent au fond – et c'est bien normal – s'entendre raconter des histoires moins décourageantes.

— Dans mon cas, adopter une identité de boute-en-train a quelque chose de contradictoire avec mon métier de pianiste classique. Mon répertoire est une musique solennelle, souvent triste. On n'éclate pas de rire en s'asseyant devant son instrument… Si je le faisais, le public ne me ferait plus jamais confiance pour interpréter des valses romantiques !

— La vente de meubles ne pose pas ce genre de problème, intervient Aldo. Au contraire, ce métier m'oblige à afficher en permanence mon plus beau sourire. L'impératif de me fabriquer une identité joviale m'est déjà très familier ! Je suis seulement trahi quelquefois par mon corps, qui transpire ou se met à trembler en cas de forte contrariété.

Il se tourne alors vers Maria, et continue sur le ton de l'excuse :

— Parfois, j'ai conscience d'exagérer, d'aller trop loin dans l'euphorie. Je parle tellement que j'agace mes interlocuteurs.

La concertiste lui adresse alors un sourire compatissant, en manière de réconciliation. Et, tout à coup, ouvre des yeux ronds :

— Je crois que j'ai trouvé la fève ! s'exclame Aldo, heureux comme un enfant.

• **Commandement n° 4 : Je reconnais que mon humeur est complexe.**

— Lorsqu'on est suffisamment à l'aise avec ses émotions, poursuit Houdin, on accepte que même les plus positives d'entre elles contiennent une part de tristesse ou de regret. Les bons pâtissiers ajoutent une pincée de sel à leurs gâteaux pour créer du contraste et en développer le goût ; dans les mariages juifs, la cérémonie atteint son apogée lorsque le futur époux brise un verre pour commémorer la destruction du temple de Jérusalem. De la même façon, nous devons supporter le « sel » qui se mêle inévitablement à la joie, ainsi que les rappels des bons moments révolus ou des choses que l'on a perdues. Accepter la complexité de l'humeur nous protège d'une maladie moderne : la recherche – assez déprimante, il faut le dire – de l'euphorie permanente. On ne profite vraiment de sa bonne humeur qu'en composant avec les moments tristes. Autrement dit, ceux qui refusent de pleurer sont condamnés à ne jamais rire non plus.

Aldo, galvanisé par le sourire de Maria, a déjà de nouvelles citations sur le bout des lèvres. La pianiste s'attend au pire, et, ostensiblement, lève au plafond des yeux où brille néanmoins une lueur d'amusement :

— Jules Renard était un spécialiste de l'humeur complexe, déclare le vendeur. Mon instituteur me lisait autrefois ses drôles de phrases, dont je ne sais pas si elles sont censées être encourageantes ou accablantes… Ce mélange de rire et de larmes venait certainement du côté sarde de sa famille :

> « Si l'on bâtissait la maison du bonheur, la plus grande pièce en serait la salle d'attente. »
>
> « Je ne désire rien du passé. Je ne compte plus sur l'avenir. Le présent me suffit. Je suis un homme heureux, car j'ai renoncé au bonheur. »
>
> « Quand un homme dit : "Je suis heureux", il veut dire bonnement : "J'ai des ennuis qui ne m'atteignent pas." »

Se surprenant à ne pas être agacée par ces nouvelles citations qu'elle juge pertinentes, Maria en ajoute une à son tour, qu'elle emprunte à Woody Allen et qui lui sert régulièrement de talisman anti-déprime :

> « La seule façon d'être heureux, c'est d'aimer souffrir. »

Références

Lars Auszra, Leslie Greenberg, Imke Hermann, « Client Emotional Productivity : Optimal Client In-Session Emotional Processing in Experiential Therapy », *Psychotherapy Research*, 23/6, 2013, p. 732-746.

Ueli Kramer, Emna Ragama, *La Psychothérapie centrée sur les émotions*, Elsevier Masson, 2020.

Subin Lee, Seung Wan Suh, Taehyun Kim, Kayoung Kim, Kyoung Hwan Lee, Ju Ri Lee, Guehee Han, Jong Woo Hong, Ji Won Han, Kyogu Lee, Ki Woong Kim, « Screening Major Depressive Disorder Using Vocal Acoustic Features in the Elderly by Sex », *Journal of Affective Disorders*, 291, 2021, p. 15-23.

Vous avez désormais une vision plus claire de la gestion des émotions et de l'humeur. À ce stade de votre lecture, vous êtes également capable de faire la différence entre une déprime passagère et ce qui relève de la maladie. La méthode des quatre « E », page suivante, vous permettra d'affiner encore vos connaissances.

18

La méthode des quatre « E »

Distinguer la maladie des émotions

Hannah monte péniblement les six étages de son immeuble, chargée de sacs de courses. Dans sa tête, elle imagine déjà les plats qu'elle va concocter, ayant prévu de préparer un bon dîner à Maria afin de l'encourager dans sa quête de bonne humeur. Il y a même une demi-bouteille d'excellent vin pour se faire plaisir en discutant. Aucune des deux n'a tendance à abuser de l'alcool. Elles peuvent s'autoriser un verre sans risque de tomber dans l'ivresse ou la dépendance. Un rêve taraude Hannah : parvenir à convaincre son amie, au fil de la conversation, de se remettre au piano.

— C'est moi ! s'exclame-t-elle en poussant la porte du studio.

Silence. Lieux déserts. Hannah fronce les sourcils et laisse tomber ses courses au sol afin de regarder sa montre : bientôt 17 heures. Que fabrique son amie ? Elle lui a pourtant laissé un double des clés…

La guide range ses achats en hâte, un fond d'inquiétude hantant son esprit. Lui est-il à nouveau arrivé quelque chose ? Une rechute du moral, alors que celui-ci paraissait aller mieux, l'a-t-elle fait retourner dans sa coquille de déprime ? Elle s'assied sur le canapé, s'oblige à réfléchir, à remettre ses idées en place. Maria avait prévu de retourner consulter Houdin, mais la séance n'a pas pu durer la journée entière ! En toute logique, elle a dû s'y rendre le matin. Et ensuite qu'a-t-elle fait ? Où a-t-elle pu passer ? Hannah revérifie son téléphone : aucun message de la pianiste. Elle décide de l'appeler. Tombe sur son répondeur.

Malgré elle, l'appréhension la gagne. Était-il sage, prudent même, de laisser son amie vagabonder toute la journée sans prendre de ses nouvelles ? Et si elle était encore plus désespérée qu'elle n'en avait l'air ? Progressivement, la panique monte. Hannah quitte l'appartement en trombe pour partir à sa recherche. Mais où ? Première piste : cibler les lieux que la pianiste affectionne, quelques bars, des cafés, des librairies. Elle court, s'y rend, métro, panique, rien. Maria n'est nulle part. Pire, sans elle, ces endroits paraissent fades, sans intérêt. Il manque l'essentiel.

Continuant à errer, le visage crispé d'inquiétude et son téléphone greffé à la main, la guide se promet d'être plus attentive à l'avenir. Tout à coup, une pensée désagréable la traverse : se ferait-elle un tel sang d'encre pour son mari ou pour ses fils ? Ne méritent-ils pas, eux aussi, qu'elle se mette dans tous ses états lorsqu'ils ne répondent pas à ses appels ? Cette fois, la culpabilité monte et s'ajoute à son stress. Ces derniers temps, juge-t-elle, elle les a beaucoup négligés, ne remarquant leur présence qu'au moment où ils partaient. Jusqu'à la dispute qui a conduit à sa fuite du domicile familial.

Hannah s'arrête devant un dépôt-vente d'articles de marque, son dernier espoir de retrouver son amie. Le magasin regorge de trésors à petit prix, une caverne d'Ali Baba de la sape dont les deux femmes se sont juré de ne révéler l'adresse à personne, pas même à leurs amies communes. En poussant la porte, elle sent aussitôt qu'elle a encore fait chou blanc. Un silence cotonneux règne entre les portants. Devant les vêtements et les accessoires qui, en d'autres circonstances, lui auraient donné envie de vider son compte en banque, elle reste de marbre. Ses pensées et envies sont ailleurs. Quand elle ressort, désemparée, elle s'arrête sur le trottoir. Il ne lui reste qu'à rentrer au studio, un sentiment de fiasco pour seul bagage. Une dernière option : s'arrêter au magasin de Romain Houdin. Qui sait ? Maria lui aura peut-être dit ce qu'elle comptait faire du reste de sa journée…

En franchissant le seuil, elle pousse un soupir de soulagement. La pianiste se trouve dans l'arrière-boutique, assise entre Aldo Monk et le thérapeute.

— Je t'ai cherchée partout ! s'exclame Hannah dans cet élan de colère qui, chez elle, suit toujours les grosses frayeurs. Jamais je n'aurais pensé que tu serais encore ici à cette heure… Pourquoi tu ne réponds pas à ton téléphone ?

Aldo prend la défense de l'interpellée :

— Ordre du chef. Nous avons coupé nos portables afin de ne pas être distraits.

— Et les amies qui pourraient s'affoler, vous y avez songé ?

— Je suis désolée de t'avoir inquiétée, s'excuse Maria, penaude d'avoir angoissé sa protectrice. Mais le professeur nous a fait découvrir des régions étranges et inconnues de notre esprit… Et nous avons été captivés. Ç'a été un sacré voyage !

— Rejoignez-nous pour la suite de l'aventure, propose Houdin d'une voix calme visant à apaiser le courroux et la peur de son ancienne patiente. Il nous reste encore un peu de chemin à faire…

Les quatre « E » de l'humeur malade

Hannah, plus détendue mais incapable de dissimuler le reste de colère et d'inquiétude qui demeure en elle, se débarrasse de son manteau et prend place autour de la grande table de l'arrière-boutique. Le professeur en profite pour effacer le tableau noir et insister sur un aspect de l'humeur qui lui paraît central : la distinction entre les fluctuations émotionnelles normales et la dépression clinique.

— La méthode des quatre « E » permet de savoir très facilement si l'on traverse une crise passagère ou si l'on est malade, commence-t-il. Lorsqu'on est atteint de dépression, c'est que les quatre « E » sont frappés en même temps :

- les émotions ;
- l'estime de soi ;
- l'énergie ;
- l'envie.

E	Humeur normale	Dépression
Émotions	Émotions agréables majoritaires ou fluctuantes selon les événements	Émotions tristes permanentes, même sans raison
Estime de soi	Confiance en soi ou reproches à soi-même pour des motifs justifiés	Culpabilité, reproches, regrets, auto-accusation sans motif
Énergie	Fatigue après un effort ou fatigue passagère	Fatigue dès le matin et après une phase de repos
Envie	Envie de ce qui fait plaisir et intérêt pour les activités quotidiennes	Perte d'envie, même pour ce qui fait plaisir ou est agréable. Dégoût et perte d'intérêt

— Être de bonne humeur, ou d'humeur normale, c'est donc à la fois : savoir lire ses émotions et en trouver qui soient positives ; s'estimer à sa juste valeur, s'accepter malgré ses défauts, ses manques et ses échecs ; avoir de l'énergie ou être capable d'en retrouver après un temps de repos et de récupération ; connaître et alimenter ses envies.

— Les émotions commencent à m'être familières, observe Maria. Mais les trois autres « E » sont nouveaux pour moi.

— Nous allons y venir. Pour le moment, retenez cette idée, indiscutable bien qu'elle paraisse simpliste : lorsqu'on souffre à la fois d'émotions tristes, d'une perte d'estime de soi, d'une perte d'énergie et d'une perte d'envie, c'est qu'on a affaire à ce que les médecins appellent une dépression majeure ou caractérisée. Et si la situation dure plus de deux semaines, c'est un indice préoccupant. Notez que l'existence d'une « bonne raison » d'être triste ne change rien au diagnostic : on peut souffrir de dépression au sens de la maladie même après avoir perdu un être cher ou avoir été licencié. Mon expérience m'a rendu très modeste en matière de recherche des causes et dans l'interprétation de leurs effets.

Estime de soi

Hannah Kraus sourit à l'humilité affichée du professeur, qui lui semble un peu surjouée. Elle aimerait dire qu'à son avis c'est plutôt l'excès d'estime de soi qui le guette, mais se tait afin de ne pas le fâcher ni perturber sa démonstration.

— Les supporters, poursuit le thérapeute, quel que soit le sport qui les passionne, sont tristes quand leur champion ou leur équipe perd. Ils n'en sont pas déprimés pour autant et, surtout, ne s'accusent pas eux-mêmes. Ils diront plutôt que c'est la faute « à pas de chance », à l'arbitre, au terrain, au destin… Seuls ou en groupe, ils sont capables de reconstituer le match en incriminant tour à tour la température dans le stade, l'horaire, la méthode de l'entraîneur, la taille des buts ou la forme des poteaux ! La seule personne à laquelle un supporter déçu ne reproche rien, c'est bien lui-même – ou son cercle de passionnés. Il estime avoir été présent jusqu'au bout pour soutenir l'équipe. Bien qu'il ait donné le maximum, ses héros n'ont pas été à la hauteur de son enthousiasme : tant pis ! Rien à voir avec de la dépression, qui consiste à se faire des reproches incessants…

Énergie

Romain Houdin entoure le troisième « E », celui de l'énergie, sur le tableau noir :

— Ce concept est relativement facile à cerner. On est plein d'énergie quand on est de bonne humeur, intéressé par son travail, impliqué auprès de ses proches, éventuellement amoureux. Le contraire de l'énergie, la fatigue, est une réaction normale à un excès d'effort sans récupération : elle se produit généralement en fin de journée, ou en fin de semaine. En revanche, une sensation d'épuisement dès le lundi matin révèle un problème d'ordre émotionnel. Quand ni le sommeil, ni les vacances, ni la distraction ne permettent de récupérer, c'est le signe d'une mauvaise humeur maladive.

Envie

Le professeur pointe à présent du doigt le quatrième et dernier « E », tout en fixant tour à tour ses « élèves » afin de capter leur attention.

— La perte d'envie est une bonne manière de faire la différence entre les éternels insatisfaits, simples râleurs qui en veulent toujours plus, et les personnes dépressives, qui ne veulent plus rien. Je me sers beaucoup de ce critère en consultation. Tant que l'on est exaspéré, en colère, c'est que l'on n'en est pas au stade du désespoir : on entrevoit une issue à son problème. Tous ceux qui disent être déprimés par leur travail, mais piaffent à l'idée de vacances au grand large, dans le désert ou à la montagne, sont juste surmenés. En revanche, quand même l'idée d'une escapade en amoureux, en famille ou entre amis laisse froid, la question de la dépression se pose.

— Le jour où je n'aurai plus envie de fuguer en Italie, il y aura de quoi s'inquiéter ! s'esclaffe Aldo.

— Dans le monde du travail, continue Houdin sans relever l'intervention, les salariés qui évoluent dans la hiérarchie et se voient assigner de nouvelles missions sont souvent stressés, pressurés. Mais leur combativité, leur goût de la lutte prouvent qu'il leur reste des projets. En cas de coup dur, ils doivent naturellement être entendus et pris au sérieux, mais pas traités en malades. En revanche, plus inquiétants sont ceux qui ne se battent même plus, qui se réfugient dans le mutisme ou le découragement. Il faut donc savoir entendre les colères et les reproches avant qu'ils ne se transforment en désespoir.

— C'est vrai aussi en amitié et en amour, ajoute Maria. Des crises ponctuelles et des discussions musclées valent mieux que le silence, le renoncement, la fin du désir d'être ensemble. Il est normal de vouloir, de temps à autre, faire bouger les lignes d'une relation. Mais il faut repousser le moment où l'on n'a, comme dirait un certain chanteur, même plus l'envie d'avoir envie !

Hannah hoche gravement la tête :

— Quand je n'allais pas bien, juste après mon licenciement, j'avais perdu tout désir. Mes amis ne manquaient ni d'idées, ni d'énergie quand il s'agissait de me consoler ou de me motiver : ils essayaient tantôt de me distraire, tantôt de me noyer sous les conseils… Sauf que je n'étais pas du tout réceptive.

— Encore quelque chose que tu ne m'as jamais raconté, la gronde gentiment Maria.

— Par pudeur, certainement ! Et parce que j'ai été refroidie par une de mes amies, à qui je me suis confiée et qui a tenté de m'administrer un traitement de choc. Sachant à quel point j'adore le tennis, elle m'a offert une place pour le tournoi international en salle de Paris-Bercy. Avec mon joueur préféré en demi-finale. Je l'entends encore m'en parler, à la fois adorable et complètement à côté de la plaque : « Tu pourras admirer son service et sa volée dans les meilleures conditions ! Ta place est dans une loge au troisième rang. Tu oublieras tout ton stress ! » En ouvrant l'enveloppe rose amoureusement entourée d'un ruban bleu que me tendait cette trop serviable camarade, je me suis figée. Car sa proposition n'aurait pas pu plus mal tomber. Et alors qu'elle guettait un sourire ou un remerciement de ma part, des larmes ont coulé sur mes joues. Je lui ai dit : « Il ne fallait pas. Tu as dépensé trop d'argent pour moi. Cet après-midi, j'ai envie de tout sauf d'assister à un tournoi. Je me vois plutôt rester seule dans ma chambre avec une tisane et un roman policier. Ne le prends pas mal, mais je n'ai pas le courage de sortir. »

Hannah passe nerveusement la main dans ses cheveux, comme si des sensations désagréables lui revenaient.

— Cela m'a donné une bonne leçon, conclut-elle. La mauvaise humeur attaque l'envie. Ce qui nous fait du bien en temps normal nous est insupportable lorsqu'on va vraiment mal. Face à une invitation à Paris-Bercy, moi qui suis mordue de tennis, j'ai fait l'expérience de ce qu'est vraiment la perte d'envie. Je savais instinctivement que je n'éprouverais ni intérêt ni plaisir à voir mon joueur star enchaîner services gagnants, amorties et volées. J'ai préféré regarder la retransmission à la télévision en somnolant à moitié. Et, de là, l'agitation sur le court me paraissait vaine, incompréhensible, tout comme les manifestations bruyantes de celles et ceux qui encourageaient les joueurs et appréciaient le spectacle.

Ce que la médecine apprend sur la dépression

À présent que son auditoire maîtrise les quatre « E », Romain Houdin quitte le tableau et se rassied. Il propose d'établir une liste de vérités médicales indiscutables concernant la dépression.

— Sachez, avance-t-il, que la dépression est très fréquente. Une personne sur cinq en souffre au moins une fois au cours de sa vie. Nous autres, thérapeutes, devons donc en rechercher attentivement les symptômes. Il s'agit d'un mal aussi courant que le diabète ou l'hypertension artérielle.

— Je ne le sais que trop, déplore Hannah.

— Là où les choses se compliquent, c'est que la dépression est souvent stigmatisée et fait l'objet de nombreux préjugés. Par exemple, beaucoup de gens croient encore qu'il suffit de « se ressaisir » pour en sortir. Or la dépression ne s'explique pas par un manque de volonté ou un laisser-aller, et il ne sert à rien de bousculer ceux qui en souffrent, à part à les braquer. Il va sans dire que les encouragements, sermons et autres formules magiques sont tout aussi inutiles. Cela tient au fait que la dépression n'est pas seulement une maladie de l'esprit : elle affecte aussi le corps, en diminuant l'espérance de vie et en augmentant les risques cardiovasculaires ainsi que d'autres maladies réputées purement physiques.

— Si je comprends bien, intervient Aldo, la dépression serait une maladie comme les autres ?

— Plus souvent qu'on ne le croit, oui, confirme Houdin. Disons que l'explication médicale est importante, mais ne suffit pas. Combien de gens, une fois sortis d'affaire, jurent haut et fort qu'ils doivent leur rétablissement à un voyage à Venise, à un séjour au Tibet ou à une rencontre amicale ?

— Il y a donc une subtilité à saisir entre les aspects médicaux et spirituels du problème, résume Maria. D'où l'importance de disposer d'outils efficaces pour la diagnostiquer. Quant à moi, pas de doute : lorsque Gabriel m'a quittée, tous mes « E » étaient par terre !

— J'ai connu la même chose quand j'ai été licenciée, acquiesce Hannah. Je pleurais sans raison, de jour comme de nuit. Je ne pouvais regarder que les émissions de télévision insipides, tout ce qui me semblait un tant soit peu intéressant me faisant fondre en larmes !

— Par chance, ce ne sont pas les émissions nulles qui manquent, observe Monk.

— C'est certain… En plus de la télévision, seuls les mots mêlés me changeaient les idées. C'était même devenu une drogue ! Au fil du temps, j'ai renoué avec d'autres distractions mais, longtemps après ma guérison, j'ai gardé une cicatrice de mélancolie qui a continué à me faire souffrir en fin d'après-midi. Dès que le jour commençait à faiblir, mon humeur flanchait. Cela allait d'une sensation d'oppression dans la poitrine à une remise en question de toute ma vie. Comme je ne retrouvais confiance en moi qu'après le dîner, à l'époque, on me surnommait « six à sept, prise de tête » !

Si vous aimez les explications scientifiques, poursuivez page suivante avec un chapitre qui comblera vos attentes. Vous y apprendrez les termes techniques que les spécialistes utilisent afin de décrire les états d'âme. Vous y trouverez en outre des informations pour continuer à faire la différence entre inquiétude passagère et dépression, comprendre d'où viennent les mouvements de l'humeur, et placer des mots compliqués lors des dîners mondains ou dans vos jeux de vocabulaire !

Si la médecine et ses définitions vous lassent, partez à la rencontre d'Eva Anderson, une thérapeute cuisinière qui allume les fourneaux et réchauffe les cœurs, page 275.

19

Quelques mots savants et utiles

Ce que la médecine sait des mouvements de l'âme

Se mettre un peu en retrait. S'accorder, l'espace de quelques minutes, le temps de ne rien dire. Pour penser, laisser les autres parler, écouter, observer aussi. Maria, alors que sa perception de ce qu'elle est évolue depuis ces derniers jours, a conscience qu'elle n'est pas seule à affronter ce mal-être qu'est la mauvaise humeur. Hannah aussi l'a endurée ; et des séquelles apparaissent encore. Du reste, son témoignage fait écho au sien tout en apportant un éclairage différent sur les enseignements théoriques de Houdin. Aussi les écoute-t-elle échanger un long moment sur la période de profonde tristesse qui a suivi le licenciement de son amie, sur ses divers aspects au prisme des fameux quatre « E » dont le thérapeute précise les contours, s'attachant à définir précisément chacun des termes médicaux qu'il emploie. Soudain ce jargon interpelle la pianiste. Et lui rappelle, confusément, quelque chose – mais quoi ? Tout à coup, cela lui revient : une pièce de théâtre de Molière, étudiée au lycée, ce *Malade imaginaire* où le dramaturge moque le vocabulaire incompréhensible qui permet aux pires charlatans d'exercer une forme d'emprise sur leur patientèle, tout en se faisant passer pour d'éminents guérisseurs. Maria connaît par cœur, depuis la terminale, le dialogue entre le malade Argan et le fameux Diafoirus, qu'elle a même interprété lors du spectacle de fin d'année, portant une longue robe noire empruntée à sa mère. Fascinée par les traités de médecine et leur langage mystérieux, elle s'était battue jusqu'à obtenir le rôle.

Dans son souvenir, Argan commence par interroger le médecin avec déférence : « Je vous prie, Monsieur, de me dire un peu comment je suis. » Et l'autre de lui servir une réponse qui n'a rien de rassurant : « Dico, que le pouls de Monsieur est le pouls d'un homme qui ne se porte point bien… Qu'il est duriuscule, pour ne pas dire dur… Repoussant… Et même un peu caprisant. Ce qui marque une intempérie dans le parenchyme splénique, c'est-à-dire la rate. » Et un peu plus tard, lorsque le malade pose au docteur une question sur la bonne manière de saler ses œufs – « Monsieur, combien est-ce qu'il faut mettre de grains de sel dans un œuf ? » –, la réponse de Diafoirus se révèle tout aussi absurde : « Six, huit, dix, par les nombres pairs, comme dans les médicaments, par les nombres impairs. »

Le souvenir agit sur l'esprit de la concertiste comme un baume, un talisman. Parce qu'il l'aide à ne pas prendre son état trop au sérieux, voire à en rire. Grâce au dialogue irrésistible, elle redoute moins le jargon qui décrit les maux de l'âme de manière froide et clinique. Heureusement, car c'est précisément le moment que choisit Houdin pour ouvrir son épais dictionnaire de médecine. De l'autre côté de la table, Hannah et Aldo se sont imperceptiblement tassés sur leur chaise, la tête rentrée dans les épaules. Comme s'ils se préparaient à recevoir un coup sur le crâne à chaque nouvelle définition. Le côté abscons du langage médical… et la propension du professeur à, parfois, pontifier les épuisent et assomment d'avance.

D'acédie à couvade

L'émotologue jette un regard à son auditoire avant d'entamer sa lecture. Il se racle la gorge d'un air important :

— Les définitions que vous allez entendre ont toutes quelque chose à vous apprendre, mais ne vous sentez en rien obligés de les retenir. L'essentiel est de les écouter attentivement, de vous en imprégner, et de retenir celles qui vous parlent. Bien sûr, n'hésitez pas à m'interrompre si quelque chose n'est pas clair – ce qui risque d'arriver plus d'une fois, si j'en crois vos regards terrifiés !

Il tourne quelques pages, parcourt le texte de son doigt jusqu'à trouver les termes qui l'intéressent, et commence à lire.

— *Acédie* : perte de foi décrite chez les moines doutant de leur vocation. C'est en quelque sorte l'ancêtre de la dépression moderne. Eh oui, nos amis croyants connaissent eux aussi le vague à l'âme…

Anankastique : caractère d'une personnalité hésitante, qui doute et cherche en même temps à se contrôler en toutes circonstances. Ce type de personnalités est le plus exposé à la dépression.

— Voilà un terme inventé pour moi, observe alors Maria. Je ne l'avais jamais entendu auparavant, mais je ne manquerai pas de le réutiliser.

— *Appétit dépressif* : la dépression peut couper l'appétit, ou donner au contraire envie de se remplir et de se consoler en se jetant sur des sucreries.

Athymormie : absence d'émotions, qu'elles soient douloureuses ou agréables. C'est le vide ou le désert de l'esprit.

— Ça, c'est plutôt pour moi, intervient Aldo. Juste avant mon *burn-out*, je travaillais tellement que je ne ressentais plus rien.

— *Bonheur* : la médecine ne sait pas encore le définir. On sait néanmoins que la recherche du bonheur à tout prix peut virer à l'obsession, et conduire tout droit à la déprime. Quoi de plus déprimant que d'essayer d'être heureux tout le temps, en dépit du bon sens ?

Bonne humeur anecdotique : elle fait la force des gens qui, même quand tout va mal, trouvent des raisons modestes de sourire. Ils s'accrochent à un détail, notent l'aspect ridicule ou étonnant d'une situation, et s'en fabriquent une distraction.

Bonne humeur artificielle : c'est une fuite en avant qui ne sert qu'à masquer la mauvaise humeur. Par exemple, on s'invente des qualités auxquelles on ne croit pas, par peur de se trouver sans intérêt ; ou encore, on se force à rire ou à faire des blagues dans l'espoir de tenir en respect ses émotions les plus sombres.

Maria jette un regard en coin vers Monk, dont le propre regard plonge aussitôt vers le sol. Elle s'apprête à dire quelque chose d'encourageant pour lui redonner confiance, mais l'émotologue se montre plus rapide qu'elle :

— Allons, cher Aldo, ne soyez pas embarrassé. S'il vous arrive encore, par moments, de faire preuve d'une bonne humeur artificielle, vous avez énormément progressé depuis notre première rencontre ! Vous pouvez en être fier.

Voyant que le vendeur redresse la tête, rasséréné, Houdin continue à égrener ses définitions :

— *Bonne humeur par habitude* : elle se prolonge sans motif évident, et se nourrit exclusivement de la certitude que le destin finira par être favorable. C'est à la fois une chance pour ceux qui la possèdent, et un talent qui se développe.

Bonne humeur superficielle : elle appartient à ceux qui savent depuis l'enfance qu'il vaut mieux sourire en toutes circonstances plutôt que de trouver des raisons de désespérer. Les individus concernés évitent les sujets sérieux, et rechignent parfois à se confier.

Bovarysme : terme qui désigne la mauvaise humeur existentielle, inspiré du roman de Flaubert *Madame Bovary*. Dans le roman, l'héroïne, Emma Bovary, s'ennuie profondément et rêve d'une autre vie. Malade d'insatisfaction, elle ne trouve de répit que dans la lecture de romans sentimentaux qui la confortent dans son désespoir.

— Un désespoir textuellement transmissible, commente Hannah avec une moue. J'ai rarement été aussi insatisfaite de ma propre vie qu'après avoir lu ses aventures… Voilà sans doute la force de ce chef-d'œuvre : nous faire mesurer la profondeur de notre ennui !

— *Bradyphémie* : fait de parler lentement à cause de sa mauvaise humeur.

Bradypsychie : fait de penser lentement parce qu'on est triste et qu'on a l'esprit embrumé.

Burn-out : le terme n'est pas bien défini sur le plan médical. Dans certains cas, on l'utilise pour décrire une dépression due à un surmenage. Cependant, il est établi que les maltraitances professionnelles – harcèlement, menaces, agressivité – conduisent à l'épuisement puis au *burn-out*.

— Vous et moi sommes deux exemples différents de *burn-out*, commente Aldo en se tournant vers Hannah. Il y a autant de manières de se plaindre que de personnes.

— *Catathymique* : se dit d'une dépression très grave, dans laquelle le patient délire et se fait des reproches excessifs, irrationnels.

Cœur de déprime : cœur qui subit les effets physiques de la dépression. Comme nous l'avons vu, cette maladie n'affecte pas que l'esprit : elle perturbe notamment le cœur, en provoquant la contraction des vaisseaux et en augmentant le risque d'accident vasculaire. Le sang coagule plus vite, et certains patients développent des caillots sous l'effet de la tristesse.

Couvade : réaction de déprime chez le père après la naissance d'un enfant. C'est l'équivalent chez l'homme du post-partum *blues* de la mère.

De culpabilité à voix dépressive

— *Culpabilité* : sentiment d'avoir fait du mal à autrui, ou d'être responsable d'une situation négative. La culpabilité rend triste et, inversement, la déprime fait que l'on se sent coupable : c'est un cercle vicieux.

— Il est si facile de déformer la réalité et de s'attribuer tous les torts ! déplore alors Aldo. Le psychiatre Jean Delay, que vous m'aviez conseillé de lire, l'a très bien formulé : « Le déprimé cherche une justification à son état [...]. Qui veut trouver des raisons valables au désespoir n'a que l'embarras du choix. »

— *Déprime* : un terme sans définition médicale. Beaucoup pensent à tort qu'il s'agit d'une forme modérée de la dépression : il n'en est rien. Dans le langage courant, on parle d'ailleurs de déprime pour décrire le moral d'une population entière, des ménages ou des marchés financiers en temps de crise économique. Tout cela n'a rien à voir avec une maladie !

Deuil : réaction normale de chagrin et de perte de repères à la mort d'un être cher. Comme la détresse a alors une cause claire, il vient rarement à l'idée d'en confier le « traitement » à un professionnel. Bien que le deuil s'écarte sérieusement du comportement habituel, on espère qu'il sera surmonté naturellement ; on trouverait même nuisible de perturber le processus d'acceptation. Sigmund Freud explique la différence entre deuil et dépression : selon lui, dans le cas d'un deuil, le monde devient pauvre et vide à cause d'une perte. Dans le cas de la dépression, c'est la personne atteinte qui se sent vide.

Dysthymie : dépression qui dure depuis plus de deux ans, caractérisée par une relation au monde faite de tristesse, de découragement et d'insatisfaction.

— Pensez-vous que la dysthymie me guette ? s'alarme soudain Maria.

— Je n'en crois rien, la calme Houdin en levant le nez de son dictionnaire. Après quelques semaines de mal-être, vous avez pris les choses en main et décidé de tout faire pour aller mieux. La dysthymie s'installe plutôt chez des gens qui souffrent depuis tellement longtemps qu'ils en ont pris l'habitude et qu'ils sont incapables de faire ce premier pas.

Hyperthymie : enthousiasme infatigable, motivation à toute épreuve qui expose paradoxalement les individus concernés à des effondrements dépressifs. Bien qu'il n'y ait pas de fatalité, il convient d'être vigilant. Les grandes montées d'énergie peuvent se solder par l'épuisement du corps et de l'esprit.

Immortalité : contrairement à ce que l'on pourrait croire, ce n'est pas un cadeau ! Les personnes gravement déprimées en arrivent parfois à délirer, et à se croire atteintes d'un tel syndrome. Elles se pensent indignes au point de n'avoir pas le droit de mourir comme le reste du genre humain.

Inhibiteurs de la recapture de la sérotonine : médicaments bien tolérés qui sont aujourd'hui le traitement de référence de la dépression. Ils agissent sur la quantité de sérotonine dans le cerveau et sur les récepteurs de cette hormone.

Inhibiteurs de la recapture de la sérotonine et de la noradrénaline : nouvelle génération d'antidépresseurs, qui s'avèrent parfois efficaces quand les premiers ne suffisent pas.

— Il y a encore trois jours, confesse la pianiste au professeur, j'espérais que vous me prescririez ces médicaments et qu'ils régleraient immédiatement mon problème de tristesse. Entre-temps, bien sûr, j'ai compris que je pouvais pour l'instant essayer d'autres méthodes…

— *Manie* : un terme à ne pas prendre dans son acception la plus courante. En psychiatrie, la manie n'est pas un rituel ou une habitude, mais un état d'excitation se traduisant par une bonne humeur excessive, une disparition de la sensation de fatigue et une tendance à trop parler et à trop dépenser. Lorsque les phases de manie alternent avec des accès de déprime, on parle de trouble bipolaire de l'humeur.

Mélancolie : là encore, il ne faut pas s'arrêter au langage commun. La mélancolie est bien plus qu'un vague mal-être romantique : c'est la forme la plus grave de la dépression. Particulièrement sévère le matin, elle s'accompagne d'un ralentissement général de la pensée et des gestes, d'une forte culpabilité et de pensées suicidaires. Heureusement, la mélancolie est aussi la forme de dépression qui se soigne le mieux.

Mémoire : la dépression a tendance à « bloquer » la mémoire sur des souvenirs anciens, souvent désagréables. La personne déprimée n'enregistre plus de nouvelles informations. C'est d'ailleurs une inquiétude banale, en cas de dépression, que de se croire atteint de la maladie d'Alzheimer.

— Cela explique pourquoi je pense si souvent, ces derniers temps, à mes anciens professeurs de piano et aux humiliations qu'ils m'ont fait subir ! s'exclame la concertiste. Moi qui avais l'impression d'être un disque rayé… Tout s'éclaire.

— *Mixte* : état de l'humeur, difficile à identifier et à comprendre, dans lequel coexistent la dépression et l'excitation maniaque. La personne concernée est à la fois survoltée et désespérée.

Pensée dépressive : alors que le stress fait divaguer l'esprit dans tous les sens, la déprime ralentit la pensée et la fixe sur quelques thèmes moroses. Contrairement aux idées reçues, et n'en déplaise au stéréotype du poète maudit, la déprime ne stimule pas la créativité sur le moment ; cependant, de nombreux artistes disent se sentir plus créatifs après un épisode de déprime. Mais seulement quand ils ont retrouvé une humeur normale.

— Lorsque tu m'as annoncé avoir du mal à surmonter ta tristesse, avoue Hannah à son amie, une partie de moi s'est demandé si cela pouvait servir de carburant à ta musique. Je comprends maintenant mon erreur.

— *Post-partum* : période qui suit l'accouchement, durant laquelle la jeune mère est particulièrement à risque de dépression. Les bouleversements hormonaux et les changements dans le mode de vie en sont des causes possibles.

Syllogomanie : terme étrange… qui décrit un syndrome tout aussi étrange. Les individus qui en sont frappés ressentent le besoin d'accumuler des objets inutiles. Parfois, cela s'accompagne de dépression ; parfois, non.

Syndrome prémenstruel : période qui précède les règles et qui, chez certaines femmes, s'accompagne d'une déprime plus ou moins prononcée, ainsi que de fatigue et d'irritabilité selon les cas.

Temps dépressif : temporalité déformée ressentie par les personnes gravement déprimées. La dépression étire le temps, qui paraît alors interminable, douloureux et vide.

Thymorégulateurs : médicaments qui aident à lutter à la fois contre la dépression et la manie. Ils sont prescrits aux personnes à qui l'on a diagnostiqué un trouble bipolaire de l'humeur. Le plus connu est le lithium.

Typus mélancolique : forme de personnalité sérieuse, méticuleuse, hésitante, qui s'expose à la déprime à force de vouloir maîtriser son destin.

— Cela recoupe les personnalités anankastiques dont vous nous avez parlé plus tôt, intervient Maria. Décidément, je m'y reconnais.

— *Voix dépressive* : particularité qui frappe les personnes déprimées. Leur voix perd toute modulation et devient monocorde, sans changement de rythme ni de registre.

Romain Houdin referme son dictionnaire d'un air satisfait. Tandis qu'il replace le lourd volume sur l'étagère, Hannah se penche et confie à l'oreille de son amie :

— Je n'ai pas osé le dire à voix haute, mais je me suis reconnue dans la dépression du post-partum. Quand mon fils cadet Jonathan est né, j'avais tout pour être heureuse… Pourtant, je me suis effondrée. Mon mari n'a pas compris ce qui m'arrivait, pas plus que le reste de ma famille. Cette période a presque été aussi difficile que celle qui a suivi le licenciement.

— Je suis désolée de l'apprendre… Veux-tu en parler maintenant, et demander un avis au professeur ?

— Surtout pas ! La remontée a été si laborieuse que je fais tout pour l'oublier, et cela fonctionne. Sans compter que nous sommes ici pour parler de toi, non de moi !

Lorsque l'émotologue se rassied, Hannah, à défaut d'oser une telle confidence, lui demande la permission d'ajouter quelques mots au glossaire qu'il vient de dérouler.

— J'aimerais, explique-t-elle, vous dresser la liste des mots qui, moi, m'agacent en termes de santé mentale, et en profiter pour voir si on peut réfuter quelques clichés.

— Mais bien sûr, chère Hannah, s'enthousiasme Houdin. Nous vous écoutons.

— *Blues* : à part dans le cas du post-partum *blues*, qui est aujourd'hui bien connu et efficacement traité, je trouve que le *blues* devrait toujours désigner un genre musical plutôt qu'une forme de mauvaise humeur. Je ne vois pas ce que la couleur bleue a de triste !

Moral : je ne parle pas de la morale rigide que m'imposaient mes supérieurs hiérarchiques avant mon licenciement, mais bien du moral au masculin. À l'image du talent, on le considère trop souvent comme une qualité que l'on a ou que l'on n'a pas. Lorsqu'un ami trop bien intentionné fond sur moi pour me le remonter, je prends la fuite ! Quant au moral des ménages, je me demande encore s'il n'a pas quelque chose à voir avec ce que je ressens lorsque je passe l'aspirateur…

Les autres sourient. La guide poursuit, heureuse de pouvoir mettre les points sur les i et de partager ses avis et conclusions.

— *Pervers narcissique* : c'est un individu qui sème la mauvaise humeur autour de lui par son égoïsme, sa méchanceté ou par pur plaisir. En ce qui me concerne, je vais finir par manquer d'étiquettes de pervers narcissiques tellement j'en colle sur mon passage à tous les hommes qui m'agacent ou me font du mal !

Psychose : elle désigne à mes yeux toute peur collective censée frapper un groupe d'individus, voire une ville ou un pays. Il y a toujours une cause à cette psychose collective : infection, tueur en série ou pyromane. Mais elle n'a, répond Romain Houdin, rien à voir avec ce que la psychiatrie reconnaît et traite comme maladie. Un état où l'on peut délirer ou se replier sur soi.

Quelqu'un : je vais vous faire rire je crois, mais je verrais bien ce mot comme celui qui désigne le psy que l'on rencontre sans l'avouer à ses proches. On consulte en effet un médecin *normal* mais on voit *quelqu'un*, sans rien en dire, comme si c'était honteux.

Le bref glossaire, aussi sensé qu'amusant, vient pour Maria compléter parfaitement la liste de définitions plus sérieuses de l'émotologue. Tous ces termes, s'ils portent une certaine charge anxiogène, piquent sa curiosité.

Références

Jean Delay, *Les Dérèglements de l'humeur*, Puf, 1961.

Sigmund Freud, *Deuil et mélancolie*, Payot, 2011.

Gin S. Malhi, J. John Mann, « Depression : Seminar », *The Lancet*, 392/10161, 2018, p. 2299-2312.

Molière, *Le Malade imaginaire*, Gallimard, 2020.

Anita Thapar, Olga Eyre, Vikram Patel, David Brent, « Depression in Young People Seminar », *The Lancet*, 400/10352, 2022, p. 617-631.

Daniel Widlöcher, *Les Logiques de la dépression*, Fayard, 1995.

Après tant de mots à la fois savants et inquiétants, vous avez bien mérité de rencontrer, page suivante, la maîtresse de la thérapie par la gourmandise. Découvrez comment Eva Anderson traite les émotions en douceur… et avec des douceurs.

20

Au bonheur de la gourmandise

Humeur et plaisir gustatif

Les gargouillis qui montent du ventre de Maria la trahissent. Romain adresse un clin d'œil à la pianiste et lui lance :

— Ne soyez pas gênée ! L'envie de manger fait partie de nos désirs les plus naturels et les plus avouables. Notre estomac, à condition qu'on sache l'écouter, nous apprend à prêter attention à ce que réclame notre corps. Mais j'y pense : si vous souhaitez en savoir plus sur ce qui allume ou éteint le désir, pourquoi ne pas m'accompagner chez Eva ? Cette amie tient une péniche très particulière, qui stimule autant l'esprit que les papilles.

— Et où se trouve-t-elle, cette péniche ? râle Hannah. Dire que j'avais fait les courses et m'apprêtais à cuisiner un bon petit plat !

— Ce n'est que partie remise, la rassure sa complice. Cher professeur, nous acceptons volontiers votre invitation !

— Formidable. Le bateau est amarré devant le Pont-Neuf. Pour le moment, il s'y tient une fête en l'honneur d'un couturier dont le nom est tenu secret : mais aussitôt que les top-modèles auront filé, nous pourrons accéder à ce laboratoire du goût et du plaisir !

Houdin arrête un taxi dans lequel le petit groupe se serre vaille que vaille. Destination La Samaritaine, récemment transformée en *mall* de luxe. Si bien qu'en contrebas, la Seine illuminée de reflets dorés évoque moins les romans noirs de Georges Simenon que les films américains du siècle dernier ; et qu'on s'attend davantage à y croiser des milliardaires en goguette, des Emily in Paris sponsorisées, que de malheureux clochards. Il ne manque que les parapluies, la musique de comédie musicale, un danseur en smoking jouant des claquettes sur le verglas ou une jeune femme qui savoure les clichés du *Marvelous Paris* pour se croire devant un écran.

L'accès à la péniche est gardé par un vigile en manteau noir. Il arbore un drapeau suédois ainsi qu'un fanion où figurent deux enfants de profil et l'inscription « Fanny et Alexandre » que déchiffre Maria en plissant les yeux. À travers les hublots, on devine, à l'étage supérieur, une salle de billard ainsi qu'une autre, de bal, décorée de miroirs cerclés d'or. Du côté de la proue a été installée une salle de sport, où trônent un Jacuzzi ainsi que des haltères et des sacs de boxe.

Une petite femme rousse, à la voix grave et à l'accent suédois prononcé, apparaît sur le pont et leur fait signe de monter :

— Si vous avez peur de l'échelle, Igor vous portera sur son dos ! À ce jour, personne n'est jamais tombé à l'eau : si l'un d'entre vous est le premier à dégringoler, je lui offrirai une pâtisserie de mon pays pour le consoler.

Après quelques hésitations, Aldo, Hannah, Maria et le professeur Houdin grimpent sur le pont. Ils s'agrippent aux cordes qui maintiennent le bateau à quai. Avec un frisson, la concertiste ne peut s'empêcher d'imaginer ce qui lui arriverait si elle tombait dans le fleuve glacé : combien de temps survivrait-elle ? Pourrait-on la secourir ? Elle soupire et songe que la conjuration de ses pensées catastrophistes risque de prendre encore un peu de temps…

Aussitôt à l'intérieur, les visiteurs apprécient la chaleur douce qui les entoure. La femme rousse, qui se présente sous le nom d'Eva Anderson, les introduit dans un espace salon cosy attenant à la salle de bal.

— Ne faites pas attention au bazar, la fête vient de se terminer… Mettez-vous donc à l'aise sur ma peau de bœuf suédois – en pure imitation synthétique, bien sûr ! Beaucoup de mes clients les plus riches sont végétariens.

Elle tire à elle un petit fauteuil et croise ses courtes jambes d'un mouvement énergique. Tout en elle respire le dynamisme, la créativité et la joie.

— Romain a bien fait de vous amener dans mon laboratoire, se réjouit-elle. Quand il m'a appelée, je n'ai pas hésité à pousser les derniers fêtards dehors. Nous avons trop de souvenirs communs pour que je ne réponde pas présente ! Vous allez voir : ici, tout est fait pour plaire et pour surprendre. Je suis spécialiste du désir et du plaisir gustatif autant que des vitamines !

— Vous vous connaissez donc depuis longtemps ? interroge Hannah, curieuse d'en savoir plus sur son ancien thérapeute.

— Ne raconte pas tout, Eva, se défend ce dernier en rougissant.

Cette dernière fait mine d'hésiter avant de répondre d'un air malicieux :

— Bon… Juste le plus compromettant, alors ! Nous avons commencé nos études ensemble, malgré notre différence d'âge. Le cursus de biologie du cerveau a été ma première formation en arrivant de Malmö. Quant à toi, Romain, c'était déjà ton deuxième ou ton troisième diplôme. Je ne les compte plus !

— Hélas, moi non plus… J'ai toujours été inconstant.

— Ensemble, poursuit la cheffe cuisinière, nous avons découvert ce qui se passe au niveau du cerveau, du corps et de l'esprit lorsqu'on ressent du désir ou du plaisir. Nous avons également exploré les effets physiologiques de l'envie, qu'elle soit satisfaite ou qu'elle reste en suspens.

Découvrir ses désirs devant une casserole

— Vous étiez donc chercheuse ? demande Aldo.

— Oh, non : je n'étais pas assez patiente pour construire un protocole de recherche en plusieurs années, le faire financer puis le mener à bien. Entre la genèse d'une idée et sa concrétisation, je me suis vite aperçue qu'il pouvait s'écouler une décennie ! J'avais besoin de réussites plus immédiates.

Elle se tourne vers Maria :

— Romain m'a beaucoup parlé de votre talent, vous savez. Vous qui êtes pianiste depuis longtemps, vous devez savoir comme il est frustrant de ne pas arriver rapidement au résultat souhaité…

— Bien sûr, approuve Maria. La musique, comme la recherche, est un domaine où la gratification se voit sans cesse retardée. Entre le moment où l'on découvre le son d'un instrument, son aspect, et celui où l'on est enfin capable d'en tirer quelques mélodies acceptables, ce sont des années entières qui filent… Et encore, rien n'est définitivement acquis.

— Heureusement, ici, vous vous trouvez dans le temple du plaisir immédiat et des réussites rapides. Mon laboratoire est juste sous vos pieds, caché dans la cale du navire.

Eva soulève une trappe et invite ses visiteurs à la suivre en cuisine. L'escalier est raide mais tout le monde suit. Elle montre au groupe ses ustensiles : une batterie de plus de cinquante casseroles flambant neuves, divers appareils de cuisson et bien d'autres outils destinés aux plus grands exploits gastronomiques.

— Cuisiner sur votre péniche : voilà une idée formidable, s'enthousiasme Hannah. Vous avez inventé un lieu et un concept à partir de rien. J'adore ! J'aimerais tant le faire visiter à mes clients en mal d'inédit… Si vous me faites confiance et m'ouvrez vos portes, nous pourrions terminer leur parcours par une dégustation de vos spécialités suédoises ! De la musique folklorique, des photos de la Suède, quelques extraits de films d'Ingmar Bergman… Je la tiens, ma soirée inoubliable.

— Je crois que vous vous méprenez sur mon activité, sourit Eva. Ce bateau n'est pas un lieu de réception. La fête qui s'y est tenue aujourd'hui relevait de l'exception : il n'y a bien que dans le monde du cinéma ou de la mode qu'on préfère avaler des plats tout faits devant La Samaritaine…

— Il n'est donc pas possible de venir manger ici ? s'enquiert Aldo, déçu.

— Hélas non ! J'ai pourtant essayé, pendant quelques semaines, de tenir un restaurant sur l'eau. Il s'appelait déjà « Fanny et Alexandre » ; la salle était décorée d'images de la Suède et d'affiches de cinéma. Mais comme il me manquait la créativité nécessaire pour mettre au point un concept vraiment original, je suis restée longtemps sans clients. Personne n'avait envie de se hisser sur un bateau pour avaler mes potages et mes rôtis – tout ça en restant à quai, en plus ! Jusqu'au moment où j'ai eu une révélation.

— Tu as réinventé la consultation à domicile, dit Romain, rayonnant de fierté.

— Exactement ! Ce qui fait plaisir à mes clients, ce n'est pas de manger ce que je leur prépare, mais de vivre une aventure dont ils sont les héros. Ils veulent concevoir eux-mêmes un plat ou un repas d'exception. Aujourd'hui, c'est cette activité qui fait ma réputation : la cuisine suédoise de chef à domicile. J'apporte mes ustensiles et mes ingrédients et je prépare un repas de fête pour mon client, chez lui. Et lui-même participe : il travaille sous ma supervision, et avec mes encouragements. Tout est servi dans des verres et des porcelaines de Stig Lindberg.

— Autrement dit, vous vous immiscez dans l'intimité de vos convives et vous la transformez, résume Hannah. Sacré concept ! Nouveau, différenciant, qualitatif, gratifiant…

— Et vous recevez assez de demandes pour vivre de votre art ? coupe un Aldo pragmatique.

— Depuis trois ans, grâce au bouche-à-oreille, les dîners privés de « Fanny et Alexandre » sont réservés six mois à l'avance. Je pourrais engager d'autres cuisiniers et monter une chaîne, pourquoi pas une franchise au nom d'Eva Anderson, la Suédoise qui s'invite à vos fourneaux… Mais je préfère rester dans l'artisanat.

— Comme moi, dit Romain. Je ne fais que du sur-mesure.

— Nous avons la même vision des choses ! Ce que j'aime par-dessus tout, c'est la première rencontre avec un client : l'instant où je cerne ses désirs, son histoire. Cela fait partie de ce que nous avons appris ensemble à l'université sur les ressorts de la motivation… Sauf que moi, je le mets en pratique ! Certains de mes habitués sont tellement enthousiastes qu'ils réserveraient pour toute une semaine, s'ils le pouvaient. D'autres n'imaginent plus fêter leur anniversaire sans moi. Parfois, je travaille sur des plateaux de films, pour des troupes de théâtre… J'ai même connu des acteurs et des metteurs en scène qui affirmaient avoir besoin de mes plats et de mes savants mélanges d'épices pour trouver l'inspiration. Surtout ceux qui jouent le répertoire suédois ! « Ibsen sonne mieux avec Eva aux fourneaux », m'a un jour dit un acteur tchèque dont je ne peux révéler le nom.

— Ce que vous avez gagné en pratique, ne l'avez-vous pas perdu en théorie ? ose Maria. Ne vous êtes-vous pas éloignée de la biologie du cerveau ? Moi qui adore les histoires de neurones, de chimie et de sérotonine…

— Beaucoup moins que vous ne le croyez, la contredit Eva. On déguste un plat autant avec son cerveau qu'avec sa bouche. Ma première rencontre avec un client potentiel consiste à faire le tour de ses envies, de ce qui le dégoûte, de ses attentes. Rappelle-toi, Romain : je t'ai même adressé un jour une dame qui me semblait avoir davantage besoin de tes services que des miens. Nous travaillions ensemble sur le menu de sa fête de fiançailles, lorsqu'elle m'a avoué que rien ne la tentait, rien ne l'intéressait…

— Je m'en souviens parfaitement, confirme le thérapeute. C'est là un symptôme répandu en cas de dépression, comme je l'ai expliqué à nos amis.

— Avec le recul, j'aurais peut-être pu l'aider moi-même… Car nos métiers ne sont pas si différents ; tu prescris des médicaments, et moi, des plats qui remontent le moral !

— J'ai bien plus à offrir que des médicaments, se fâche le professeur.

— Je le sais… Et moi, bien plus que de la nourriture, conclut Eva avec un clin d'œil.

Comment se préparer un repas euphorisant

La chef invite ses visiteurs à retourner dans le petit salon. Elle s'assure qu'ils sont bien installés et leur sert à chacun un *glögg* sans alcool, adaptation personnelle d'un vin chaud épicé très apprécié en Suède, avant d'entrer dans le détail de son métier.

— Si ma cuisine garde un aspect théorique, c'est que je m'appuie sur les recherches les plus récentes, qui démontrent comment la nourriture fait du bien à l'âme. Concevoir puis partager un repas stimule la bonne humeur : ceux qui passent du temps aux fourneaux se protègent ainsi sans le savoir de la dépression et de l'anxiété. Au contraire, le fait de ne manger que des conserves ou des plats industriels rend malade... et déprimé. Cela augmente le risque de développer des troubles psychologiques, ce qu'une étonnante étude brésilienne vient de confirmer. Elle a porté sur les habitants du Quadrilatère ferrifère, dans l'État de Minas Gerais. La chercheuse a d'abord divisé la nourriture en quatre catégories :

- les aliments frais, que l'on mitonne soi-même et dont on retire tous les nutriments ;
- les plats que l'on cuisine soi-même, mais à partir d'ingrédients transformés ;
- les plats préparés, chargés en sel, sucre, huile et graisses ;
- les plats en conserve ultra-transformés.

Elle a ensuite rapproché l'humeur des participants de leur régime alimentaire. Résultat, les Brésiliens joyeux et les plus déprimés ne font pas du tout les mêmes repas ! Les seconds consomment moins de légumes verts ou autres types de légumes, de fruits et de viande, mais plus d'aliments en conserve ultra-transformés et plus de sodas. La chercheuse est même parvenue à prouver que plus on avale de plats préparés, plus on a de risques de se sentir souvent anxieux ou déprimé. Bien sûr, ces résultats sont à interpréter avec prudence : les légumes et les fruits frais ne sont pas des antidépresseurs naturels ! Cependant, on peut supposer que la nourriture industrielle génère de l'inflammation dans le cerveau, en particulier au niveau de l'hippocampe, la zone qui contrôle les émotions. Les aliments riches en fibres, eux, ont l'effet inverse, car ils sont généreux en polyphénols anti-inflammatoires : préparés à la maison avec une quantité d'huile maîtrisée, sans sucre ni additifs, ils regorgent de bonnes vitamines comme la B, la D et la E.

— Sans compter que les plats *fatto in casa*, comme on les appelle chez mes parents, en Italie, sont meilleurs, dit Aldo tout en rêvant aux *arancini* de sa mère.

— Ce n'est pas tout, ajoute Eva Anderson. Les plats que l'on cuisine soi-même « excitent » moins le cerveau et l'appétit que les burgers, les frites ou les sodas. Lorsqu'on consomme de la *junk food*, on a tendance à manger très vite et à vider son assiette sans s'en rendre compte. Au contraire, lorsqu'on a passé du temps à préparer un repas pour soi ou pour ses proches, on le savoure avec lenteur et en pleine conscience.

— Si tu devais définir en quelques mots le but de la thérapie par la cuisine, que dirais-tu ? demande Romain, dont les manies d'enseignant refont surface.

— Sans hésitation : redonner du désir et du plaisir. C'est ce qui manque le plus, quand on est triste ! N'ai-je pas raison, monsieur l'émotologue ?

La gourmandise réveille les autres envies

Les invités sirotent leur *glögg* à l'orange, bercés par le clapotis de la Seine qui leur parvient en sourdine. Les deux femmes ont l'estomac dans les talons, mais n'osent pas interrompre la conversation.

— Il existe deux manières d'être déconnecté de ses désirs, explique Houdin en reposant sa tasse vide : l'aboulie et l'apragmatisme. Les personnes abouliques ont tendance à « caler » en cours de route. Par exemple, elles réservent des places pour aller au cinéma, mais n'ont finalement pas le courage de s'y rendre. Elles ont tout prévu, tout planifié, mais ne passent pas à l'action. Les individus apragmatiques, eux, n'anticipent rien : ils ne voient pas comment s'y prendre pour préparer ne serait-ce qu'une sortie au cinéma.

— C'est étrange, murmure Maria à son amie, je me sens parfois aboulique et parfois apragmatique, selon les moments…

— Ces deux troubles conduisent à une perte de plaisir, qui s'appelle l'anhédonie. Souvent, les personnes déprimées assurent encore l'essentiel : elles expédient les affaires courantes, répondent à leurs obligations, se rendent au travail. Mais elles n'ont plus la tête à se faire plaisir, à s'amuser. Sexualité, gourmandise, lecture, loisirs… autant de moments légers et agréables qui sont les premières victimes de l'anhédonie.

— Face à ce problème, le traitement que je propose est plus efficace que tout ce qui a été scientifiquement testé jusqu'ici, affirme fièrement Eva Anderson. La « thérapie par la gourmandise » n'est pas enseignée à l'université, elle ne fait pas consensus parmi les médecins… mais elle est radicale ! Tu ne m'en veux pas trop de ma prétention, Romain ?

— Tant que tu ne remets pas en cause l'efficacité des traitements validés par la science, je n'ai rien contre la gourmandise.

— J'adorerais, intervient Hannah, que différentes écoles de thérapie par la gourmandise s'opposent, comme c'est actuellement le cas en psychothérapie. Imaginez les discussions enflammées auxquelles nous assisterions, entre défenseurs de la thérapie par les gâteaux, par les salades, par la soupe, par les épices…

Le liking et le wanting, deux facettes du désir

— Laissez-moi vous suggérer un petit exercice, propose Eva en se tournant vers Maria. Dites-moi quel gâteau vous *aimez*, et quel gâteau vous *voulez*. Attention, la différence est subtile : lequel vous plaît en général, et lequel vous fait envie ici et maintenant ?

Le regard de Maria se perd tandis que défilent dans son esprit des visions de pâtisseries plus décadentes les unes que les autres.

— En général, j'aime les gâteaux au chocolat noir un peu amers, très foncés, presque secs. Le genre que l'on fait fondre dans du thé. Mais à cet instant précis, ce n'est pas ce qui me fait le plus envie. Je craquerais plutôt pour un baba à la chantilly, sucré, crémeux… Un plaisir doux et régressif !

— Moi, renchérit Aldo, je me damnerais pour un tiramisu qui me ferait retrouver le goût de l'Italie, ou bien pour…

— Cher monsieur, l'interrompt aussitôt Eva, je ne peux prendre en consultation qu'un gourmand à la fois ! À deux, vous risquez de vous fâcher en comparant vos préférences. Un jour, à l'époque où j'animais des séances de groupe, une fanatique de la volaille et un végétarien ont failli en venir aux mains.

Aldo se ratatine dans le canapé en marmonnant des excuses.

— Ne le prenez pas mal, lui dit gentiment Maria. C'est que j'ai vraiment besoin de renouer avec mes envies. C'est une urgence !

— Vos choix sont très intéressants, analyse Eva. Comme je l'ai dit, nous avons ici affaire à deux désirs distincts : le *liking*, qui correspond à une préférence générale, et le *wanting*, que l'on ressent instinctivement comme une inclination, une promesse de plaisir immédiat. C'est presque un besoin, une nécessité. L'observation du cerveau nous apprend que ces deux formes de l'envie ne stimulent pas les mêmes circuits neuronaux. La bonne nouvelle pour vous, Maria, c'est que ces circuits ne demandent qu'à se réveiller, même s'ils vous paraissent engourdis depuis quelque temps. Je peux vous assurer que vous n'avez pas perdu votre capacité à désirer !

Bien anticiper pour se sentir plus gai

— L'exercice suivant se fait en groupe, ajoute-t-elle. Je vous demande à tous de fermer les yeux, et de vous imaginer en train de déguster une part de votre gâteau préféré. Allumez votre « projecteur cérébral » et laissez défiler les images : visualisez la pâtisserie, sentez son parfum sucré, son goût dans votre bouche... Une saveur de chocolat, de rhum, peut-être de cannelle... Maintenant, faites le point sur les anticipations qui vous sont venues à l'esprit. Il en existe plusieurs types :

- les positives (« Quel bon gâteau je vais manger ! ») ;
- les désidératives (« J'en ai envie, mais de là à m'autoriser un si bon gâteau, il y a encore beaucoup d'efforts à faire ») ;
- les catastrophistes (« Ce gâteau va m'écœurer, me faire prendre du poids ou au contraire m'échapper, quelqu'un va manger ma part ») ;
- les défensives (« À quel drôle de jeu me fait-on participer ? C'est puéril, artificiel, absurde. Je préfère ne pas me fier à cette étrange cuisinière qui se prend pour une psy »).

— Lorsqu'on est de bonne humeur, nos anticipations sont positives. Chez les anxieux, elles sont désidératives et défensives. Enfin, en cas de tristesse, ce sont les idées catastrophistes et désidératives qui dominent. Sentez-vous libre de poursuivre l'exercice en vous entraînant à modifier volontairement vos anticipations. Qu'on utilise l'image d'un gâteau ou un autre exemple, l'essentiel est d'alimenter les visions positives, qui ont un effet autoréalisateur. Plus on s'attend au meilleur, et plus on augmente les chances de l'atteindre ! C'est vrai aussi des visions négatives, ce que les mécanismes de la Bourse et de l'économie illustrent tragiquement. Quand un spécialiste annonce un *krach* boursier, autant dire qu'il le précipite !

— Il faudrait donc toujours s'attendre au meilleur ? s'étonne Maria, que ce conseil prend à rebrousse-poil.

— Exactement ! Si vous aimez les calculs, vous pouvez même évaluer votre humeur en fonction de vos anticipations. Il suffit de noter, sur une échelle de zéro à dix, l'intensité de vos anticipations positives, désidératives, catastrophistes et défensives. Si le score combiné des deux dernières dépasse celui des deux premières, vous êtes d'humeur morose.

Le professeur Houdin a suivi avec avidité les explications de son amie et ancienne camarade de promotion.

— Ta thérapie par la gourmandise est décidément une sacrée concurrence à ma méthode, déclare-t-il d'un air approbateur.

Comment l'autocompassion protège les émotions

La nuit hivernale entoure désormais la péniche d'une épaisse obscurité. S'imaginer mordre dans son gâteau préféré a mis Maria au supplice, et elle retient à grand-peine les cris de son estomac. Ignorant que ses invités n'ont pas dîné, Eva se lance dans de nouvelles explications :

— L'été dernier, raconte-t-elle, Shengping Xue et son équipe de chercheurs chinois, intrigués par ma méthode, sont venus visiter cette péniche. Nous avons longuement échangé et, au terme de leur séjour, ils sont repartis en me laissant une recommandation à la fois précieuse et facile à appliquer : cultiver l'autocompassion chez mes clients. L'autocompassion est un formidable levier de bonne humeur : elle consiste, comme vous le savez sans doute, à éviter de se faire des reproches inutiles et à effectuer un grand ménage dans les pensées négatives envahissantes. Mais elle invite également à tenir à distance les soi-disant amis qui nous dévalorisent sous couvert de nous conseiller, ainsi que les situations désagréables dans lesquelles on est systématiquement mal à l'aise ou incapable d'agir comme on le voudrait. Les spécialistes proposent quelques expériences faciles pour développer cette aptitude :

- essayer de se comprendre et de s'excuser, plutôt que de se critiquer ou de se juger ;
- envisager ses réussites et ses échecs comme faisant partie d'une expérience globale ;
- mettre à distance les rêves de succès illimité ;
- identifier ses réussites et ses motifs de fierté, et trouver des domaines où l'on possède des compétences que d'autres n'ont pas.

— Exactement le programme qu'il me fallait, dit Maria. Je vais devoir lutter contre ma nature intraitable…

— Cela vous fera du bien ! Les personnes pratiquant un niveau élevé d'autocompassion sont moins souvent anxieuses, déprimées ou stressées que les autres. Elles ont par exemple mieux toléré les périodes de confinement liées à la pandémie de Covid-19. Il s'agit d'une aptitude essentielle dans les situations instables ou imprévisibles. Au lieu de rester seul face à ses angoisses, on cherche de l'aide, on sollicite ses amis, on exprime ses émotions, on accepte de se détendre ou de se distraire en faisant du sport… L'effet est tellement net que les chercheurs chinois venus me rendre visite recommandent de s'y entraîner comme s'il s'agissait d'un exercice physique !

Références

Jingyu Lin, Yunai Su, Sakina J. Rizvi, Jackie Jagoda, Jitao Li, Yankun Wu, Youran Dai, Yu Zhang, Sidney H. Kennedy, Tianmei Si, « Define and Characterize the Anhedonia in Major Depressive Disorder : An Explorative Study », *Journal of Affective Disorders*, 313, 2022, p. 235-242.

Michel Lejoyeux, *Réveillez vos désirs*, Plon, 2014.

R. P Snaith, M. Hamilton, S. Morley, A. Humayan, D. Hargreaves, P. Trigwell, P., « A Scale for the Assessment of Hedonic Tone : The Snaith-Hamilton Pleasure Scale », *British Journal of Psychiatry*, 167/1, 1995, p. 99-103.

Shengping Xue, Qian Gu, Kaixu Zhu, Jinghua Jiang, « Self-Compassion Buffers the Impact of Learned Helplessness on Adverse Mental Health During COVID 19 Lockdown », *Journal of Affective Disorders*, 327, 2023, p. 285-291.

Continuez votre périple page suivante aux côtés d'un philosophe français spécialiste du bonheur et des envies. On lui doit l'indépassable citation suivante sur l'optimisme et le pessimisme : « Le pessimisme est de nature. Tout nous y pousse. L'optimisme est de combat. » Une lecture toujours stimulante !

Si vous êtes rassasié d'explications, allez plutôt page 300 pour entendre parler de rythme et d'énergie, et découvrir une approche globale de la santé du corps et de l'esprit.

21

Alain réveille vos envies

La philosophie au secours de l'humeur

Profitant d'un interlude au cours duquel Eva Anderson ressert du *glögg à l'orange*, Hannah s'éclipse sans mot dire. Maria a à peine le temps de lui demander où elle va qu'elle disparaît en direction du pont. Quelques instants plus tard, elle revient s'asseoir, les joues rosies par le froid.

— Je n'ai pas pu m'empêcher de mettre une nouvelle fois Aimé au défi, confesse-t-elle à l'assemblée qui la dévisage avec curiosité. Je l'ai appelé pour lui dire que je cherchais un livre capable de stimuler le désir – sans être un traité de sexologie ! Je crois qu'il a trouvé ce qu'il nous faut…

Bientôt, Maria aperçoit le camion jaune citron à travers le hublot. Faisant fi des interdictions de stationner placardées tout autour de La Samaritaine, le véhicule se gare en double file non loin du quai, ses feux de détresse allumés. Aimé Bonaventure en descend, la démarche raidie par le vent glacé, et accourt en direction de la péniche. Sans se formaliser de cette entrée en matière quelque peu cavalière, Eva l'accueille chaleureusement et l'invite à s'asseoir à sa gauche, sur un tabouret rembourré.

— J'ai apporté, dit Aimé en claquant des dents, le livre d'un penseur injustement dédaigné. Il s'appelle Alain, et je suis très heureux de le faire découvrir à ceux d'entre vous qui ne l'ont pas encore lu. Quand Hannah m'a dit que votre conversation portait sur le désir et l'envie, je me suis dit que vous aviez besoin – en plus d'une expertise en psychologie et, à ce qu'on m'a dit, en cuisine – d'un peu de lecture. Lorsque vous aurez parcouru ce merveilleux ouvrage, vous connaîtrez à peu près tous mes secrets ! Je l'ai assaisonné à ma manière de petits commentaires et d'interprétations inscrits dans les marges.

Il s'interrompt et renifle l'air ambiant avec curiosité :

— Dites, ça sent rudement bon, ici… Je devrais peut-être me mettre à la cuisine, moi aussi !

À cet instant, le téléphone portable d'Aimé sonne. Un nouveau client réclame ses services. Le bibliothérapeute saute sur ses pieds et, saluant l'assemblée, quitte la péniche aussi rapidement qu'il y est entré. Son camion jaune s'éloigne dans un concert de klaxons.

L'ouvrage d'Alain est resté sur la table basse, ses pages jaunies exhalant une faible odeur de poussière. Aldo est le premier à s'en emparer ; il souhaite impressionner Maria en déclamant le texte, et lui faire oublier leur désastreuse visite de la place des Vosges.

— Alain est né en 1868 et mort en 1951, commence-t-il. Il est célèbre pour ses *Propos*, en particulier les *Propos sur le bonheur*. À l'origine, il rédigeait de modestes chroniques dans *La Dépêche de Rouen*, qu'il appelait les « Propos du lundi » ou « Propos du dimanche ». Une fois regroupés, ces textes courts ont donné forme à une pensée originale, simple, incarnée dans le quotidien. J'espère que ce n'est pas trop barbant… Enfin, ça, c'est moi qui l'ajoute !

Maria sourit malgré elle.

— Philosophes et thérapeutes ont un but commun, intervient Romain Houdin. Celui de rendre la vie plus supportable et, si possible, heureuse. En ce qui me concerne, je lis souvent Alain et apprécie presque tous ses écrits. Commencez donc votre lecture, cher Aldo, vous en mourez d'envie…

Menton plutôt que front

— « J'ai pris l'habitude, lit Aldo, de considérer les hommes, lorsqu'il me plaît de les mesurer, non pas au front mais au menton. Non point la partie intellectuelle (sous le front) qui combine et calcule, mais la partie qui happe et ne lâche plus (le menton). Ce qui revient à dire qu'un bon esprit est un esprit ferme. Les désirs viennent plus des esprits fermes que des esprits trop hésitants. »

— C'est pareil pour la bonne humeur, observe Hannah.

Regarder au loin pour sortir de sa mauvaise humeur

— Aux personnes mélancoliques, Alain n'a qu'une chose à dire : « Regarde au loin », reprend le professeur. Presque toujours, le mélancolique est un homme qui regarde les situations de trop près. L'œil humain n'est pas fait pour cette courte distance. C'est face aux grands espaces qu'il se repose. Quand vous regardez les étoiles ou l'horizon de la mer, votre œil est tout à fait détendu ; si l'œil est détendu, la tête est libre, la marche est plus assurée et tout se relaxe. « N'essaie pas de t'assouplir par volonté en te surveillant de près. Ta volonté tire tout de travers et finira par t'étrangler. Ne pense pas à toi avec tous tes manques. Vraiment, regarde au loin. » Et cela me paraît sage. Les thérapies modernes nous apprennent à investir l'instant présent, mais il n'est pas inutile de s'entraîner à contempler l'horizon de temps en temps – et à éloigner son regard de son smartphone…

Douter de soi, c'est commencer à être de mauvaise humeur

— « Quand un homme doute au sujet de ses propres entreprises, lit Aldo, il craint toujours trois choses ensemble, les autres hommes, la nécessité extérieure et lui-même. Qui se prévoit lui-même faible et inconstant, il l'est déjà. Il n'est pas sûr que les chemins s'ouvriront si vous avez la foi mais il est sûr que tous les chemins seront fermés si vous n'avez pas d'abord foi en vous. Ne pas croire en soi, c'est se battre en vaincu, c'est sauter le fossé avec l'idée que l'on tombera dedans. Essayer avec l'idée que la route est barrée, ce n'est pas essayer. »

Maria hoche inconsciemment la tête, tant ce paragraphe lui paraît s'adresser directement à elle.

Casser la vaisselle ancienne

— Ici, explique Aldo, Alain raconte la manière dont les commerçants de sa région créaient des besoins sur les marchés. L'un courait partout, comme s'il était très demandé ou qu'on l'avait appelé pour une urgence. Un autre criait à s'en briser la voix. Un troisième se coiffait d'un chapeau rouge et tenait un grand parapluie de la même couleur ouvert devant lui. Ce dernier commerçant était un génie : il vendait par lots des porcelaines avec quelques défauts, mais utilisables. Il baissait le prix de chaque lot jusqu'à trouver preneur ou, le cas échéant, jusqu'à atteindre la limite basse qu'il s'était lui-même fixée. Alors, froidement, il brisait la porcelaine qui n'avait pas été vendue. Casser ce qui bloque est une manière symbolique de se remettre en selle ! Les lots suivants se vendaient comme des petits pains…

Eva est scandalisée par l'anecdote :

— Je ne laisserai personne briser mes services suédois Bersa ou Prunus, même ébréchés !

Faire une cure de bonne humeur de temps en temps

— « Moi, reprend Aldo en citant toujours Alain, je fais régulièrement une cure de bonne humeur et je m'en trouve très bien. Il y a des temps où les pensées deviennent âcres, où l'on critique tout avec fureur, où l'on ne voit plus rien de beau ou de bien, ni dans les autres, ni dans soi-même. Quand les idées tournent de ce côté-là, cela signifie qu'il est temps de faire une cure de bonne humeur. »

— Qu'il nous dise donc, implore Hannah, où la faire, cette cure de bonne humeur. Je pars tout de suite !

Être poli pour produire des envies

— « Être poli, lit Aldo, c'est dire ou signifier par tous ses gestes et par toutes ses paroles : "Ne nous irritons pas, ne gâtons pas ce moment de notre vie." La vraie politesse est une joie contagieuse qui adoucit tous les frottements. »

Il faut garder quelques dettes pour garder quelques envies

— « Je plains, continue Monk, un homme qui vit seul, qui n'a pas de besoin ni d'inquiétude que ses ressources ne puissent calmer. Je le plains surtout pour le moment où l'âge ou la maladie le toucheront un peu. Il pensera trop à lui-même. Un père de famille, toujours soucieux et qui n'arrive point à se délivrer de ses dettes, est bien plus heureux malgré l'apparence parce qu'il n'a point le temps de penser à ses digestions. Voilà une raison de se conserver quelques petites dettes et de se consoler si on en a. »

Hannah est touchée. Pour la seconde fois de la journée, elle se promet, en entendant parler de famille, de consacrer plus de temps et d'attention à la sienne.

S'inspirer de l'homme aux tambours dans l'orchestre : il joue bien, même sans envie

— « Dans un orchestre – c'est pour vous, Maria –, l'homme aux tambours est chargé de la grosse caisse, des cymbales et de la cloche. C'est un homme qui s'ennuie continuellement pendant le concert et qui pourtant ne se trompe jamais. Vous lui voyez le genre d'embonpoint des gens qui bâillent sans ouvrir la bouche. Garder ses envies même sans grande stimulation me semble un beau projet. »

— Vous me troublez, dit la musicienne. Je serais peut-être meilleure avec des cymbales qu'au piano…

Chercher une mauvaise place pour commencer

— Ne changez pas trop vite d'instrument, Maria : attendez donc la fin de la lecture… « À vos jeunes amis qui cherchent une bonne place, conseillez-leur d'en chercher une mauvaise. La jeunesse ne sait rien. Il faut l'instruire des choses humaines. Tous les hommes qui ont fait une grande fortune ont commencé dans de mauvaises places. C'est un trop beau commencement qui serait un obstacle. Défiez-vous d'un maître qui donne beaucoup d'argent pour peu de savoir. À servir un prodigue, on ne s'enrichit pas. »

Et la gratitude pour finir...

— Comme c'est la mode à notre époque, conclut Aldo, Alain recommande de pratiquer la gratitude. Il avait des décennies d'avance sur son temps, dites donc ! Suivons son conseil, et disons merci. « Remerciez avant d'avoir reçu, car l'espérance fait naître des raisons d'espérer et de désirer. »

— Remercions surtout Eva de nous avoir accueillis sur sa péniche, conclut Maria.

Il est temps de lever le camp. Les amis se séparent sur le quai avec de grands gestes de la main, promettant de se retrouver dès le lendemain pour la suite de leurs découvertes. Maria glisse son bras sous celui d'Hannah et lui murmure :

— En parlant de pratiquer la gratitude, il paraît que tu as acheté de quoi nous préparer à dîner...

Références

Alain, *Propos sur le bonheur*, Gallimard, 1985.

Une quête moderne de la bonne humeur ne saurait se limiter à soigner son esprit. Forme physique et énergie mentale vont de pair : toutes deux doivent être défendues chez un individu en bonne santé. Rendez-vous page suivante pour en savoir davantage sur cette approche globale du bien-être.

22

Retrouver son rythme et son énergie

Bouger pour aller mieux

Un café de la place de la Bastille. Où Maria et Hannah arrivent, légèrement en retard, essoufflées d'avoir couru, les yeux encore lourds d'une nuit plus courte que prévu. Elles ont en effet passé des heures à regarder à travers la fenêtre du petit appartement sous les toits, observant avec une émotion intacte le ciel, la Seine, Paris et ses rues où couraient des ombres mystérieuses, à espérer une étoile filante aussi. Mais n'en trouvant pas, elles ont tenu à faire un vœu malgré tout et s'étaient endormies très tard.

Les autres membres du groupe les attendent autour d'une table chargée de croissants et de tasses de café fumantes. Aldo a fait un saut à la boutique de meubles avant de venir ; Eva est arrivée après avoir vérifié soigneusement l'ancrage de sa péniche. Tous sont installés près des vitres, fascinés par la paresse de la place de la Bastille qui s'ébroue lentement, telle une bête tirée de son hibernation. Alors qu'elle s'assied, Maria fredonne une chanson de Jacques Dutronc qu'elle affectionne : « Il est 5 heures, Paris s'éveille… » Elle songe que les temps ont changé : désormais, à 5 heures, tout le monde dort encore !

De fait, à 8 heures Paris ouvre à peine un œil. Les ouvriers sont toujours aussi déprimés, et les journaux disparaissent au profit des sites d'information en ligne. Heureusement que le *Blue Monday* est passé… La neige du matin, sale et à moitié fondue, aurait de quoi porter un coup au moral des plus optimistes.

Peu à peu, le calme cède la place à l'agitation matinale. Sur le rond-point, des premiers coups de klaxons retentissent. Un crissement plus inquiétant que les autres fait lever la tête à Hannah, qui s'exclame :

— Voilà Aimé ! Décidément, il répond toujours présent.

Le camion jaune se gare sur un emplacement interdit, menaçant d'entraver une partie de la circulation. Bonaventure saute du siège conducteur et rejoint le café au pas de course.

— Je vais trouver une meilleure place, indique-t-il à Hannah. D'ici là, peux-tu me commander des tartines et un grand crème ? Avec beaucoup de confiture, et autant de beurre salé que possible !

— Bien sûr. J'espère que je ne t'ai pas fait lever trop tôt. Tu n'étais pas obligé de venir…

— Aucun problème. Et puis, je te connais : chez toi, « pas obligé » signifie : « Fais le maximum » !

Tandis qu'il sort du bistrot, un homme y entre, la démarche raide et le cou tendu. Maria le dévisage. Elle l'a déjà vu, mais où ? Elle attire l'attention du professeur Houdin et pointe discrètement du doigt le nouvel arrivant. L'émotologue le reconnaît aussitôt :

— Mais… C'est le spectateur du concert annuel ! Après ta représentation, il est resté m'écouter parler de l'humeur et n'arrêtait pas de me contredire…

Maria se souvient aussitôt : un sceptique, un complotiste qui n'avait pas même confiance dans les études scientifiques. Elle espère qu'il va passer son chemin et s'asseoir plus loin, mais l'homme s'arrête à leur table en les voyant :

— Vous êtes le professeur Houdin ? hésite-t-il.

— C'est moi, reconnaît le thérapeute avec un brin de mauvaise volonté.

— J'en étais sûr ! Je cherchais justement à vous rencontrer. J'ai vu sur Internet que vous teniez un magasin de meubles anciens.

Avant qu'Houdin ait pu dire quoi que ce soit, Aldo invite l'inconnu à s'asseoir avec eux et lui fait de la place sur la banquette.

— Je tenais à vous présenter mes excuses, confie le spectateur. J'ai peut-être été un peu agressif lors de votre intervention l'autre jour. Cela dit, me fâcher contre vous m'a fait du bien ! D'habitude, je ne m'embrouille qu'avec ma femme, mes enfants, éventuellement mes collègues. J'ai besoin d'intimité, vous comprenez.

Sans la moindre hésitation, il saisit un croissant et mord dedans à pleines dents.

— Vraiment, quelle chance ! Je me suis rendu jusqu'à votre boutique, où j'ai trouvé un message au feutre rouge collé sur la vitrine : « Fermé pour la matinée. En cas d'urgence, le gérant Aldo se trouve au Grand Café de Paris, place de la Bastille. »

— Le gérant, vraiment ? relève Houdin avec un regard réprobateur en direction de son assistant. Et depuis quand, je vous prie ?

— C'est vous qui m'avez appris à ne jamais rater une vente ni fâcher un client, se défend Monk. Vous devriez me féliciter pour cette présence d'esprit et ce travail consciencieux !

— À ce monsieur, je ne suis pas sûr que nous vendions grand-chose, marmonne Romain dans sa barbe. Gagner sa confiance serait déjà un miracle…

— Vendre, peut-être pas, répond sans s'offusquer le « monsieur », qui a l'ouïe fine. Je n'ai pas besoin de meubles ; en revanche, j'en apprendrais volontiers davantage sur les émotions et l'humeur. Oh, mais où ai-je la tête ? Je ne me suis même pas présenté ! Je me nomme Horace Epstein, je suis professeur d'histoire au collège Marie-Curie de Sceaux.

Aldo résiste à l'envie de faire un jeu de mots sur Marie Curie et le *Serment des Horaces*, ceux qui le comprendraient le trouveraient idiot, et les autres, hermétique. Il sait que ses blagues pas toujours bien choisies l'empêchent de gagner complètement la sympathie de Maria.

Le petit déjeuner se poursuit dans une atmosphère détendue ; Horace ne semble d'humeur à contredire personne, et Aimé Bonaventure, ayant trouvé l'emplacement idéal pour son bahut jaune, dévore ses tartines avec appétit. Lorsque tous sont rassasiés et les tasses de café, vides, le professeur donne le signal du départ et traverse la place à la tête de la petite troupe, en direction de l'Opéra Bastille – chacun a payé sa part, même si Monk a voulu régler celle de la pianiste, qui a refusé… À la surprise générale, les portes de verre et de bois du grand bâtiment s'ouvrent devant lui, et une femme en sort pour l'accueillir. Frappée d'une légère boiterie, elle n'en est pas moins rayonnante et embrasse trois fois Houdin sur les joues avant de saluer les autres d'un geste chaleureux.

Elle les entraîne ensuite à l'intérieur de l'édifice signé Carlos Ott et les conduit dans la grande salle, déserte à cette heure. Au milieu de tant de fauteuils vides, ils sont perdus dans une semi-pénombre, et personne ne se sent vraiment à l'aise. La femme actionne alors des interrupteurs bruyants et une lumière forte inonde les lieux, guère plus agréable.

— Nous voici dans l'une des plus grandes salles de Paris, annonce Romain Houdin. Je remercie pour cela mon amie de toujours, Séraphine Mikael, danseuse et spécialiste de la thérapie par les arts.

— Bienvenue dans ma maison, dit cette dernière. Nous accueillons ici, presque chaque soir, plus de 2 700 spectateurs. La décoration est faite de granit bleu de Bretagne et de bois de Chine ; le plafond de verre, qui permet à la lumière naturelle d'entrer, est notre fierté.

La danseuse, malgré son âge et sa claudication, monte sur scène et esquisse quelques pas de samba. Elle salue un public imaginaire, un public dont, vingt ans après l'interruption brutale de sa carrière, elle ressent encore la présence. Derrière elle, dans un renfoncement de la scène, Maria distingue un piano à queue. Même à cette distance, elle en devine la marque et l'excellente qualité. Elle n'en attendait pas moins de l'Opéra Bastille ! À contrecœur, elle détourne le regard de l'instrument afin de ne pas remuer trop de regrets.

Séraphine s'assied sur le rebord de la scène tandis que les visiteurs prennent place dans les fauteuils du premier rang.

— Malgré le grave accident survenu le jour de mes 28 ans, raconte-t-elle, j'ai eu la chance de pouvoir rester ici, au lieu d'être abandonnée à mon sort de handicapée. Le conseil d'administration de L'Opéra s'est réuni pour m'aider et tenter d'exploiter ce qu'il me restait de talent, malgré mes os brisés. Il faut dire que j'étais une danseuse prometteuse ! Pas encore une étoile, mais sur le point de le devenir. Le public ne me connaissait pas, les critiques de ballet n'avaient pas encore eu le temps de me trouver des défauts… Tout était à construire. Puis, il y a eu cette glissade sur une flaque d'huile mal essuyée, en pleine répétition du *Boléro* de Maurice Ravel. Cette chute, en plus de me briser les deux fémurs, a douché mes espoirs d'artiste. Je suis tombée de haut ! Mon plus beau saut en tant que danseuse s'est terminé en tragédie. Bien sûr, je n'ai jamais pu remettre de tutu, mais j'ai conservé ma plus grande qualité : un optimisme en béton. La direction de l'opéra a été impressionnée par, je cite, mon dynamisme et ma résilience. Alors ils m'ont nommée conseillère auprès des chanteurs et des danseurs en perte de confiance ou d'énergie. J'ai commencé à L'Opéra Garnier avant d'arriver ici, il y a quelques années. Je vois mon rôle comme celui d'une confidente autant que d'une rééducatrice.

— C'est à cette occasion que nous sommes devenus amis, intervient Houdin. Tu voulais t'inspirer de quelques-unes de mes méthodes pour en faire profiter tes « patients » à leur tour…

— Échange de bons procédés, puisque tu étais venu assister à mes cours de tango – dans le but de séduire, si je me souviens bien, une femme argentine qui te rendait fou ! Je t'ai appris les rudiments de la danse, et tu m'as expliqué pourquoi un chanteur à l'humeur morose perdait sa voix, ou un danseur triste, son sens du rythme.

— Cela t'a-t-il été utile ?

— Honnêtement, je ne m'en suis pas beaucoup servie ! Mais tes éclairages m'ont permis d'avoir confiance en moi, de me dire que les méthodes et exercices que j'allais développer auraient un fondement scientifique.

— Alors, c'est réciproque ! Tes leçons de tango n'ont pas fait de moi un danseur professionnel. Comme tu t'en doutes, je ne fais pas virevolter mes patients… Mais tu m'as appris à prêter attention à la gestuelle. Lorsque je demande à une personne dépressive de s'habiller, d'ouvrir un livre, de se déplacer, cela lui prend plus de temps et lui coûte plus d'énergie qu'à une autre, de bonne humeur.

Séraphine s'éclipse en coulisses quelques instants et en revient avec un ordinateur portable, qu'elle pose à côté d'elle sur le bord de la scène afin que chacun puisse en voir l'écran. Elle lance une vidéo, sur laquelle on devine deux silhouettes noires en train de danser.

— J'utilise une caméra qui n'enregistre que les mouvements des danseurs afin de garantir leur anonymat. Cela a également le mérite d'écarter toutes les distractions : musique, costumes, expression du visage… On se concentre sur l'essentiel, à savoir la dynamique. Cette séquence a été tournée la semaine dernière : vous allez voir que le danseur de droite est d'une humeur maussade – il se meut plus lentement que son partenaire, change moins vite de direction, ses gestes sont moins amples et plus hésitants.

La vidéo ne laisse aucune place au doute : comparé au danseur de gauche, énergique et rapide, l'autre semble effectivement figé.

— Alors, plus on est triste, plus on est lent, résume Aldo d'un air pensif.

— Puis-je avancer une hypothèse tirée du champ de la psychanalyse ? demande Hannah.

Séraphine l'invite à prendre la parole.

— Il existe une théorie selon laquelle notre perception du temps serait subjective. Autrement dit, les déprimés ne sont pas forcément plus lents : c'est leur temps interne qui s'écoule plus lentement, un peu comme une rivière dont le débit perdrait de sa force. Puisque rien ne les intéresse, le moindre film, même drôle ou chargé en scènes d'action, leur semble interminable ; sitôt qu'ils essaient de travailler, ils s'épuisent à suivre le rythme de leurs collègues en forme. La dépression affecterait donc la perception du temps. À titre personnel, j'aime comparer cela à une forme d'hibernation : les personnes tristes veulent rester au chaud dans leur grotte et se couper du monde.

Séraphine présente alors un autre document sur son ordinateur : le graphique d'un enregistrement vocal.

— Nous avons capturé les voix de deux chanteuses interprétant l'air de « La reine de la nuit » dans la *Flûte enchantée* de Mozart. L'une est en pleine forme, l'autre est triste et épuisée. À l'écoute, on ne perçoit pas de différence ; mais lorsqu'on regarde le graphique, tout s'éclaire. La soprano déprimée a une modulation différente, son empreinte sonore a moins d'amplitude. Sa voix est moins forte, plus saccadée. Elle passe moins vite du grave à l'aigu.

— C'est exactement ce que je ressens lorsque je « cale » devant mon piano, intervient Maria. Il existe un morceau qui me bouleverse et que je rêve d'interpréter, mais je ne trouve pas la dynamique qu'il faut…

C'est la *Pavane pour une infante défunte* de Maurice Ravel. Je serais rassurée si vous pouviez m'enregistrer, et me prouver que mon jeu est normal, vif, assez énergique ! Pour autant que ce morceau très particulier permette de faire la différence entre la lenteur exigée par la partition, et celle provoquée par ma tristesse…

Il ne faut que quelques minutes à Séraphine pour installer Maria devant le piano qui trône au fond de la scène et ajuster un micro. Elle connecte l'appareil à son ordinateur de sorte qu'à chaque note, une onde apparaisse sur l'écran, capturant à la fois la vitesse du jeu et l'intensité du son.

Prenant une longue inspiration, la concertiste pose ses mains sur le clavier. Ses doigts vont-ils obéir ? Son jeu pourra-t-il revenir, sera-t-il fluide ou gourd, voire paralysé ? À sa propre surprise, elle n'éprouve pas le malaise qui l'a bloquée deux jours plus tôt, dans le truck de Bonaventure. Cela tient-il à la qualité de l'instrument ? Au fait d'être sur scène et de s'y sentir, d'une certaine manière, à sa place ? Oubliant ses angoisses, bientôt elle se lance et égrène la danse de Ravel, lente et plaintive. Debout à ses côtés, Hannah, partagée entre le chagrin que lui inspire la musique et le bonheur de voir son amie renouer avec sa passion, tente de suivre des yeux à la fois le mouvement de ses mains et les ondes qui dansent à l'écran.

La pianiste achève la *Pavane* et prend quelques secondes pour rassembler ses esprits. Elle n'a pas transpiré, ne s'est pas évanouie, n'a pas tremblé. La durée de son interprétation s'affiche sur l'ordinateur : sept minutes pile. Elle relâche ses bras, ses mains, détend son cou. Ses quelques auditeurs, subjugués, n'osent ni applaudir ni faire le moindre commentaire…

Sauf Aimé, qui se sent obligé de partager quelques informations glanées sur Internet :

— La *Pavane pour une infante défunte* date de 1902. Ravel l'a dédiée à sa mécène, Winnaretta Singer, une Américaine héritière de l'entreprise de machines à coudre Singer Polignac. Surnommée la « princesse de Polignac » ou plus simplement « Winnie », elle avait pour habitude d'inviter Maurice Ravel et d'autres musiciens à jouer dans son hôtel particulier de l'avenue Georges-Mandel, à Paris.

— Assez d'histoire, l'interrompt gentiment Séraphine. Regardons plutôt le graphique… Il y a beaucoup de paramètres que je ne maîtrise pas, mais je vais tenter de l'interpréter. D'abord, l'essentiel : vous ne faites aucune fausse note.

— Encore heureux ! Après tout, c'est mon métier…

— Quant à votre rythme, il me paraît quasi parfait, à une subtilité près : lorsque vous marquez une pause, celle-ci est légèrement trop longue. Vous mettez plus de temps que nécessaire à reprendre la mélodie après une respiration. Le ralentissement est minime, mais le graphique est formel. À l'avenir, essayez donc de jouer en raccourcissant un peu les silences : l'effet devrait être radical. Ainsi resserrée, votre *Pavane* sera irrésistible ! En somme, vous n'avez rien perdu de votre talent. Il ne vous manque qu'un peu de vivacité dans les reprises. Romain dirait que la mauvaise humeur vous ralentit, et que vous en gardez une cicatrice rythmique. Je suis sûre que vous allez retrouver des doigts aussi rapides qu'avant !

Horace Epstein, jusqu'alors silencieux, proteste :

— Ne vous laissez pas emberlificoter, madame Gary ! Vous nous avez donné à entendre une musique naturelle et sincère, avec ses faiblesses, ses défauts, ses hésitations. Rien à voir avec ce que cherchent à nous faire ingurgiter les plateformes de streaming : des mélodies artificielles, bricolées. Cultivez vos imperfections ! Elles rendent votre jeu authentique et reconnaissable.

— Je ne vois pas d'inconvénient à réussir un jeu moins laborieux, répond-elle. Même si cela le rend en même temps moins original…

— Dans ce cas, énonce Séraphine, laissez-moi vous prescrire les mêmes exercices qu'aux chanteurs et aux danseurs de cette maison. Lorsqu'ils reprennent l'entraînement après une longue interruption, ils sont souvent dans la même situation que vous. À moins que quelqu'un d'autre n'ait des conseils à donner ?

Les membres du groupe échangent des regards perplexes. Tous voudraient aider Maria, mais aucun ne se sent à la hauteur en matière de technique musicale.

— Moi, tente Aldo, j'applique depuis des années une méthode américaine infaillible. Il s'agit d'optimiser son temps : toujours faire son lit avant 7 heures du matin, prendre des douches courtes, de préférence froides, visualiser sa journée… Parfois, l'eau glacée et les plannings à n'en plus finir me rendent fou, mais je ne lâche pas. Cela m'insuffle l'énergie positive qui me caractérise. Sans vouloir m'en vanter, les effets sont assez évidents… Peut-être qu'en appliquant cette méthode, chère Maria, votre jeu en serait lui aussi redynamisé ?

— Cela reste à voir, intervient Hannah, sceptique. Ma façon de garder la forme est beaucoup moins contraignante : chaque matin ou presque, je m'offre un footing dans Paris. Après l'effort, je reprends mon souffle sur un banc, face au musée du Louvre : je regarde passer les touristes, j'admire l'aile Richelieu, l'aile Sully, l'aile

Denon… Il me suffit de fermer les yeux pour visualiser, derrière les murs, mes tableaux préférés. Une thérapeute spécialisée dans la généalogie m'a un jour expliqué que, si j'aimais autant l'histoire, c'est qu'elle me permettait de fuir ma propre histoire ! J'ai été forcée d'admettre qu'elle avait raison : la contemplation du *Radeau de la Méduse* me fera toujours moins de mal que le souvenir de ce qu'a traversé ma famille… Les vieilles toiles, comme les chaussures de course, sont des confidentes qui m'aident à oublier les souffrances de mes ancêtres ayant survécu aux catastrophes du siècle passé.

Danser en souriant, même en se forçant

Toujours assise devant le piano, Maria accepte avec gratitude les conseils d'Aldo et d'Hannah, bien qu'ils lui paraissent légèrement hors de propos. Elle se tourne ensuite vers Séraphine, brûlant de découvrir ce qu'une ancienne ballerine de l'opéra de Paris a à lui apprendre sur le rythme et la musique.

— Voici l'exercice que je recommande à tous les artistes qui sollicitent mon aide, déclare l'experte en résilience. Je leur demande de danser ou de chanter… tout en se forçant à sourire ! Lorsqu'on est fatigué, triste ou de mauvaise humeur, il est difficile d'exprimer des émotions positives à travers l'expression faciale. Or un sourire, même forcé, a le pouvoir d'inverser cette tendance.

Maria s'efforce de masquer sa déception :

— Décidément, vous êtes bien l'amie du professeur Houdin ! Lui aussi m'a encouragée à sourire… et pas forcément de manière spontanée.

— Je parie qu'il vous a fait tester son miroir augmenté… Cela vous paraît peut-être discutable, mais le fait de mobiliser ses zygomatiques a des répercussions immédiates sur l'humeur. Cela fait monter le niveau de sérotonine. Il suffit donc d'un petit mouvement des lèvres pour se rendre la vie plus facile, au travail comme en amour !

Courir après sa gaieté

— Parmi les artistes déprimés que j'accompagne, continue la danseuse, beaucoup s'aperçoivent que leur fatigue s'aggrave lorsqu'ils ne bougent pas. Sitôt qu'ils sont actifs, ils retrouvent en partie leur moral et leur estime d'eux-mêmes. Face à la morosité, s'effondrer dans un fauteuil et se perdre dans ses pensées fait moins de bien que quelques minutes de marche, de danse ou de course. Une étude hollandaise vient de le prouver : chez les personnes souffrant de dépression, une thérapie fondée sur la course à pied aurait le même effet qu'un traitement médicamenteux à base d'antidépresseurs. Le sport combat la mauvaise humeur, le stress et l'inflammation du cerveau.

— Tout cela est très bien, mais à quelle dose ? demande Houdin, qui connaît la réponse par cœur mais cherche à alimenter la discussion.

— La recommandation des médecins et de pratiquer au moins quarante-cinq minutes d'exercice, deux à trois fois par semaine.

— Mon footing du matin tape dans le mille ! souligne Hannah. En plus, cela m'aide à dormir.

Cette dernière remarque attire l'attention de Maria, qui n'ose cependant pas confier à Séraphine ni au professeur Houdin à quel point son sommeil est perturbé par sa mauvaise humeur. Même lorsqu'elle parvient à s'endormir, son sommeil se parsème de rêves étranges qui lui laissent au réveil un profond sentiment de malaise. Elle se remémore d'ailleurs, en rougissant, son songe le plus récent : elle y a croisé un Aldo entreprenant, auquel elle s'est empressée de céder, trouvant à la situation un plaisir troublant. Est-ce un signe que son cafard commence à prendre du champ ?

Références

Gang Fu, Yanhong Yu, Jiayu Ye, Yunshao Zheng, Wentao Li, Ning Cui, Qingxiang Wanga, « A Method for Diagnosing Depression : Facial Expression Mimicry is Evaluated by Facial Expression Recognition », *Journal of Affective Disorders*, 323, 2023, p. 809-818.

Shuwei Hao, « Burnout and Depression of Medical Staff : A Chain Mediating Model of Resilience and Self-Esteem », *Journal of Affective Disorders*, 325, 2023, p. 633-639.

Yoo Jin Um, Yejin Kim, Yoosoo Chang, Hyun-Suk Jung, In Young Cho, Sang Won Jeon, Seungho Ry, « Association of Changes in Sleep Duration and Quality with Incidence of Depression : A Cohort Study », *Journal of Affective Disorders*, 328, 2023, p. 64-71.

Subin Lee, Seung Wan Suh, Taehyun Kim, Kayoung Kim et al., « Screening Major Depressive Disorder Using Vocal Acoustic Features in the Elderly by Sex », *Journal of Affective Disorders*, 291, 2021, p. 15-23.

Josine E. Verhoeven, Laura K. M. Han, Bianca A. Lever-Van Milligen, Mandy X. Hu, Dóra Revesz et al., « Antidepressants or Running Therapy : Comparing Effects on Mental and Physical Health in Patients with Depression and Anxiety Disorders », *Journal of Affective Disorders*, 329, 2023, p. 19-29.

Le chapitre suivant est un passage obligé : il vous plonge dans les coulisses de l'Opéra. Vous n'y croiserez pas de fantôme… sinon celui de Franz Mesmer, magicien de génie selon les uns, escroc selon les autres. Ce qui est certain, c'est qu'il a été un pionnier dans la guérison des maux de l'âme.

23

Une vie saine et pas triste

Hypnose, suggestion, transe : guérir par des pratiques non conventionnelles

Séraphine range son micro et son ordinateur avant de proposer à ses invités une dernière activité :

— Avant de nous quitter, faisons un tour dans les zones les plus sombres de cet opéra. Je parle évidemment de notre sous-sol, qui compte pas moins de six étages… Saviez-vous qu'on y croise parfois des fantômes ?

Quittant la salle de spectacles, le petit groupe s'entasse dans un monte-charge qui s'enfonce vers les entrailles du bâtiment, jusqu'au dernier sous-sol. Les secousses donnent la nausée à Maria, comme l'odeur de renfermé qui lui rappelle celle des coulisses de la salle Rossini. Ses poils se hérissent brusquement sur ses bras, ses genoux s'entrechoquent. L'angoisse qu'elle croyait apaisée n'était qu'assoupie, et se réveille avec une intensité inédite.

Les fantômes du Lac Wagner

Le monte-charge s'immobilise enfin dans un bruyant grincement. En maîtresse des lieux à l'aise, Séraphine conduit ses invités jusqu'à un grand container rempli d'eau, dont émane une forte odeur de moisissure.

— Voici ce que nous appelons entre nous le « Lac Wagner ». Ce baquet remonte sur scène lorsque nous donnons des opéras de ce compositeur – *L'Or du Rhin*, naturellement, et bien d'autres encore. Nos pauvres chanteurs doivent y plonger plus ou moins longtemps selon les caprices des metteurs en scène. J'en connais des sadiques qui adorent obliger les divas à se mouiller jusqu'au cou tandis qu'elles cherchent les notes les plus aiguës.

Dans l'obscurité, l'eau du Lac Wagner paraît noire. Afin de ne pas céder au cafard que cette vision lui inspire, Aldo convoque ses souvenirs d'une Méditerranée ensoleillée, à l'eau bleue, chaude et accueillante.

— Le médecin allemand Franz-Anton Mesmer, explique la danseuse, un des pionniers de la psychothérapie, traitait les angoisses de ses patients en les invitant à s'immerger dans un baquet. Contemporain de Mozart, il exerçait à Vienne, où il avait convaincu aussi bien la cour impériale que les chanteurs d'opéra de s'en remettre à son talent de guérisseur. Dans son bassin magique, il appliquait sa théorie du magnétisme à l'aide d'un bâton aimanté. Une cantatrice de l'époque jure avoir récupéré sa voix grâce à lui, à coups d'aimants, d'eau magique et de magnétisme animal. Une autre aurait retrouvé la vue ! Rassurez-vous, je ne vous demande pas de plonger dans ce lac, à moins que vous y teniez…

La troupe reste à distance respectueuse de l'eau, frissonnant à la simple idée d'y tremper un pied.

— Je n'en reviens pas, s'exclame néanmoins Horace Epstein d'un air admiratif. Moi qui vous croyais raisonnable à l'excès, professeur Houdin ! Si l'on m'avait dit que vous vous intéressiez au spiritisme... Je ne regrette pas de vous avoir suivi.

— Une pointe de magie ou de suggestion ne m'a jamais fait peur, même si je suis à peu près sûr que le magnétisme ne sert à rien.

— Tu t'assouplis, mon cher Romain, s'amuse Séraphine. Je crois que tes amis ici présents ont sur toi une influence positive ! Autrefois, lorsque tu étudiais encore la biologie du cerveau, tu m'aurais traitée de sorcière. Aujourd'hui, tu as tellement envie d'aider Maria que tu mets un peu d'eau du Lac Wagner dans le vin de ta science et de tes principes. Tu acceptes que tout ne s'explique pas de manière rationnelle.

La danseuse fouille dans son sac, qui semble contenir quantité d'objets hétéroclites plus ou moins utiles. Maria s'attend presque à ce qu'elle en tire un bâton magnétique, mais c'est finalement un anneau que brandit l'ex-danseuse sous le nez des visiteurs médusés. Il s'agit d'une lourde bague dorée, ornée de pierres rouges et vertes qui scintillent dans l'obscurité.

— Cette bague n'est pas sans rappeler le célèbre anneau du Nibelung, bijou mythique que recherchent les héros des opéras de Wagner. Il a été montré au public lors d'une adaptation du *Seigneur des anneaux*. Je ne suis pas sûre qu'il soit magique, mais les chanteurs de notre maison semblent y croire dur comme fer. Si nous jugions ensemble de son pouvoir ? Je le plonge dans l'eau, et vous n'avez plus qu'à fixer le lac ou à y tremper les pieds pour ressentir son influence sur votre humeur.

À contrecœur, les invités retirent leurs chaussures puis leurs chaussettes. Maria et Hannah échangent des regards affolés : comment diable se sont-elles retrouvées dans cette situation ? Sans trop réfléchir, elles prennent appui sur le bras que leur offre Aldo pour entrer dans le grand container. L'eau leur arrive aux chevilles. Lorsque chacun a les pieds immergés, Séraphine plonge l'anneau juste devant elle.

— Tenez-vous par la main…

Les membres du groupe s'exécutent, comme hypnotisés. Après quelques instants, il leur semble sentir quelque chose d'infime, un fluide magnétique circulant entre leurs orteils. Séraphine les quitte un bref instant, puis revient, les bras chargés de costumes : de larges blouses blanches ainsi que des calots.

— Enfilez donc ceci. Vous allez être surpris par la légèreté de l'étoffe. Les choristes de l'Opéra l'adorent ! Ces vêtements sont conçus pour couvrir votre corps, mais aussi votre identité, vos habitudes, vos tracas. En les portant, vous devriez vous sentir à la fois libérés et plus proches de vous-même. N'oubliez pas de garder votre attention focalisée sur l'eau.

Sous la surface, l'anneau projette des reflets verts et rouges de plus en plus intenses. Séraphine demande aux visiteurs de s'écarter les uns des autres de manière à entourer le Lac Wagner.

— Les fantômes de l'Opéra ne s'approchent pas encore, mais ils ne sauraient tarder…

Maria est conquise par l'expérience. Avec un plaisir d'enfant, abandonnant toute rationalité, elle accepte et ressent au plus profond d'elle-même tout ce que Séraphine lui suggère. Il lui semble voyager dans le temps jusqu'à la Vienne impériale, à une époque où la musique n'était que fluidité et divertissement. Elle se sent prête à jouer dans n'importe quelle salle, quitte à trahir ses compositeurs préférés, Debussy et Ravel. Sous ses doigts dansent déjà des notes de Strauss, d'Elton John et d'Abba.

Vagabondage, rêverie guidée et écoute de l'esprit

— Vous vous trouvez, reprend Séraphine d'une voix lente, dans un environnement inconnu, portant une tenue inhabituelle, loin de tous vos repères. Les lumières sont basses, vos pieds trempent dans une eau froide… Les conditions sont réunies pour modifier en douceur ce qui se passe dans votre esprit. De cet exercice, dont raffolent les artistes que j'accompagne, il existe trois versions. La première consiste à laisser son esprit divaguer, se fixer sur les premières images qu'il convoque spontanément ; je l'appelle le « *mind wandering* », ou vagabondage cérébral. Très utile quand on va bien, il est à pratiquer sans modération, en vacances sur la plage ou lors de tout autre moment de détente. En revanche, lorsqu'on est préoccupé, le vagabondage s'avère dangereux – les motifs d'angoisse prennent immanquablement toute la place, transformant la flânerie en inventaire impitoyable des problèmes non réglés.

Maria se sent presque assez bien pour autoriser son esprit à vagabonder. Encore un peu, et elle s'imaginerait en train de jouer *Let It Be* à quatre mains avec sa chère Martha Argerich…

— La deuxième version, continue Séraphine, est un peu trop autoritaire à mon goût : il s'agit de la rêverie guidée, qui consiste à orienter consciemment ses pensées vers un thème agréable, un souvenir, un projet… Certains l'utilisent même pour se replonger dans un film ou une pièce de théâtre qui leur a plu.

S'écouter chanter

— Enfin, la dernière version est celle que je trouve la plus efficace. Elle est non conventionnelle et ne figure dans aucun manuel : c'est moi qui l'ai développée pour aider les chanteurs que j'assiste. Je l'appelle la mélodie silencieuse, ou l'écoute de l'esprit. Songez aux premières mesures d'une musique qui vous touche – afin que nous ayons tous la même œuvre en tête, je vous suggère de choisir la *Pavane pour une infante défunte* de Ravel, que Maria vient de nous jouer. Concentrez-vous sur le début et chantez ce que vous avez entendu, d'abord bouche fermée, puis bouche ouverte, bien ronde.

Les membres du groupe s'appliquent à fredonner la *Pavane*.

— Si vous étiez des chanteurs professionnels, je vous ferais changer le rythme, tester d'autres styles comme le jazz, le hip-hop, le rap…

— Quel formidable exercice, apprécie Houdin. L'improvisation et la création mobilisent les bonnes émotions : j'ai lu des études sur le sujet.

— Allons, Romain tu n'es pas ici pour faire cours, mais pour chanter avec les autres ! le taquine Séraphine.

— Admirez un peu ma voix de ténor, intervient Aldo. Même la bouche fermée, impossible de lui résister ! Ma mère m'a toujours dit que j'avais le talent nécessaire pour le *bel canto*…

Maria s'autorise une pique inoffensive :

— Vous comprendrez que l'on se méfie de l'avis des mères italiennes sur les talents de leur fils.

Décidément, elle voit Monk d'un œil plus tolérant. Son esprit s'évade et elle imagine même ce qu'elle pourrait partager avec lui. Pire, elle est incapable de détacher son regard de ses jambes, qu'elle trouve musclées et hâlées, comme dans son rêve de la nuit passée… Mais l'Italien ne remarque pas qu'il est enfin rentré en grâce auprès de la pianiste. Totalement impliqué dans le jeu de Séraphine, il chante avec assurance, les jambes de son pantalon retroussées jusqu'aux genoux.

La voix intérieure de Maria lui fait tout à coup des reproches d'un genre nouveau.

Tu te prends pour une artiste en quête de perfection, mais tu n'es qu'une adolescente qui se damnerait pour un flirt avec le premier venu. Regarde-toi : il suffit qu'un joli garçon montre ses mollets pour que tu mettes de côté tous tes grands principes !

Comme le lui a appris le professeur, Maria lève discrètement la main pour intimer à la voix de se taire. Elle décide qu'elle n'a pas de temps à lui consacrer.

Ses projets et ses désirs sont en train de s'aligner : tant pis si la musique n'a pas sa place dans ces nouvelles envies.

— Restez attentifs à la *Pavane*, les encourage Séraphine. Maintenant, réduisez progressivement l'intensité de votre voix. Vous aurez réussi cette épreuve quand vous chanterez le plus bas possible. Vous devez à peine vous entendre murmurer. L'équilibre est subtil : pas assez fort, c'est juste une voix de tête, mais trop fort, on chante normalement.

Maria fredonne doucement. Il lui semble atteindre le même volume sonore que sa voix intérieure. De leur côté, les autres essaient tant bien que mal, sans trop massacrer la *Pavane*, de trouver la bonne intensité sonore. Ce que Séraphine n'a pas expliqué, c'est que l'exercice est un redoutable révélateur de personnalité.

Maria réussit dès le premier essai à produire une mélodie ouatée. Elle n'en tire aucune fierté, et se dit au contraire que l'exercice doit être trop facile, que c'est le moins qu'elle puisse faire. Elle ricane nerveusement en pensant qu'on ne l'entend sans doute pas, qu'elle ne doit pas chanter assez fort. Culpabilité, reproche : elle voit tout à coup ses fausses croyances en action. Alors elle les écarte d'un geste, comme elle l'a appris.

Romain Houdin, lui, est resté bloqué sur les exercices précédents, le vagabondage cérébral et la rêverie guidée. Il se demande si le fait de chanter stimule la production d'endorphines au niveau du cerveau, et s'interroge sur l'usage qu'il pourrait faire de cette découverte en consultation. L'intellectualisation lui est plus naturelle que le lâcher-prise.

Hannah rêve à la princesse de Polignac. Pourquoi Maurice Ravel a-t-il donné un titre aussi lugubre au morceau qu'il lui a dédié ? À la place de la riche héritière, elle se serait offusquée de cette référence à la mort.

Aldo ne peut se retenir de chanter trop fort. Impossible de se mettre en sourdine : une belle voix, cela ne se cache pas. Et puis, il détecte enfin une étincelle d'intérêt dans le regard de Maria. Serait-il redevenu fréquentable ? Dans les montagnes russes de la séduction, se trouve-t-il enfin sur une pente ascendante ?

Aimé, de son côté, regrette qu'on lui impose de chanter plutôt que de lire. Il se promet de dévorer dès que possible une biographie de Mesmer, ainsi que le livre de Stefan Zweig *La Guérison par l'esprit*, dans lequel l'écrivain viennois, ami de Freud, explique l'influence du charlatan sur la communauté des thérapeutes. Malgré ses théories farfelues, Mesmer a su convaincre ses contemporains de l'importance de l'esprit et des émotions en matière de santé globale. Après tout, entre le bâton magnétisé de Mesmer et le divan de Freud, y a-t-il une si grande différence ?

Horace Epstein, debout à l'écart des autres, imagine quant à lui l'usage détourné qu'une société autoritaire pourrait faire de cet exercice de suggestion. Cela suffirait-il à assujettir les consciences ? Il songe à ces terribles images issues de films de propagande allemands de la Seconde Guerre mondiale, où l'on conditionne les foules en les électrisant.

Enfin, Eva Anderson a choisi dès le départ d'entonner un célèbre refrain suédois plutôt que la *Pavane* de

Ravel. Par un caprice de ses neurones, elle sent dans sa bouche un goût de bouillon de poulet et de chocolat. Et si elle s'en inspirait pour une nouvelle recette ? Elle décide d'exploiter davantage, à l'avenir, les potentialités de la musique pour inspirer son palais…

Après quelques minutes, malgré les digressions de chacun, les pudeurs et les réticences, arrive enfin le moment de communion tant attendu par Séraphine, l'éclair qu'elle espérait. Les aventuriers de la bonne humeur laissent de côté toutes leurs préoccupations pour se concentrer sur l'exercice. Ils murmurent la mélodie et réussissent à s'entendre sans chanter à tue-tête.

Séraphine les écoute, charmée, enchantée de leur coordination parfaite. Puis elle brise la magie en tapant dans ses mains :

— Vous pouvez vous arrêter. Vous venez d'accomplir ce qui vous paraissait impossible avant de commencer : plonger dans l'instant présent ! Dans le même temps, vous avez éteint votre « machine cérébrale » à fabriquer des angoisses ou de la mauvaise humeur.

Quand la musique met en transe

L'ex-danseuse invite ses visiteurs à sortir du baquet et à retirer leurs costumes blancs. Chacun a l'impression déroutante de revenir à la réalité, comme en s'éveillant d'un rêve.

— J'ai ressenti la même chose il y a quelques années, au sortir d'une séance de thérapie, raconte Hannah. Le thérapeute que je consultais à l'époque avait vidé mon cerveau, aspiré mon identité : il m'avait convaincue que je devais me plonger dans mon histoire familiale, reconstituer ce qu'avaient vécu mes parents, grands-parents et arrière-grands-parents. En quittant son cabinet, ce jour-là, j'ai traversé le Marais, dans un état second. Les murs de la place Sainte-Catherine m'ont paru d'une blancheur comparable à celle des bâtiments de Jérusalem… au point d'oublier qu'autrefois se trouvait là un prieuré. Tout me ramenait à l'Orient. Il faut dire que, dans mon enfance, ma grand-mère m'avait souvent parlé des portes et des murs de Jérusalem, et fait écouter des chansons traditionnelles en yiddish. Avec ces mélodies en tête, je me suis dirigée vers le musée d'Art et d'Histoire du judaïsme, le lieu qui me paraissait le plus en phase avec mon état d'esprit du moment.

— Ces mélodies familières, analyse Séraphine, ont agi chez vous comme un catalyseur de souvenirs.

— Dès mon arrivée dans la cour du musée, continue Hannah, j'ai été fascinée par la statue du capitaine Dreyfus. J'ai pleuré sans savoir pourquoi. C'était le regret d'un paradis perdu que je n'avais même pas connu, des larmes de nostalgie et de deuil, un immense respect voué à la mémoire de mes ancêtres.

— À mes yeux, cela ressemble fort à une crise de panique, commente Romain. Mais Séraphine va me reprocher de ne jamais enlever mes lunettes de médecin…

— Figurez-vous que lorsque j'ai raconté cet épisode à mon thérapeute de l'époque, la semaine suivante, il m'a affirmé qu'il s'agissait d'une grande avancée dans ce que nous nous efforcions de construire ensemble. Il a interprété mes larmes et mon angoisse comme des « bruits de fantômes », des traumatismes qui remontaient enfin à la surface de ma conscience après avoir été longtemps occultés. Il m'a parlé de catharsis, comme si mon esprit se purifiait, se lavait des tourments qui l'étouffaient.

— Et si c'était la cicatrisation de tes neurones ? demande Maria. Après tout, cette expérience a l'air de t'avoir laissé un souvenir plutôt positif. Moi aussi, j'ai ressenti quelque chose de bouleversant, certes, mais de libérateur, en testant le magnétisme. En quittant mon uniforme noir de pianiste pour me vêtir intégralement de blanc, et m'offrir ainsi une nouvelle identité, j'ai été soulagée d'un poids énorme. Pour tout dire, j'aurais préféré ne jamais remettre mes anciens vêtements ! Ils me rappellent un passé qui me semble désormais lourd et inutile. Je voudrais m'en débarrasser.

Par pudeur, Maria s'interrompt, mais son esprit continue à vagabonder. Elle songe qu'elle voudrait s'habiller de manière à la fois plus simple et plus séduisante : une petite robe blanche, courte et décolletée… Le blanc lui semble de bon augure, capable de tenir les angoisses à distance. Et puis, elle pourrait revendre ou offrir ses anciens vêtements, faisant le bonheur de gens qui en ont certainement davantage besoin qu'elle. Elle se demande quelles épaules, quelles hanches se glisseront bientôt dans ses tenues noires, raffinées mais si tristes.

— Ce que vous avez vécu à l'instant est une détox mentale, lui explique Séraphine. L'appropriation d'une nouvelle couleur, la libération des émotions par le chant… Tout cela a provoqué une remise en question de votre identité, comme une renaissance.

— Surtout, vous vous êtes concentrée sur l'instant présent plutôt que sur vos anticipations ou vos regrets, ajoute le professeur Houdin. Vous avez goûté aux charmes de la pleine conscience !

Maria sourit, gagnée par l'enthousiasme de ses deux mentors :

— Vous avez raison, j'ai l'impression qu'une nouvelle saison commence pour moi. L'image qui me vient est celle d'un champ qu'on laboure à la fin de l'automne, afin de préparer la terre pour les semis du printemps… Est-ce aussi ce que tu as ressenti il y a quelques années, Hannah ?

— Je n'aurais pas dit mieux. Lorsque je suis rentrée chez moi, après cette expérience de catharsis, j'ai tout à coup eu besoin de me lancer dans un grand ménage : j'ai entassé les livres non lus ou trop lus dans des cartons, jeté tous les objets irréparables, défait les paquets jamais déballés, déchiré les photos trop chargées d'émotion… À chaque étape de ce traitement de choc, j'ai retrouvé de la sérénité et renforcé mon attrait pour l'« ici et maintenant ». Quand j'en ai eu fini avec ma penderie, j'ai attrapé mon répertoire et fait du tri parmi mes relations, en éliminant celles que je savais toxiques. Tout cela s'est fait dans la plus grande joie : je riais toute seule et poussais des cris de triomphe. C'est ce jour-là que je me suis vraiment remise de mon licenciement.

— De nos jours, ce type de détox est devenu une mode, dit Séraphine. Elle s'inspire entre autres d'une étude menée en Espagne, à Saragosse en Catalogne, et à Majorque, chez des médecins généralistes. Pendant toute la durée de l'expérience, ces derniers ont prodigué à leurs patients des conseils d'hygiène de vie favorisant la bonne humeur : faire du sport, adopter un régime méditerranéen, entretenir des relations bienveillantes et fuir les individus toxiques. Au bout d'un an, les patients ont déclaré se sentir moins tristes, plus actifs et plus optimistes.

— Rien de plus facile ! déclare Maria. J'ai déjà en tête la liste des habitudes nocives que je vais congédier de ma vie :

- l'alcool. J'ai tendance à trop en boire lorsque je suis aux prises avec une partition difficile ;
- le tabac. J'ai commencé à fumer pour imiter Gabriel et je n'ai jamais pu arrêter, comme si je cherchais à garder une trace de lui dans mon quotidien ;
- la sédentarité. Je trouve toujours de bons prétextes pour ne pas bouger ;
- les pensées tristes et l'autocritique. C'est ma spécialité ! Le perfectionnisme et les regrets sont devenus des habitudes ;
- l'addiction à Internet, notamment aux sites spécialisés sur la musique. Je passe mon temps à chercher ce que les critiques ont bien pu écrire sur moi. Évidemment, tout ce que je trouve m'accable. Quand je ne trouve rien, c'est encore pire ;
- l'excès ou le manque de travail. J'alterne entre des moments de frénésie, jusqu'à me rompre les tendons, et d'interminables phases de paresse. Y a du boulot… mais c'est possible.

Êtes-vous désormais convaincus des bienfaits de la « détox » mentale ? Si oui, vous êtes prêt à faire un grand pas dans les aventures de la bonne humeur.

Le chapitre suivant, page 330, vous donnera des clés pour vous libérer.

Si vous préférez traiter vos habitudes toxiques en douceur, en vous appuyant sur la littérature, allez plutôt page 338. Vous comprendrez que drogues et autres addictions tyranniques n'ont sur nous que le pouvoir qu'on leur donne.

Ceux qui estiment avoir assez entendu parler d'habitudes toxiques iront directement page 343. afin d'y découvrir des expériences qui font du bien.

24

La désintox des émotions

Addiction et humeur

Chacun achève de se sécher les pieds et de se rechausser. En silence. Même Monk et Epstein sont muets. Dans le monte-charge qui les emmène vers la sortie, Romain Houdin trépigne : les substances et les habitudes toxiques, c'est son rayon. Il prépare mentalement une explication afin de rebondir sur les derniers propos de Maria. Séraphine, qui déchiffre sans peine son air impatient, lui souffle :

— Je vois que tu meurs d'envie de nous recycler un de tes cours… C'est ton péché mignon ! Tu étais déjà comme ça quand on s'est rencontrés. Mais fais-moi confiance : avant, accorde à tes amis une pause déjeuner sur les marches de l'Opéra. Non seulement ils prendront l'air et la lumière du jour, mais ils seront plus enclins à t'écouter une fois l'estomac bien rempli !

Reconnaître un toxique de l'humeur

Les membres du petit groupe se sont approvisionnés en sandwiches et en pâtisseries dans la boulangerie favorite du professeur. Assis sur les marches qui mènent à l'opéra de Paris et bénéficiant d'une météo un peu adoucie, ils improvisent un pique-nique, chassant de temps à autre quelques pigeons téméraires qui prétendent partager leur casse-croûte.

— Se défaire de ses habitudes toxiques est un objectif louable, commence l'émotologue entre deux bouchées de bagel au pastrami et aux pickles, mais encore faut-il savoir de quoi l'on parle. Sans quoi, on risque de s'interdire des substances ou des comportements pourtant anodins. Quels sont les signes qui doivent alerter ? Comment les identifier ? Les addictions sont d'autant plus redoutables qu'elles s'avancent masquées, en procurant d'abord du plaisir, du calme, voire une sensation d'euphorie – personne ne tomberait dans le piège d'une habitude désagréable dès le départ ! C'est ce que les personnes dépendantes appellent la lune de miel. Ce n'est qu'au bout de quelques mois, voire de quelques années, que s'installe le désespoir, sans parler des autres problèmes de santé. À ce moment-là, il est déjà trop tard pour arrêter seul. On a besoin d'un ami ou d'un professionnel pour s'en sortir.

Fidèle à son goût pour les schémas, Romain Houdin en fait apparaître un sur l'écran de son téléphone portable, qu'il a conçu lui-même à partir de ses recherches personnelles. L'appareil passe de main en main.

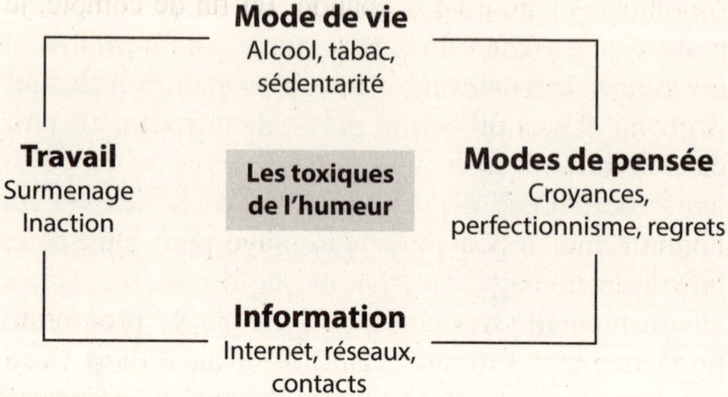

Les conditions d'une détox réussie

Séraphine est la première à commenter le schéma :

— L'alcool, le tabac et le cannabis font le lit des mauvaises émotions. Jusque-là, rien de nouveau ! Pourtant, peu de gens parviennent à s'en sevrer. On a honte, mais on se pelotonne dans ses habitudes, comme lorsqu'on dort avec une couverture qui gratte ou qui tient trop chaud – c'est désagréable, mais on n'a ni l'envie, ni l'énergie de refaire son lit en pleine nuit.

Tout en mordant avec appétit dans son sandwich aux crudités, Maria tend l'oreille. Elle est à l'affût de toute méthode susceptible de l'aider à se remettre au piano pour de bon. Le doute, elle le sait, est son addiction à elle ; l'hésitation empoisonne son quotidien. Elle s'empêtre dans des rituels qui n'en finissent pas, la ralentissent et la fatiguent, jusqu'à la faire renoncer.

— Le thème de l'addiction et des habitudes toxiques m'intéresse particulièrement, souligne-t-elle. Je suis complètement accro à la préparation mentale, au conditionnement, à l'anticipation. En fin de compte, je passe plus de temps à me dire que je dois travailler, et à imaginer comment je dois le faire, qu'à m'entraîner vraiment. Avant un concert, c'est encore pire ! J'arrive dans la salle tôt le matin, et je dilapide mon temps en inquiétudes inutiles au lieu de répéter sérieusement. Pourtant, j'ai à peu près tout essayé pour vaincre la procrastination :

- la méthode des petits pas. L'idée de progresser lentement, comme quand on avance dans l'eau froide centimètre par centimètre, sans jamais dépasser la ceinture, me paraît bonne. Sauf qu'elle ne fonctionne pas avec moi ;
- la recherche de la cause de mes doutes. Je ne l'ai jamais trouvée !
- la méthode forte, autrement dit l'absence totale et assumée de préparation. Échec complet : à vouloir improviser, je me suis retrouvée complètement tétanisée. J'ai passé le reste de la semaine à me reprocher ma légèreté.

Découragée, Maria n'a même plus faim. Elle jette le reste de son sandwich aux pigeons en soupirant :

— Peut-être que la procrastination fait partie de ma nature, et que je ne m'en débarrasserai jamais.

Passer du débat intérieur à la balance décisionnelle

Le professeur exhorte sa patiente à ne pas baisser les bras.

— J'ai une botte secrète à vous enseigner, déclare Houdin sur le ton du mystère. Je l'appelle la « balance émotionnelle ». Il s'agit d'une arme magique qui aide à prendre de meilleures décisions en matière de détox, et à cesser une fois pour toutes de procrastiner. Munissez-vous d'une feuille de papier et tracez une ligne verticale en son centre, de manière à créer deux colonnes.

Chacun s'exécute, qui en gribouillant au dos d'une vieille enveloppe trouvée dans son sac, qui en arrachant une page de son agenda. Faute de mieux, Aldo se sert d'un ticket de caisse oublié dans la poche de son blouson et partage un stylo avec Hannah.

— À gauche, listez les arguments en faveur du changement de comportement radical que vous souhaitez mettre en place. À droite, inscrivez ce qui vous retient, ce qui vous empêche d'évoluer. Cette balance décisionnelle a l'avantage de matérialiser votre débat intérieur : elle rend apparentes les causes de l'inertie ainsi que les potentiels bénéfices du changement. Une équipe de chercheurs belges a par exemple établi une balance décisionnelle autour de l'activité physique. Celle-ci illustre parfaitement la façon dont on négocie avec soi-même, et comment on peine parfois à se convaincre. Voici les arguments en faveur d'une pratique sportive régulière :

- j'aurai plus d'énergie ;
- je réduirai mon niveau de stress ;
- je me sentirai plus confiant(e) ;
- je dormirai plus profondément ;
- j'aurai plus de facilité dans les tâches physiques quotidiennes ;
- je me sentirai mieux dans mon corps ;
- j'aurai une vision de la vie globalement plus positive.

Les arguments contre l'instauration de cette pratique sont les suivants :

- l'activité physique est désagréable. Je transpire, je suis essoufflé(e), mon rythme cardiaque s'accélère ;
- à la fin de la journée, je suis trop épuisé(e) pour faire du sport ;
- cela me prendrait trop de temps ;
- je verrai moins souvent ma famille et mes amis ;
- j'ai du mal à trouver une activité physique qui me plaît, et qui ne dépend pas de la météo ;
- je risque d'être trop fatigué(e) au travail.

Romain Houdin conclut qu'il revient à chacun d'adapter la méthode de la balance émotionnelle aux problèmes qu'il rencontre, et aux habitudes qui l'encombrent.

Se parler seul pour commencer à changer

— Cette méthode me semble efficace mais, une fois la balance émotionnelle établie, que faut-il faire ensuite ? demande Maria. Dites-moi concrètement comment faire le premier pas.

— C'est très simple : il suffit de parler. Les engagements que l'on prend sont d'autant plus forts qu'on les formule à haute voix et qu'on se les entend dire, même si on est seul.

— Si je peux me permettre, glisse Aldo, trouver un compagnon de changement constitue également un vrai coup de pouce.

— Absolument, confirme Houdin. Un complice c'est bien ; plusieurs, c'est encore mieux ! L'effet de groupe est un formidable levier d'évolution, et l'énergie collective surpasse toujours les efforts individuels. On avance d'autant plus vite que l'on forme une équipe. Chacun sait qu'il est plus facile d'aller faire de l'exercice physique avec un ami plutôt que seul. Par sa simple présence, le camarade donne du poids à l'engagement que l'on a pris ; il est témoin de nos réussites, et nous console en cas d'échec. Mieux encore s'il s'agit de quelqu'un qui a déjà réussi à changer sa relation à l'alcool, au tabac, au doute ou à la tristesse. Il n'en sera que plus compréhensif !

— Si ce que vous dites est vrai, alors j'ai plus que jamais besoin de vous tous, déclare Maria.

— Nous avons déjà traversé ensemble différentes épreuves, certes sans gravité, mais significatives. L'écoute, l'empathie, la discrétion font désormais office de ciment entre nous, conclut Romain Houdin.

Maria cherche à croiser le regard d'Aldo, en se demandant quel changement elle pourrait initier avec lui. Enfin, s'il apprend à parler un peu moins…

Références

Alejandra Aguilar-Latorre, Bárbara Olivan-Blazquez, Guillermo Pérez Algorta, Maria J. Serrano-Ripoll, Linda E. Olszewski, Alberto Turon-Lanuz, A., « One-Year Follow-Up of the Effectiveness of a Lifestyle Modification Program as an Adjuvant Treatment of Depression in Primary Care : A Randomised Clinical Trial », *Journal of Affective Disorders*, 332, 2023, p. 231-237.

C. Eeckhout, M. Francaux, A. Heeren, P. Philippot, « Mesure de la balance décisionnelle en vue de pratiquer une activité physique régulière (BDAP) : Adaptation et validation francophone de l'échelle Decisional Balance for Exercise », *Revue européenne de psychologie appliquée*, 63, 2013, p. 185-191.

« Parce que c'était lui, parce que c'était moi » : dans cette célèbre citation, Montaigne parle de son grand ami Étienne de La Boétie, qui exhortait ses contemporains à ne pas céder à la tyrannie et à trouver en eux la force de se libérer. ***Rendez-vous page suivante pour en apprendre davantage sur la liberté.***

Si vous pensez en savoir assez sur l'addiction et les habitudes toxiques, allez directement page 343 pour partager avec les personnages de cette histoire quelques ultimes expériences de bonne humeur.

25

La méthode d'Étienne de La Boétie

Lutter contre les servitudes déprimantes

Aimé Bonaventure a profité de la pause déjeuner pour faire un saut dans son camion jaune. Il en revient avec un petit ouvrage de philosophie qu'Hannah reconnaît aussitôt : il s'agit d'un texte qu'il lui a suggéré autrefois, lors de sa thérapie, et qui l'a aidée à se défaire de certaines mauvaises habitudes. Elle se souvient d'avoir été enthousiasmée à l'idée de s'appuyer sur la philosophie pour aller mieux. Aimé lui a raconté la vie de l'auteur, Étienne de La Boétie, l'ami le plus proche de Montaigne et défenseur des opprimés : il incitait les malheureux à renverser leurs tyrans, en leur apprenant que leurs servitudes étaient souvent volontaires et qu'il leur suffirait de secouer leurs chaînes pour retrouver leur indépendance. Révolutionnaire avant l'heure, La Boétie refusait le fatalisme et ne croyait pas au destin.

— Tiens, dit Aimé en lui tendant l'ouvrage. Je pense que ceci va te rappeler de bons souvenirs.

Reconnaissante, Hannah saisit délicatement l'ouvrage.

— Voyons voir… D'abord, une courte introduction. Né en 1530, La Boétie est mort à 33 ans, pratiquement dans les bras de son ami Montaigne. Son grand combat était de renverser les tyrans de son époque. Pour lui, le roi est un individu nu et faible ; il n'a que la puissance que le peuple lui accorde, ou lui prête en imagination.

— Lis-nous donc quelques passages du texte, l'encourage Aimé. Et ne te moque pas des commentaires que j'ai griffonnés dans les marges. Vous allez voir : les conseils de La Boétie sont souvent plus faciles à suivre que ceux des thérapeutes modernes !

La force de la motivation

— « Quand on a plusieurs maîtres [ou servitudes ou dépendances], lit Hannah, on est autant de fois extrêmement malheureux. » Autrement dit, on doit avoir le moins de servitudes possible. Le moindre travers distrait déjà de l'essentiel. Une vie remplie d'habitudes toxiques devient difficile à supporter.

Maria songe qu'elle préfère plusieurs dépendances minimes à une soumission assommante. Elle a par exemple moins peur d'accumuler des liaisons sans lendemain, qui s'achèvent sans drame, que de vivre à nouveau un grand chagrin d'amour insupportable.

L'habitude n'a que le pouvoir qu'on lui donne

— « Je voudrais, continue Hannah, seulement comprendre comment il se peut que tant d'hommes et de femmes supportent un tyran ou une servitude déprimante. Cette servitude n'a de puissance que celle qu'on lui donne. Elle n'a de pouvoir de leur nuire qu'autant qu'ils veulent bien l'endurer. »

— Cela s'appelle le déni, commente Romain. Les personnes dépendantes ont souvent du mal à regarder leur servitude en face.

— Ce n'est pas seulement une question de déni : si j'en crois La Boétie, la première raison de la servitude volontaire, c'est l'habitude. « Voilà ce qui arrive aux plus sauvages des chevaux qui d'abord mordent leur frein, et après s'en jouent. » Ils finissent par tendre eux-mêmes la tête pour qu'on leur passe le harnais ! Les personnes prisonnières d'un penchant toxique se persuadent, comme les chevaux dressés, qu'elles sont tenues de tolérer le mal : elles laissent alors durer l'emprise de la substance ou de l'individu qui les tyrannise.

— Ce passage me fait mesurer à quel point je suis une femme d'habitudes, avoue Maria. Lorsqu'on me donne des conseils, j'en fais des rituels, des superstitions. Une amie m'a un jour offert un foulard, dont j'ai décidé qu'il avait le pouvoir de me protéger contre la grippe : les jours de vent, je ne peux plus sortir sans. Avant d'entrer en scène, j'ai la manie d'attraper un rideau ou le dossier d'un fauteuil avec ma main droite – jamais la gauche. Toutes ces règles me retiennent prisonnière, alors qu'elles émanent de moi et de personne d'autre.

Ne pas nourrir ses servitudes déprimantes

— « Le feu d'une petite étincelle, lit Hannah, grandit et se renforce toujours ; et plus il trouve de bois à brûler, plus il en dévore. » Autrement dit, la tendance naturelle de l'habitude est de s'installer avec le temps.

Pourtant, lorsqu'on cesse de l'alimenter, le feu finit par s'éteindre de lui-même. « Soyez résolu à ne plus servir, et vous voilà libre. » Même s'il est difficile de renoncer complètement à ses servitudes, on peut au moins cesser de les entretenir. On se libère alors du maître autoritaire que l'on est trop souvent envers soi-même : « Vous le verrez, tel un grand colosse dont on a brisé la base, fondre sous son poids et se rompre. »

Choisir la bonne humeur

— « La liberté, les hommes la dédaignent uniquement, semble-t-il, parce que s'ils la désiraient, ils l'auraient ; comme s'ils refusaient de faire cette précieuse acquisition parce qu'elle est trop aisée. »

Cette fois-ci, Maria – et Horace Epstein, à son visage circonspect et hostile, paraît penser de même – s'offusque :

— Dans quel monde vivait donc ce philosophe pour penser que la liberté est facile à conquérir ? Veut-il dire qu'il suffit de choisir la bonne humeur pour aller mieux ? Je n'y comprends rien…

Houdin s'apprête à lui expliquer les propos d'Étienne de La Boétie, quand Séraphine l'arrête d'un geste. Mieux vaut laisser la pensée du philosophe infuser dans l'esprit de chacun avec le temps, silencieusement. Le professeur obéit à son amie, charmé par son sens de la pédagogie plus subtil que le sien.

Références

Étienne de La Boétie, *Discours de la servitude volontaire*, trad. par Séverine Auffret, 1001 Nuits, 2021.

Nos aventuriers sont rassemblés sur le parvis de l'Opéra. Restez encore quelques instants avec eux tandis qu'ils jouent à la marelle de la bonne humeur : afin de pimenter un peu la partie, chacun devra se prêter à un exercice tiré au hasard.

26

La marelle de la bonne humeur

Le professeur trouve au fond d'une de ses poches un morceau de craie blanche, celle qu'il utilise d'ordinaire pour écrire sur le tableau noir de l'arrière-boutique. Il s'en sert pour, en plein parvis de l'Opéra, tracer une marelle sous les encouragements de Séraphine qui s'amuse de le voir dégrader – de manière certes réversible – l'espace public, lui qu'elle sait si soucieux de l'ordre et de la propreté.

— La marelle de la bonne humeur, annonce l'émotologue une fois son dessin achevé, est conçue comme une mise en pratique de tous les enseignements que nous avons brassés et découverts au cours de ces derniers jours. Elle propose différentes expériences qui stimulent les bonnes émotions. Certaines vous sembleront familières, d'autres risquent de vous surprendre ; mais toutes s'appuient sur des études scientifiques rigoureuses. À titre personnel, je m'en sers autant pour mon propre compte qu'avec des patients !

— Au point de vouloir en laisser une trace devant mon opéra préféré, le réprimande gentiment l'ex-danseuse.

— Oui, mais pour la bonne cause : celle de la santé.

Des expériences tirées au sort

— Le but du jeu, explique Houdin, est de choisir au hasard l'un des verbes qui figurent dans les différentes cases. Je vous donnerai alors à tous des indications pour « conjuguer » ce verbe de cinq manières différentes.

Debout devant la marelle tracée avec soin, il précise :

— Chaque « conjugaison » est en réalité un exercice pratique, ni trop long, ni trop contraignant. Comme je préfère les avancées modestes, mais concrètes, aux grandes révolutions que l'on prépare sans jamais les mettre en pratique, je ferai en sorte que chaque exercice réponde à un objectif « Smart », c'est-à-dire :

- S comme spécifique ;
- M comme mesurable ;
- A comme atteignable ;
- R comme réaliste ;
- T comme temporellement défini.

Les membres du groupe se sont rassemblés devant son dessin, et découvrent les cinq verbes clés qui vont les guider.

— Il n'y a pas de perdants, prévient l'émotologue. Seulement des bonnes surprises !

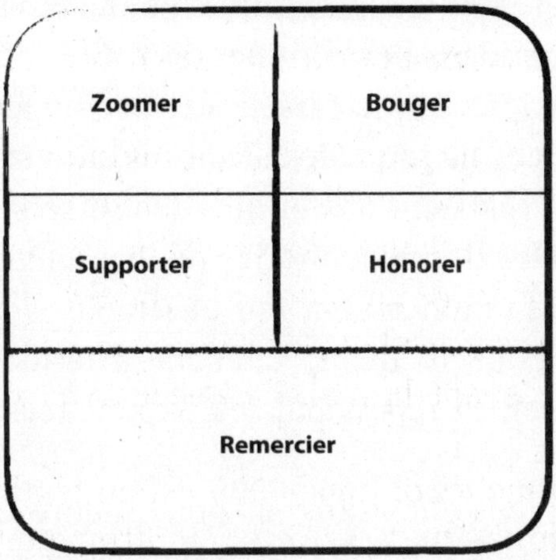

Horace Epstein, le suspicieux permanent, ne se laisse pas convaincre si facilement. Fidèle à sa défiance naturelle, il exige d'en savoir plus, de mieux comprendre. Il craint que les exercices proposés s'apparentent à des pièges, voire à des épreuves.

— Je m'inspire, le rassure Houdin, des travaux de Jaak Panksepp, chercheur estonien né en 1943 et inventeur des « neurosciences affectives ». Ses premières recherches ont consisté à faire rire des animaux ; il a enregistré leurs rires et les a comparés à celui des humains.

— Voilà qui inspire confiance, apprécie Maria. Quelqu'un qui dédie son temps à chatouiller des rats ou des chats ne peut pas être foncièrement mauvais.

— Selon Panksepp, poursuit le thérapeute, on ne peut proposer à un volontaire que des expériences de bonne humeur compatibles avec ses désirs. De nos jours, la notion de désir est injustement réduite à l'attirance sexuelle ; pourtant, du point de vue de la bonne humeur, c'est un concept beaucoup plus large qui recouvre tout ce qui motive, donne envie d'agir et de s'engager dans des activités agréables ou utiles. La psychothérapie donne raison aux personnes capables de caprices et de toquades. Tant pis si tous leurs souhaits ne se réalisent pas et qu'elles se sentent parfois frustrées. Des désirs contrariés ou inassouvis sont plus sains qu'un renoncement pur et simple.

— Va pour le désir, concède Horace. À quels autres principes répondent les expériences de bonne humeur ?

— Eh bien, elles doivent nous mettre en relation avec les autres, qu'il s'agisse de nos proches ou de parfaits inconnus. Toujours selon Jaak Panksepp, on va bien quand on est capable de prendre soin d'autrui et qu'on cherche activement à entrer en contact, à communiquer, à aider. Celui qui se soucie de ses parents, de ses amis et même de ses voisins est un égoïste qui s'ignore : il se fait encore plus de bien qu'il n'en procure à ceux dont il s'occupe !

— Rien de très innovant là-dedans, ronchonne Epstein. Nous vivons à une époque où la solidarité et l'altruisme sont les valeurs suprêmes. Votre ami estonien a-t-il quelque chose de plus original à nous apprendre ?

— Écoutez ceci : d'après lui, la notion de jeu est fondamentale. Toute expérience réussie doit être ludique. L'envie de jouer favorise les interactions sociales, amicales ou amoureuses, et les divertissements potaches sont plus fédérateurs que les débats enflammés ou les conversations philosophiques. Le jeu est par ailleurs propice aux calembours et autres plaisanteries éculées, qui font du bien même quand ils ne volent pas très haut. L'humour et le rire agissent comme des liants.

— Est-ce tout ? s'enquiert Horace.

— Une dernière chose : j'attire votre attention sur l'importance de l'exploration, autrement dit la recherche de nouveauté. Notre curiosité naturelle est précieuse. Elle nous pousse à nous promener dans des environnements inconnus, à découvrir d'autres horizons, à sortir de notre périmètre de sécurité. Les biologistes les plus audacieux affirment que la nouveauté stimule la sécrétion de dopamine.

Il existe plusieurs manières de terminer cette aventure. Vous pouvez poser votre doigt sur la marelle et choisir une case au hasard, ou aller directement vers l'expérience qui vous intrigue le plus. Dans ce cas, tournez-vous vers celle qui vous paraît la plus facile. Goethe disait que pour bâtir une grande œuvre, il faut s'encourager en remportant d'abord les parties les plus faciles. Libre à vous de revenir ensuite à la marelle afin d'explorer d'autres exercices.

Allez page 349 pour découvrir des expériences de concentration sur l'instant présent, de méditation et de pleine conscience. Préparez-vous à vous allonger… ou à manger du chocolat.

Si vous souhaitez explorer la notion d'acceptation, allez page 361. Vous sortirez de votre zone de confiance, augmenterez votre tolérance au changement et testerez une activité nouvelle. Vous

apprendrez également qu'une dose modérée de honte ou de gêne est un excellent stimulant.

Rendez-vous page 367 pour identifier les valeurs qui vous animent, et pour mettre en lumière les événements ou les personnes qui donnent à votre vie sa cohérence. Vous aurez l'occasion de vous prendre pour un chevalier qui décore son blason !

Page 374, sentez les effets de l'activité physique sur les émotions. Vous savez désormais que la bonne santé doit concerner à la fois le corps et l'esprit. Alors, bougez pour améliorer votre humeur.

Attardez-vous page 381, pour muscler votre gratitude. Vous apprendrez à dire merci à vos proches, à vous-même et, pourquoi pas, à un personnage historique qui vous inspire. Votre entourage sentira la différence !

27

A

Je zoome et me concentre

Séraphine se sert de son gant de laine comme d'un palet, et le lance sur la marelle. Après avoir décrit une courbe gracieuse, celui-ci atterrit sur le verbe « zoomer ».

— Je sais bien que je n'ai rien à t'apprendre, lui dit Houdin avec un clin d'œil, mais permets-moi, pour le bénéfice de nos amis ici présents, de faire semblant. Les expériences de « zoom » intellectuel ou de pleine conscience ont pour objectif de fixer l'esprit sur le moment présent, et de nous aider à contrôler nos pensées parasites. Le principe est toujours le même : plus on s'intéresse à ce qui est proche de nous – qu'il s'agisse d'un objet, d'un paysage ou du fonctionnement de notre propre corps –, moins on accorde d'importance aux pensées anxieuses ou pessimistes. Rappelez-vous ce que vous avez ressenti dans le Lac Wagner !

— Continue, Romain, s'amuse l'ancienne danseuse. J'adore jouer l'ignorante !

— Les exercices de pleine conscience permettent de développer des compétences essentielles à l'entretien de la bonne humeur :

- s'observer : reconnaître ses pensées, ses émotions, ses réactions corporelles, le niveau de

tension ou de détente de son esprit autant que de ses muscles ;
- se décrire : mettre des mots sur ses états intimes, en évaluer l'intensité, la tonalité, ce qui les allège ou les aggrave ;
- agir avec conscience : prêter attention à ce que l'on dit ou fait, ce que l'on dégage, jusqu'à la manière dont on respire ;
- suspendre son jugement : ne pas chercher à s'évaluer, ni soi ni les autres. Celui qui a renoncé à se juger accepte ses pensées comme elles viennent, telles des éclaircies ou des averses qui passent et finiront par s'en aller ;
- ne pas réagir à chaud : comprendre l'inadéquation des réactions immédiates et agressives.

— Je reconnais là toutes les compétences que je m'efforce d'inculquer aux chanteurs et aux danseurs convalescents que j'accompagne, observe Séraphine. Comment comptes-tu me les faire mettre en pratique ?

— Pas seulement à toi, mais à tout le monde ! Comme je l'ai expliqué, chaque verbe se décline de différentes façons. Nous allons donc explorer cinq manières de « zoomer », c'est-à-dire de se concentrer sur l'ici et maintenant. Dans l'ensemble, tous les exercices consistent à prêter attention aux réactions de son corps et à ses émotions. Lorsqu'on pratique la pleine conscience, on résiste à tout ce qui risque de nous distraire ou de nous perturber – le bruit, la présence d'autrui, la température de l'air, la faim… mais aussi la tendance à l'autocritique et à la dévalorisation.

Identifier ces intrus est la première étape pour les neutraliser.

— C'est à la fois simple et tentant, approuve Maria. J'aimerais tant faire taire ma voix intérieure quand elle devient agressive, et me concentrer plutôt sur les sensations agréables de mon corps, ou sur la beauté d'un paysage…

— Je dois vous mettre en garde : notre esprit ne nous obéit pas naturellement au doigt et à l'œil, et il est normal qu'il se laisse d'abord traverser par tout ce qu'on voudrait éviter. Ce n'est qu'en répétant l'expérience de pleine conscience que l'on apprend à juguler les pensées parasites. On s'aperçoit alors qu'on perd plus d'énergie à tenter de chasser les distractions qu'à les accepter. Au stade ultime de la pleine conscience, on ne se bat plus contre ses pensées ; on s'aperçoit seulement qu'elles sont fausses. En pratique, j'estime qu'il faut une semaine entière d'entraînement – soit seul, soit accompagné d'un thérapeute – pour dépasser ce que j'appelle le stade « envahisseur ».

Satisfait de cette introduction, Houdin présente à son auditoire les cinq applications du zoom et de la pleine conscience qu'il a imaginées.

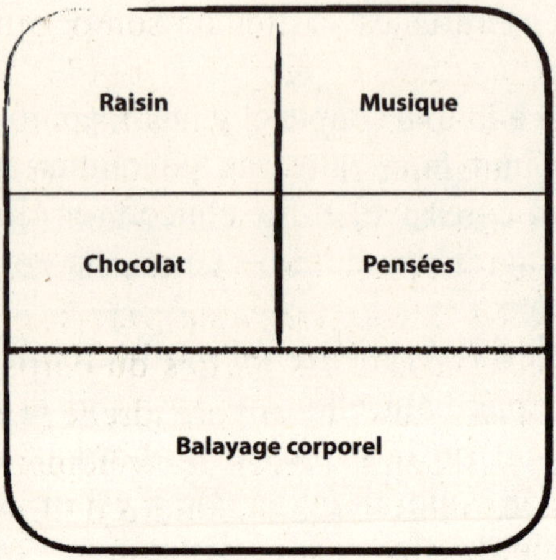

Le balayage corporel

— Le balayage corporel se pratique en position allongée, et demande donc un minimum d'équipement : soit un tapis de sol, soit un lit au matelas ferme. L'exercice consiste à « scanner » l'ensemble de son corps, à écouter ses sensations. Il va sans dire qu'on se désintéresse alors de tout ce qui est extérieur à soi. Je recommande de s'appuyer sur trois principes :

- ouverture au corps ;
- curiosité pour soi-même ;
- acceptation de ce qu'on découvre en s'observant.

— Décidément, remarque Hannah, vous aimez nous convier à toutes sortes d'aventures intérieures !

— C'est que je suis convaincu de leur efficacité. Le balayage corporel est un véritable voyage : on repère les différentes parties de son organisme, leur emplacement, leur forme, leur poids, leur mobilité, leur souplesse… Il n'y a pas besoin de bouger. L'idéal est de commencer par écouter sa respiration. On prend note de l'air qui entre dans les poumons à chaque inspiration. Quand on souffle, le ventre se creuse. On descend ensuite vers les fesses, les jambes et les pieds – ces parties du corps sont-elles détendues ? crispées ? Il faut prendre le temps de tout enregistrer : le contact avec les vêtements, avec le matelas ou le tapis, la température de l'air, d'éventuelles douleurs ou démangeaisons… Alors seulement, on remonte pour scanner le bassin, le dos, les épaules, puis le cou et le visage. Au terme du balayage, on doit être conscient de l'ensemble de son corps, des orteils jusqu'au sommet du crâne – sans oublier la respiration ! L'exercice est réussi quand on parvient à cet état de « zoom » et qu'on s'y sent bien, sans éprouver le besoin de bouger.

— Le balayage corporel m'est familier, et je confirme qu'il est extrêmement efficace, souligne Séraphine. Je le prescris aux danseurs avant une représentation. Je l'ai moi-même pratiqué quand je dansais.

La pleine conscience avec un grain de raisin

— Le deuxième exercice nécessite de choisir un fruit qui tienne dans la main et qui ne demande pas à être épluché : idéalement, un grain de raisin, mais une fraise ou une myrtille feront très bien l'affaire.

L'idée est d'anticiper l'expérience agréable que sera sa dégustation.

Maria pense à un fruit mystérieux et défendu qu'elle ne pourrait s'empêcher de croquer. Rêveuse, elle s'imagine chassée du paradis comme Ève après avoir goûté au fruit de la connaissance du bien et du mal.

— Lorsque vous réaliserez l'expérience chez vous, attrapez le fruit entre vos doigts et prenez le temps de l'observer. Sentez sa forme, son poids, portez-le à votre nez pour en étudier le parfum. Puis croquez-le et avalez-le doucement. Analysez son goût, acide ou sucré, sa température, sa consistance dans votre gorge. La conscience du fruit et de toutes les sensations qu'il éveille dans votre bouche tiendra à distance les idées tristes. L'ensemble de l'expérience doit durer entre trois et cinq minutes.

La pleine conscience en musique

Houdin se tourne à présent vers Maria :

— Voici maintenant un exercice fondé sur la musique, annonce-t-il. Il s'agit d'une porte d'entrée accessible vers la pleine conscience pour les plus réfractaires d'entre vous ! Pour en faire l'expérience, asseyez-vous dans votre fauteuil préféré et choisissez une mélodie calme, sans paroles, dont l'enchaînement des notes peut être suivi facilement. Certains apprécient les musiques très lentes ; d'autres ont besoin d'un peu de rythme pour ne pas décrocher. Les compositions d'Erik Satie, par exemple les *Gymnopédies*, sont d'excellentes candidates. Cela dit, il est tout à fait possible de tester les bruits de la nature entre deux mélodies.

— Ou mon cher Claude Debussy ! s'exclame Maria.

— Je vous laisse juge. Tant que la musique vous plaît, elle produira en vous des images mentales capables de vous surprendre, pour peu que vous leur ouvriez la porte. Concentrez-vous sur la manière dont la mélodie fait varier la fréquence de votre respiration et votre rythme cardiaque. Vous sentez-vous plus lourd ou plus léger ? Êtes-vous prêt à bondir, ou à être écrasé sur votre chaise ? Ressentez-vous des fourmis dans les jambes ? Là encore, comptez entre trois et cinq minutes.

La pleine conscience d'un carré de chocolat

— Je m'adresse maintenant aux plus gourmands d'entre vous, déclare Romain avec un clin d'œil à son amie Eva. En ce qui me concerne, j'aime mettre à contribution, pour cet exercice, les boîtes de chocolats que m'offrent mes amis ou mes patients pendant les fêtes. Le chocolat, vous en conviendrez, a une fâcheuse tendance à nous narguer, comme s'il savait l'attraction qu'il exerce sur nous ! C'est une grenade dégoupillée, à la séduction un peu vulgaire. Son fondant nous fait fondre… Mais je vais vous apprendre à être plus forts que lui. Pour cela, attrapez un seul carré entre le pouce et l'index. Vous sentirez alors s'abattre sur vous une cascade de tentations. Dès lors que le chocolat est sorti de sa boîte, votre temps est compté ! Vous voilà tiraillé par l'envie d'engloutir cette précieuse et délicieuse sucrerie sans autre forme de procès, de peur de la voir dégouliner entre vos doigts par excès de lenteur.

— C'est vrai que mon nappage suédois au chocolat noir fond en moins de temps qu'il n'en faut pour le dire, intervient fièrement la cuisinière.

— Avec moi, on prend son temps ! Observer longuement le chocolat constitue une première victoire. On résiste à la tentation de l'avaler mécaniquement. On porte ensuite le carré non à la bouche, mais à l'oreille, et on l'écoute livrer des récits secrets de mers du Sud, de pirates, d'Aztèques, de révoltés du *Bounty* ou d'ailleurs… Tout un art de la mise en scène, en somme. Comme un réalisateur de cinéma, on cherche le cadre idéal afin de donner le plus de relief possible à la dégustation.

— Vous me faites penser à une ancienne amie, confesse Aldo en rougissant. Elle était adepte de l'amour tantrique : avant de pouvoir l'effleurer, il fallait la caresser du regard, l'écouter, humer le parfum de ses cheveux…

— Votre ex-amie avait tout compris ! Pour en revenir au chocolat, les spécialistes recommandent de le choisir le plus amer possible, autrement dit avec une forte teneur en cacao – jusqu'à 85 %, voire 100 % pour les plus aventureux. Les palais sensibles s'en tiendront à 60 ou 70 %. Moins le chocolat est sucré, plus son goût est prononcé, et plus il impose une dégustation lente, sans gloutonnerie ni perte de contrôle.

— Qu'en est-il du chocolat blanc ? interroge Eva. Selon les marques, il peut être aussi fort que le noir.

— Tu as raison : noir ou blanc, chacun est libre de choisir. L'essentiel est d'écouter le chocolat, de le regarder, de le sentir. On gagne alors le droit de le croquer ! Laissez le carré prendre possession de votre bouche autant que de votre esprit. Brian Meier, un chercheur en psychologie à l'université de Gettysburg, aux États-Unis, a récemment démontré que le chocolat agissait d'autant plus sur le moral qu'on le mangeait lentement, en pleine conscience, en étant attentif à son goût et aux sensations qu'il procure. Quatorze grammes suffisent ! Dans la foulée de ces recherches, des experts de la pleine conscience sont allés jusqu'à établir un protocole détaillé de la dégustation de chocolat.

— Les trente premières secondes : prenez le carré de chocolat et tenez-le dans la paume de votre main. Faites comme si vous n'aviez jamais vu un aliment pareil.

— Trente secondes ? s'écrie Aldo. Cela doit sembler une éternité. Moi, dès que quelque chose ou quelqu'un me plaît, je deviens terriblement impatient.

— Cet exercice vous fera donc le plus grand bien, lui répond Houdin avec sévérité.

— De trente secondes à une minute : prenez le temps de regarder le chocolat encore plus attentivement. Laissez vos yeux détailler chaque partie du carré. Observez la manière dont la lumière se réfléchit sur lui. Notez ses zones d'ombre, ses irrégularités.

— D'une minute à une minute trente : faites tourner le chocolat entre vos doigts… sans le faire fondre ! Explorez sa texture. Pensez à la manière dont il a été produit. Imaginez les artisans qui l'ont fabriqué, ceux qui l'ont transporté jusqu'aux différents magasins où il est vendu.

— D'une minute trente à deux minutes : approchez le chocolat de votre nez et, à chaque inspiration, laissez-vous envahir par son arôme. Anticipez ce qui se passera lorsqu'il sera enfin dans votre bouche.

— De deux minutes à deux minutes quarante-cinq : posez doucement le chocolat contre vos lèvres, puis placez-le dans votre bouche sans le mâcher. Explorez-le avec votre langue.

— De deux minutes quarante-cinq à trois minutes quinze : quand vous vous sentez prêt, commencez à mâcher. De manière consciente, mordez une ou deux fois dans le carré, sans précipitation, et notez ce qui se passe.

— De trois minutes quinze à trois minutes trente : sans rien avaler encore, prenez conscience du goût qui se propage dans votre bouche. Notez comment la texture et le goût évoluent en se diffusant contre le palais.

— De trois minutes trente à quatre minutes : déglutissez une première fois et avalez un peu de chocolat. Sentez-le descendre jusque dans votre estomac… si vous y arrivez !

— De quatre minutes quinze à cinq minutes : finissez le carré, toujours en pleine conscience.

Maria ressent un léger vertige : elle n'est pas prête à faire preuve d'autant de patience. Tout cela lui paraît exagéré. Elle croise le regard d'Aldo, qui s'exprime à sa place :

— Tout ce cirque pour un carré… Avec moi, l'affaire serait pliée en quelques secondes !

La pleine conscience des pensées

— Voici à présent une technique mise au point par le professeur de psychologie cognitive Zindel Segal. Elle se pratique à n'importe quel moment de la journée, n'importe où et dans n'importe quelle position. L'exercice est relativement libre : yeux ouverts ou fermés, accompagnement musical ou silence, support visuel comme des photographies ou des tableaux…

— Te voilà de retour sur ton terrain d'expertise, commente Eva. Je craignais que tu finisses par concurrencer mes cours de cuisine.

— En parlant de support visuel, rien ne vaut la peinture italienne pour lâcher prise, ajoute Monk.

— Écoutez plutôt : l'exercice consiste à laisser les pensées incontrôlables traverser l'esprit. Au lieu de les filtrer, on se contente de les remarquer et de les écouter. On détermine si elles provoquent une humeur agréable ou désagréable, du confort ou de l'inconfort.

Maria ferme les yeux et se prête au jeu :

— C'est l'image d'une salle de concert qui me vient aussitôt en tête, dit-elle. Je vois la scène et le piano… J'entends même des applaudissements !

— Très bien, l'encourage Romain. Dans le sillage des émotions et de l'humeur arrivent les sensations physiques. S'agit-il de tension, de fatigue, d'énergie ? Là encore, on s'entraîne à noter ce qui se passe, à en prendre conscience, sans réagir. L'exercice s'achève sur cette pleine conscience des pensées, des émotions et des sensations physiques. L'ensemble doit durer, comme pour les techniques précédentes, entre trois et cinq minutes.

L'aventure de la bonne humeur

En son for intérieur, Séraphine sait que le balayage corporel est l'exercice qui lui correspond le mieux, car il laisse autant de place à la dimension physique qu'à l'intellect. Sans compter qu'il lui rappelle ses années de danse, cette pratique à laquelle elle a dû renoncer…

B

Je supporte

C'est à présent au tour d'Hannah Kraus de jouer à la marelle. Elle lance le gant de Séraphine, qui atterrit sur la case « supporter ». Elle grimace malgré elle, se demandant ce qu'elle va devoir endurer.

— Voici un exercice facile d'acceptation, explique Houdin, qui consiste à porter un pull troué, soit seul chez soi, soit en présence d'autres personnes. Cela peut paraître parfaitement anodin, mais le pull permet en réalité de combattre le perfectionnisme et de surmonter le narcissisme. Dans un premier temps, la coquetterie en nous crie au scandale. Peu à peu, cependant, on parvient à ne plus l'écouter, et à assumer les défauts de sa tenue. On n'y voit plus une marque de négligence, mais une technique utile pour cultiver les émotions positives : l'autocompassion et le lâcher-prise. Intéressons-nous à présent aux cinq déclinaisons de l'exercice du pull troué :

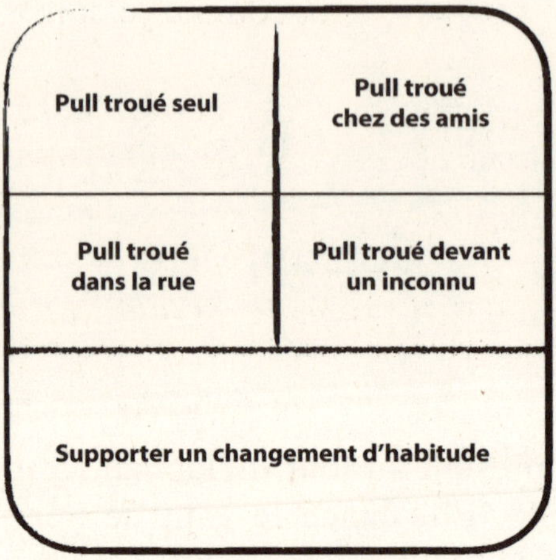

Un pull troué tout seul chez soi

— Chère Hannah, supposons maintenant que vous êtes seule chez vous, avec votre pull troué. Si je voulais vous pousser à bout, je vous demanderais d'imaginer que le vêtement comporte également une vilaine tache. Vous vous regardez dans un miroir. Les défauts que vous y voyez vous aident à changer votre point de vue. Ils révèlent votre originalité. Vous vous dites que vous êtes probablement l'une des seules personnes à porter avec joie un pull troué et sale. Rien ne vous empêche ensuite d'aller un peu plus loin, et d'observer en vous d'autres irrégularités que celles de ce vêtement : elles non plus ne sont ni des défauts, ni des manques, seulement des signes distinctifs. Félicitations, vous venez d'effectuer votre premier exercice d'acceptation ! Il est possible de généraliser cette technique à d'autres domaines. Dans toutes les situations, une pointe de « je m'en balance » et de « je suis comme je suis » allège les émotions.

Maria s'imagine jouer de fausses notes en public en portant une robe trouée. Si seulement elle osait !

Un pull troué dans la rue et dans un magasin

— Corsons un peu les choses et augmentons votre exposition au stress, propose le professeur. Vous décidez d'exhiber votre pull troué dans la rue. Cela représente un double défi : non seulement vous tolérez que votre tenue porte des défauts, mais vous acceptez que les autres les voient. Vous vous apercevez alors d'une évidence : votre pull percé et sale n'attire pas tellement l'attention… La plupart des passants ne le remarquent même pas, pas plus qu'ils ne font attention à votre présence. Pour les personnes qui se pensent très importantes, cette révélation a sans doute quelque chose de frustrant, mais elle est en même temps rassurante. Le monde tolère nos bizarreries, les plus visibles comme les mieux cachées.

— Cet exercice est tentant, reconnaît Hannah. Il m'éviterait de mettre mes habits à la poubelle au moindre accroc…

— Affublée de votre pull troué, continue l'émotologue, foncez plus avant dans la provocation et entrez dans un magasin, idéalement une boutique de vêtements. Contrairement aux passants, les vendeurs vous observent forcément : ils s'interrogent, se demandent pourquoi vous portez de tels haillons. Puis ils oublient cette excentricité, tout à leur désir de vous vendre leurs derniers modèles de vêtements. Vous passez ainsi d'une posture où vous êtes gênée, honteuse, à un flegme qui vous permet d'observer les réactions des autres face à vos petites ou grandes folies. Vous venez de découvrir le bonheur de la distanciation ! Ce qui autrefois aurait viré au drame devient un jeu. Ce qui vous faisait peur (« Tout le monde me dévisage ») désormais vous distrait (« Je dévisage les autres et je note ce qu'ils pensent de moi »). Cette capacité à supporter des situations dans lesquelles vous n'êtes pas sous votre meilleur jour est très utile au quotidien.

Chez des amis avec un pull troué

— Laissez-moi deviner, le coupe Hannah : vous allez encore me demander de pousser le bouchon !

— Exactement. Imaginons à présent que vous portez votre pull troué non plus en présence d'inconnus, mais face à des gens que vous connaissez.

— Facile ! Je retournerais volontiers dans mon ancienne entreprise en pull crade et en loques !

— Il doit s'agir de personnes que vous appréciez : vous avez le choix entre une réunion de famille, un dîner chez des amis ou une visite de Paris avec des clients habitués. Vous vous rendez donc vulnérable face à des gens dont l'avis compte. Deux réactions sont possibles : soit vos proches ne s'aperçoivent de rien – ou font semblant –, soit ils sont dérangés par votre tenue. Dans le second cas, il vous faut trouver une parade. L'enjeu est d'apprendre à véhiculer une image réaliste et imparfaite de vous-même. Face à toute remarque moqueuse ou inquiète, je suggère de répondre par un sourire. Surtout, n'argumentez pas. Restez en retrait, calme et souriante, imperturbable. Ce talent va vite vous paraître indispensable... même sans pull troué !

— Une telle placidité m'aurait été d'un grand secours contre les harceleurs qui m'ont virée, marmonne Hannah.

Un pull troué devant un inconnu

— Le dernier exercice, continue Houdin, permet de travailler non seulement sur l'image de soi, mais aussi sur la timidité. Il s'agit d'aborder, en situation de faiblesse, une personne que vous ne connaissez pas et qui vous intimide. Luttez contre votre réserve naturelle et adressez-lui la parole. Bien sûr, cette personne va observer votre allure générale, et plus particulièrement votre pull. Vous progressez alors de plusieurs crans dans la lutte contre la honte en public. Pour résister, deux stratégies s'offrent à vous. La première est la provocation : vous serrez les dents et vous vous assumez (« Je m'habille comme je veux »). La seconde parade consiste à jouer l'indifférence. La personne que vous abordez est peut-être impressionnée par votre toupet, ou attendrie par votre ignorance des normes vestimentaires. Vous venez de vous faire un nouvel ami !

Supporter un changement d'habitude

— N'y a-t-il pas, demande Hannah, d'autres techniques que l'habillement pour bousculer son perfectionnisme ?

— Si, bien sûr, répond Houdin. Tout ce qui contrarie les habitudes trop rodées est bon à prendre : par exemple, dîner dans un nouveau restaurant et goûter une cuisine aux saveurs inconnues. Changer de destination touristique sur un coup de tête, et explorer une culture dont on pensait *a priori* qu'elle n'était pas faite pour soi. Aller voir au cinéma un type de film dont on n'a pas l'habitude, ou entrer dans une salle au hasard et se laisser surprendre par la séance…

Le professeur se tourne à présent vers Aimé Bonaventure :

— J'imagine que changer ses habitudes de lecture permet également de renouer avec l'étonnement et la stimulation. À ce propos, pourquoi ne pas lire dans une langue étrangère ? Cela active de nouvelles connexions neuronales au niveau des circuits de lecture du cerveau.

— Vous venez de révéler ma botte secrète, répond Aimé. Je prescris un « livre mystère » à mon patient, qui s'engage à le lire sans en connaître le thème ni l'auteur.

Hannah n'est pas encore prête à assumer de porter un pull troué. Elle opte pour un changement d'habitude moins pénible, et choisit de voir un film d'un genre nouveau suivi d'un dîner dans un restaurant à la cuisine exotique. Ces deux sorties suffiront à la faire quitter sa zone de confiance.

C

J'honore

Horace Epstein, la dernière recrue en date du groupe des aventuriers de la bonne humeur, tient à participer à la marelle. Le hasard lui attribue le verbe « honorer ».

— Vous allez vivre une expérience inventée par Viktor Frankl : la constitution d'un blason personnel, lui explique l'émotologue. Cet exercice, que Maria connaît déjà, permet à chacun de trouver ses valeurs fondatrices. Tel un chevalier préparant son blason pour rendre hommage à sa famille, son seigneur ou ses faits d'armes, vous devez chercher ce qui vous motive et vous donne une sensation de cohérence, identifier les causes et les personnes qui vous portent. En somme, il s'agit de déterminer ce qui vous incite à vous lever le matin.

Horace blêmit lorsqu'il comprend qu'on lui demande de se choisir un modèle. Lui qui se veut un esprit indépendant, libre de toute influence ! Houdin lui présente les principaux thèmes à travers lesquels il est possible d'honorer des causes ou des personnes :

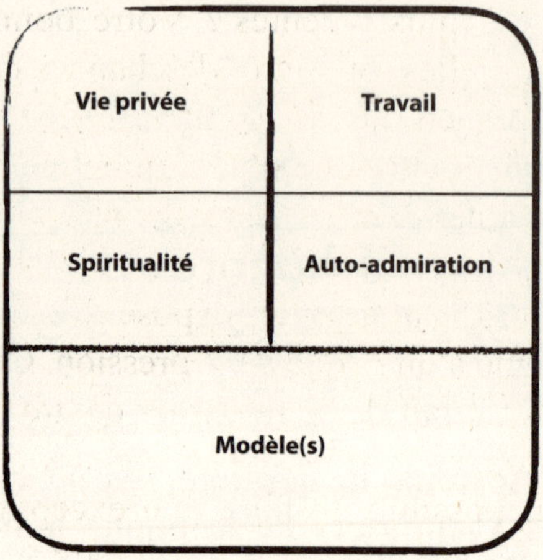

Honorer des amis et des proches

— Imaginez, demande l'émotologue, que vous ne puissiez conserver dans le répertoire de votre téléphone que cinq numéros. Savez-vous lesquels vous choisiriez ? Hésiteriez-vous ? Cette courte liste correspondrait-elle, de manière très pragmatique, aux personnes que vous appelez le plus souvent, ou à celles dont vous vous sentez le plus proche, même lorsque vous restez sans nouvelles de leur part ?

Maria se souvient de s'être spontanément prêtée à cet exercice quelques jours plus tôt, en quittant la salle Rossini. Il ne lui a fallu que quelques minutes pour écumer son répertoire et retrouver le numéro d'Hannah. Aucun doute : s'il lui fallait conserver seulement cinq contacts, son amie en ferait partie.

— Une fois que vous avez établi ce cercle de relations intimes, demandez-vous si vous traitez suffisamment bien les personnes concernées. Passez-vous davantage de temps avec elles qu'avec des connaissances plus récentes ? Votre bonne humeur dépend-elle d'elles, ou plutôt d'échanges épisodiques avec des contacts noués en ligne ? Une psychiatre coréenne a démontré que plus l'on entretient de relations importantes dans la vie réelle, plus notre humeur est bonne. Au contraire, le nombre de relations virtuelles, quand il augmente, expose à un surcroît de stress et même à un risque de dépression. Ces « amis » distants ont tôt fait de se retourner contre nous ou de nous abandonner.

— Est-il possible de faire une exception pour le public ? interroge Maria. En ce qui me concerne, plus j'ai d'admirateurs, mieux je me sens – même s'ils ne connaissent de moi que ce que je partage sur les réseaux sociaux.

— À vos yeux, vos fans sont des amis indispensables, concède Houdin. Je vous accorde cette exception !

Construire son blason professionnel.

— Quels sont, demande le professeur à Horace Epstein, les motifs profonds qui vous incitent à vous engager dans votre travail ? Qu'est-ce qui vous attache au métier d'enseignant ? Si vous êtes insatisfait de votre vie professionnelle actuelle, quelles autres activités donneraient plus de sens à votre vie ? Que feriez-vous d'important ou d'intéressant si vous pouviez arrêter de travailler ?

— Il me faudrait plusieurs jours pour faire la liste de tout ce qui me fâche dans mon métier, grogne le ronchon.

— N'allez pas plus loin : l'exercice que je vous propose consiste au contraire à voir le bon côté des choses. Je ne vous demande pas d'occulter les conflits ni les difficultés, mais de modifier votre perspective afin de porter un regard plus positif sur votre travail. La constitution d'un blason professionnel permet de révéler des moments de joie et des valeurs enfouies que l'on a tendance à négliger au quotidien. Elle ne doit pas vous conduire à tout tolérer de la part de votre patron ou de vos élèves, mais elle vous évite l'extrême inverse, qui consiste à tout rejeter en bloc. Sortez du raisonnement en noir et blanc, du « tout ou rien » : vous vous approcherez de la réalité. Si l'exercice vous semble difficile, commencez par vous demander ce que vous regretterez le plus, une fois à la retraite.

Un blason engagé

— Passons maintenant, poursuit Houdin face à un Epstein désemparé par tout ce qu'on lui demande, à la foi et la politique.

— Vous entrez dans une zone de turbulences, le prévient d'emblée l'ancien complotiste, prêt à reprendre son rôle d'éternel contradicteur.

— Je cours le risque ! Quelles valeurs politiques, sociales, humanitaires ou environnementales vous animent ? Existe-t-il un modèle de société auquel vous adhérez ? Des questions qui vous transcendent et vous paraissent vitales ? Seriez-vous prêt à consacrer du temps, de l'énergie, de l'argent à ces valeurs, à oser affronter pour elles un danger ? L'engagement renforce la bonne humeur et la connaissance de soi. Sens et spiritualité génèrent un sentiment de cohérence : la vie semble moins absurde lorsqu'elle repose sur des valeurs que l'on honore, surtout en cas de catastrophe personnelle ou collective.

— Qu'en est-il de la religion ? demande Eva.

— Elle aussi a toute sa place sur un blason personnel. De nos jours, il est mal vu d'associer trop directement bonne humeur et spiritualité, au risque de passer pour un gourou ou un illuminé. Pourtant, on ne compte plus les nombreuses études qui démontrent que les individus faisant preuve d'un fort engagement religieux ou spirituel s'adaptent mieux à l'imprévu et résistent davantage au stress et aux deuils. Les valeurs spirituelles, tant qu'elles ne dérivent pas vers le fanatisme et ne conduisent pas à des affrontements identitaires, protègent la santé. Bien sûr, il faut prendre garde au sectarisme et aux formes d'emprise qui accompagnent parfois l'engagement religieux.

S'honorer soi-même

— Le prochain exercice devrait vous paraître facile, car il consiste tout simplement à s'aimer et à s'honorer soi-même. Malgré les périodes de doute, nous sommes tous, au fond, un peu narcissiques !

— On ne peut pas tout aimer en soi, objecte Maria.

— Vous avez raison : mais on peut choisir de voir le meilleur, sans se gêner. Au Moyen Âge, les chevaliers immortalisaient leurs victoires au combat sur leur blason. Il n'y avait pas de honte à afficher son talent ou ses réussites, bien au contraire. L'époque actuelle est moins indulgente : elle blâme ceux qui s'appesantissent sur leur succès ou leur richesse. L'humilité est une exigence moderne. Celui qui s'autocongratule est suspect, méprisant, et impose aux autres un spectacle de complaisance. Pourtant, la bonne humeur se construit en acceptant de voir ses propres qualités. Et la fausse modestie (« Je ne vaux rien, vous n'êtes pas d'accord ? ») est parfois plus agressive pour l'entourage qu'une pointe d'autosatisfaction.

— Je n'ai pas l'habitude de mettre en avant mes réussites, commente la concertiste. En revanche, beaucoup d'autres pianistes le font, sans peur d'aller trop loin dans l'autoflatterie. Mais que faites-vous des échecs indiscutables, des salles vides ou somnolentes, des relations qui se soldent par une catastrophe ?

— Je recommande d'employer l'astuce suivante, imaginée par un psychologue : se rejouer les tragédies de son existence sur le ton de la comédie. Les acteurs, les décors et les dialogues restent les mêmes, mais on change la manière dont l'histoire est racontée.

Tous revisitent alors leurs plus récents traumatismes sur le ton de la farce. Aldo se revoit sur la place des Vosges, abreuvant Maria de ses anecdotes comme un moulin à paroles ; Hannah tente de donner un accent comique à son licenciement, et parvient presque à rire au souvenir de l'expression faussement grave du président lorsqu'il lui a annoncé la mauvaise nouvelle ; Maria, enfin, prend ses distances avec le concert raté de la salle Rossini et se moque gentiment d'elle-même, cachée dans les coulisses derrière son pan de rideau comme une petite fille terrorisée.

Honorer un modèle

— Pardonne-moi ma vantardise, cher Romain, intervient Eva Anderson, mais puisque tu nous invites à célébrer même nos réussites les plus modestes, sache que j'ai déjà brillamment réussi l'exercice du blason. Peut-être as-tu remarqué, en montant dans ma péniche, le drapeau « Fanny et Alexandre » qui en décorait l'entrée : il est inspiré du film du même nom, réalisé par Ingmar Bergman.

— Quelle belle source d'inspiration ! admire l'émotologue. Tu as choisi de forger ton blason autour d'une personnalité que tu estimes.

Il se tourne vers les autres :

— Et vous, qui serait votre modèle ? Est-ce un proche, une célébrité, un personnage historique ? Dans quel domaine a-t-il exercé ses talents ? En quoi vous influence-t-il ? Essayez-vous de l'imiter ? Pensez-vous à lui ou à elle dans les moments de détresse ? En répondant à ces questions, vous vous rapprocherez du cœur de votre identité.

Maria hésite entre Claude Debussy, Maurice Ravel, Martha Argerich et Madonna. De son côté, Horace Epstein, d'abord réticent, a fini par se prendre au jeu :

— J'ai trouvé un modèle que j'accepte d'honorer ! s'exclame-t-il fièrement. Mais comme je refuse qu'on me vole mon idée, je ne vous dirai pas qui est la mystérieuse personne qui trouve grâce à mes yeux…

D

Je bouge

Quand vient le tour d'Aimé Bonaventure, le gant tombe sur la case « bouger » de la marelle. Le bibliothérapeute tente de sourire pour masquer son embarras : si son camion jaune avale les kilomètres, lui-même n'est pas franchement un adepte de la « culture physique »… D'ailleurs, ses longues heures de lecture quotidiennes ne lui en laissent pas le temps.

— En matière de santé mentale, explique Houdin, la découverte des bienfaits du mouvement a été une véritable révolution. Les méthodes thérapeutiques en ont été radicalement transformées. Longtemps, on a cru qu'il suffisait de s'asseoir, de se tenir la tête entre les mains et de réfléchir longuement à sa situation pour aller mieux. Rien n'est moins vrai ! Être en forme, c'est d'abord se consacrer à l'activité physique. Le sport est un médicament. Il stimule l'intelligence et la mémoire, réduit le niveau l'adrénaline et favorise la sécrétion d'endorphines. Bouger, c'est s'administrer un shoot d'opiacés naturels… sans effets secondaires, et en toute légalité ! Le mouvement réveille aussi une molécule précieuse, appelée le facteur de croissance des neurones. En étant actifs, on développe ses circuits neuronaux en même temps que sa bonne humeur.

— J'adore vos explications quand elles touchent à la biologie du cerveau, s'enthousiasme Hannah.

— Quelle que soit l'activité physique pratiquée, le mouvement vaut mieux que la sédentarité. Permettez-moi cependant de vous proposer une petite liste de sports sélectionnés par mes soins, parfaits pour mettre en pratique la gymnastique des émotions. À caser dans vos emplois du temps sans attendre !

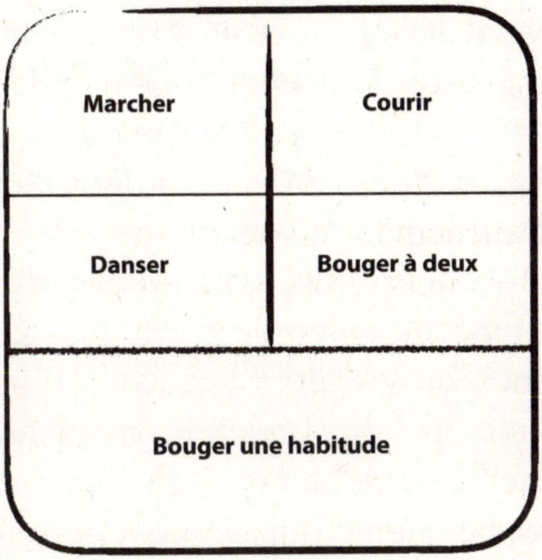

Marcher

Aimé Bonaventure jette son dévolu sur la marche, qui lui paraît inoffensive et adaptée à son état de forme physique.

— Très bon choix, le félicite l'émotologue. Il suffit de huit minutes de marche rapide pour augmenter de 30 % le sentiment de bien-être, l'estime de soi et la bonne humeur. Ces résultats proviennent d'une étude menée en Allemagne chez des volontaires marchant dans le froid. Même dans des conditions climatiques hostiles, ils se sentaient mieux après quelques minutes de marche. J'imagine qu'un bibliothérapeute comme vous, Aimé, est amené à se déplacer pour acheter ou livrer des livres…

— J'admets que c'est plutôt rare. Est-ce à dire que je dois renoncer à mon beau camion ?

À ces mots, les yeux du libraire brillent d'un tel désespoir qu'Houdin n'a pas le cœur de le contrarier :

— Certainement pas. Mais assurez-vous de marcher régulièrement huit minutes d'affilée, montre en main. Profitez-en pour évaluer votre niveau de bien-être avant et après l'exercice : il doit augmenter de manière sensible, et s'apparenter au plaisir que procure la lecture d'un bon livre. Même en entreprise, certains défendent l'idée de travailler debout, voire en marchant : on est alors beaucoup plus productif qu'assis à son bureau. Un autre levier anti-déprime est le contact avec la nature. La marche est d'autant plus gaie et bénéfique qu'elle est effectuée en plein air, en contemplant le bleu du ciel ou le vert des arbres et des champs.

— J'ai lu quelque part que ces deux couleurs stimulaient la rétine et les neurones, ajoute Maria.

Courir

Romain Houdin s'adresse à Hannah, dont il sait qu'elle est une adepte de la course à pied. Il espère qu'elle l'aidera à convaincre les autres des bienfaits de cette activité matinale :

— Saviez-vous que le footing est un catalyseur de bonne humeur ? Rassurez-vous : inutile de réaliser des exploits sportifs pour faire du bien à ses émotions ! Les marathoniens disent peut-être ressentir une forme d'euphorie après plusieurs heures d'efforts, mais ils sont surtout anéantis par leur performance. En matière de santé mentale, la course idéale doit durer entre une demi-heure et une heure, trois fois par semaine.

La pianiste se penche et murmure à l'oreille de son amie :

— Je crois que je préfère les courses pendant les soldes que celle à pied… Et ce n'est pas moins sportif !

Imperturbable, Houdin continue :

— Pour les coureurs novices, l'objectif consiste à passer d'un projet vague (« Un jour, je bougerai ») ou irréaliste (« Je vais devenir un athlète de haut niveau ») à une vraie routine de course à pied.

— Le projet m'aurait pourtant suffi, déplore Aimé en tâtant son ventre légèrement rebondi.

Danser

Séraphine remarque que le professeur a choisi de faire figurer la danse sur sa liste d'exercices physiques recommandés.

— Et si tu nous parlais un peu de la danse ? demande-t-elle, taquine. Je suis curieuse d'entendre ce que tu as à en dire…

— Avec plaisir, mais n'hésite pas à me corriger si je raconte des bêtises ! La danse est une activité à la fois artistique et sportive. Elle offre des opportunités de rencontre avec des partenaires qui, parfois, deviennent des amis. Certains styles de danse ont fait la preuve de leurs effets sur l'humeur : c'est le cas du tango, véritable médicament antidéprime qui favorise les interactions sociales, la forme physique et les bonnes émotions. Il existe de très sérieuses sessions de thérapie par le tango, organisées par des entraîneurs aussi compétents en bandonéon qu'en psychologie.

— Tout cela te rappelle certainement ton grand amour pour cette mystérieuse dame argentine !

Aimé Bonaventure s'imagine en cavalier ténébreux dansant le tango, et sent aussitôt son sens du ridicule se révolter.

— Je vais inventer une nouvelle forme de tango qui se pratique en lisant, déclare-t-il. Mais je laisserai les autres s'y essayer : je suis trop mauvais danseur…

— Heureusement, le niveau n'a aucune incidence sur les bienfaits psychologiques ! On a beau n'avoir aucun sens du rythme et écraser les pieds de sa partenaire, cela n'empêche pas le cerveau de sécréter des molécules apaisantes. Et puis, la maladresse fait rire : quoi de mieux pour engager la conversation ?

Bouger à deux... ou trois

— Au risque de me répéter, poursuit l'émotologue, trouver un partenaire permet d'être plus régulier dans ses efforts. Là où l'entraînement solitaire expose à un risque d'épuisement – on cherche à tester les limites de son corps, à pulvériser ses records personnels –, en groupe, on se garde à la fois de la flemme et de l'excès de zèle. Bouger à plusieurs est aussi plus ludique, voire plus stimulant, si l'on décide d'ajouter à l'équation un zeste de compétition.

Aimé cherche le regard d'Hannah. Elle est la seule personne avec qui il accepterait de courir, mais de là à oser le lui demander…

Bouger, une habitude

— Le mouvement, termine Houdin, est aussi à comprendre de manière symbolique, comme une manifestation de la souplesse d'esprit. Changer de comportement, renoncer à une superstition ou à une manière de penser, c'est déjà bouger. Cela recoupe ce que nous disions plus tôt sur les mauvaises habitudes. Le premier jour, bien sûr, le renoncement a quelque chose d'effrayant : c'est d'ailleurs grâce à cette phobie de l'interruption que les superstitions se maintiennent. On craint qu'une catastrophe ne nous tombe dessus aussitôt qu'on cessera d'exécuter nos rituels. Or on constate très vite que rien de grave ne se produit s'ils arrêtent, et l'on se sent profondément libéré. Voici différents exemples d'habitudes à abandonner :

- les tics de langage ;
- les sujets de conversation qui virent à l'obsession et débouchent sur des débats interminables, notamment l'actualité ;
- les collections ruineuses d'objets inutiles ;
- les fringales incontrôlables.

Aimé ne se sent pas concerné par le danger des mauvaises habitudes :

— Ma seule addiction, comme vous vous en doutez, est la lecture. Oui, j'ai des routines et des rituels… Mais dois-je vraiment en changer ? Je ne vois pas quelle activité pourrait s'y substituer !

— J'ai une proposition à vous faire, lui annonce Romain. Elle vous semblera peut-être déstabilisante, voire cruelle…

— Je suis prêt à l'entendre.

— Eh bien, la voici : que diriez-vous d'une semaine sans lecture ? Sans même toucher un livre ?

Pris au dépourvu, Aimé considère en silence la suggestion du thérapeute. Après un long moment de réflexion, il déclare, à la surprise générale :

— J'adore votre idée. Une semaine de pause me permettrait de me prouver que je suis capable d'occuper autrement mes journées. Si les livres me manquent trop, je pourrai toujours faire le point sur ce que j'ai lu récemment, ou rêver à de nouvelles lectures… Je n'en retomberai ensuite dans les livres qu'avec encore plus de volupté.

E

Je dis merci

Maria s'approche enfin de la marelle, confiante, de bien meilleure humeur qu'au début de son périple. Le gant s'échoue avec un bruit étouffé sur la case « dire merci ». Ce hasard lui arrache un sourire : elle déborde déjà de gratitude, et n'a que l'embarras du choix concernant les personnes qu'elle voudrait remercier.

Romain Houdin lui enseigne sur le ton de la confidence :

— Saviez-vous que les gens qui disent merci sont des égoïstes ? À chaque fois qu'ils expriment leur reconnaissance, ils font certes plaisir à l'autre, mais encore plus à eux-mêmes.

— Tout le monde est donc gagnant ! Cela tombe bien : j'ai beaucoup de personnes à remercier. Avec ma nature de caméléon, je risque de ne jamais me décider : aidez-moi donc à faire des choix.

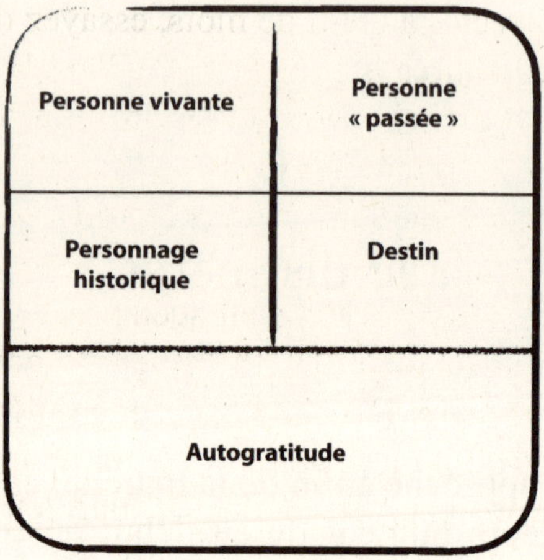

Merci à un proche

Malgré son enthousiasme, Maria admet que l'idée de confier à un proche tout le bien qu'elle pense de lui est intimidante. Il lui paraît plus facile de se cantonner à des blagues, voire à des moqueries, qui engagent moins. Elle est cependant prête à s'entraîner pour mieux exprimer sa gratitude.

— Nous avons les fauteuils qu'il vous faut au magasin, ajoute Aldo. N'est-ce pas, patron ?

— Avec ou sans fauteuil, sourit Houdin, l'important est de trouver le destinataire idéal de votre « merci ». Ce peut être la personne qui partage votre vie, un parent, un enfant, un ami… Le temps consacré à choisir l'heureux destinataire fait déjà du bien au moral. On s'aperçoit qu'on a plus d'une personne à remercier, autrement dit qu'on fait partie d'un réseau de relations bienveillantes méritant notre gratitude.

— Une fois qu'on a choisi le candidat idéal, que faut-il lui dire ?

— Si vous êtes à court de mots, essayez d'identifier trois raisons claires de dire merci. C'est le passage à l'acte qui est difficile : poster la lettre qu'on a écrite, appuyer sur la touche d'appel…

— Tant qu'à me lancer, je préfère le faire en face à face, déclare Maria.

— Dans ce cas, la mise en scène suivante, imaginée par un spécialiste des thérapies de couple, vous inspirera peut-être. Il s'agit d'inviter à dîner la femme ou l'homme dont on partage la vie, et de lui remettre, de manière un peu cérémonieuse, une lettre écrite à la main, entourée d'un joli ruban rouge. L'être aimé défait le ruban et découvre les trois principaux motifs de votre gratitude. N'est-ce pas charmant ?

— Il me manque juste, se dit Maria, quelqu'un à inviter à dîner.

Merci à une personne disparue

— La gratitude n'est pas sans lien avec le deuil, continue le professeur. On peut se sentir reconnaissant envers quelqu'un que l'on a connu, et qu'on n'a plus la possibilité de remercier de vive voix, soit parce que cette personne s'est éloignée, soit parce qu'elle n'est plus de ce monde.

— J'imagine que vous allez nous conseiller de parler à un fauteuil vide ? ironise Aldo.

— En vérité, je pense qu'une lettre est plus appropriée, même si elle ne peut être adressée directement à son destinataire. Concernant le choix de ce dernier, la première personne à laquelle vous pensez sans réfléchir est probablement la bonne. Là encore, identifiez trois raisons de lui dire merci. Une fois rédigée, la lettre manuscrite peut rester sur votre bureau. L'important est que vous ayez le temps de la relire et la corriger. Vous serez surpris de ce qu'elle révélera de vous-même !

Merci à un personnage historique

— N'avez-vous rien de plus léger à nous proposer ? râle Horace Epstein. J'aurais bien des choses à écrire à feu ma chère maman, mais je ne vous cache pas que tout cela est un peu plombant…

— Justement, voici un exercice plus léger, qui va vous faire revisiter les cours d'histoire de votre enfance. Je ne vous demande pas de réciter par cœur toutes les dates qu'on vous a inculquées, mais de prêter l'oreille à l'histoire de manière plus intime, en vous demandant à quel grand personnage vous vouez une admiration sans bornes.

— Je passe mon tour, murmure Hannah. J'ai déjà, dans ma propre famille, suffisamment de héros oubliés à remercier !

— Quant à moi, je vous épargne l'interminable liste des grands pianistes à qui j'aimerais écrire, ajoute Maria.

— Ne vous en faites pas : un jour, une figure historique vous apparaîtra comme une évidence. Philosophes, écrivains, cinéastes, hommes ou femmes politiques, médecins, militants, athlètes… Les possibilités sont infinies. Vous pourrez alors lui confier tout le respect qu'il ou elle vous inspire. Vous ne risquez rien : votre message restera secret !

Merci au destin

— Qu'en est-il de la case « destin » ? interroge Séraphine. Les personnes qui se sentent accablées par le sort risquent de trouver l'exercice provocateur.

— Tu as raison. Elles penseront sans doute : « Pourquoi dirais-je merci à une vie qui ne me fait pas de cadeaux ? » Pourtant, la capacité à remercier le destin importe précisément dans les moments où celui-ci semble nous tourner le dos. L'idée est de consigner dans une lettre le souvenir des moments heureux de notre existence, afin de se convaincre que tout n'a pas toujours été noir. Même dans les mauvaises passes, il existe forcément une lueur qui émane du passé : le fait de partir à sa recherche améliore indéniablement l'humeur.

Merci à moi-même

Le jeu de la marelle, au grand regret des participants, touche à sa fin. Romain Houdin a un dernier exercice à proposer :

— Quand on cherche à qui on pourrait bien dire merci, on a tendance à s'oublier soi-même. Or la recherche de motifs d'autogratitude est excellente pour la santé : elle réduit les sentiments d'échec et de culpabilité. Bien sûr, il est difficile de se témoigner de l'amitié quand on est entouré de gens trop critiques, ou qu'on se compare à des proches enchaînant les succès. Il n'est donc en rien interdit d'être créatif, et de se remercier pour toutes sortes de choses anodines : le ridicule ne tue pas !

Maria sent que l'autogratitude est, pour elle, la forme de reconnaissance la moins naturelle. Elle décide de se lancer un défi afin de mesurer les progrès effectués au cours des derniers jours : trouver en elle des motifs clairs de satisfaction et de fierté. Excluant d'emblée tout ce qui se rapporte au piano, la concertiste se cherche d'autres qualités cachées. Un sourire d'Aldo, intercepté juste avant qu'il ne détourne le regard, lui donne quelques pistes :

— Je crois que j'aimerais remercier mon hypersensibilité, dit-elle. Sans elle, rien de ce que nous avons vécu tous ensemble n'aurait été possible. Les accès de déprime, quand ils n'ont pas raison de nous, nous font du bien. Je me sens beaucoup plus heureuse aujourd'hui qu'avant le concert du *Blue Monday*. Cette morosité passagère m'a obligée à prendre le temps de m'écouter, à regarder mes émotions. J'ai découvert de nouvelles manières de sourire. Alors, merci à mon coup de blues… et merci à vous tous !

Épilogue

Qu'ont-ils fait de leur bonne humeur ?

Maria et Aldo

Nos amis se sont séparés sur le parvis de l'Opéra avec un soupçon d'émotion, se promettant de se revoir bientôt. Se croyant désormais seule, Maria est retournée, avec l'autorisation de Séraphine, dans la grande salle de l'Opéra Bastille. Assise au piano, elle a exprimé avec bonheur son talent en pleine renaissance. Comme à la fin de ses meilleurs concerts, elle a enchaîné les morceaux qu'elle maîtrise le mieux.

Aldo, caché au fond de la salle, l'écoute avec une attention fiévreuse. Il ne sait pas qui il admire le plus de la femme ou de la pianiste, de l'âme sensible ou de l'artiste virtuose. Troublé comme jamais, lui le prolixe n'a plus de mots pour parler, ni même pour penser. Comment exprimer son exaltation sans paraître impertinent ? Sans tomber dans le ridicule ? Il a déjà mesuré combien il agace Maria quand il en fait trop : pour une fois, il voudrait simplement être lui-même, et cesser de se cacher derrière des plaisanteries et des anecdotes tirées de son enfance italienne. Mobilisant tout ce qu'il a appris au cours des derniers jours, il opte pour une sincérité dépouillée. Il s'approche de la scène et dit les choses exactement comme il les pense :

— Chère Maria, je ne sais qui j'admire le plus en vous, de la femme ou de la musicienne.

Au lieu de prendre la mouche, Maria accepte le compliment et rosit de plaisir. Depuis que sa relation au piano s'est apaisée, elle renoue avec l'idée qu'elle n'est peut-être pas une artiste – ni une personne – aussi mauvaise qu'elle le croyait. Elle se sent capable d'écouter les autres vanter ses qualités sans être tentée de se cacher, ni de se braquer par peur d'une moquerie.

Maria rend à Aldo son sourire. L'un et l'autre plongent dans l'instant présent. Mieux, ils anticipent que cet instant durera aussi longtemps qu'ils le voudront… Au moins jusqu'à l'opéra du soir, auquel ils se sont promis d'assister ensemble. Quelques musiciens et chanteurs entrent déjà pour entamer les préparatifs, et Maria libère la scène. Avant de quitter les lieux, elle se retourne une dernière fois et imagine la grande salle telle qu'elle la verra le soir même, remplie par la musique de Claude Debussy. *Pelléas et Mélisande*, la seule œuvre lyrique du compositeur, compte parmi les premières grandes émotions musicales qui ont bouleversé son enfance. Mélisande est une jeune femme perdue dans la forêt, qui tombe amoureuse d'un bel inconnu. L'histoire finit mal, mais Maria y voit un signe du destin : en ce jour inhabituellement doux pour un mois de janvier, elle a non seulement retrouvé son talent de pianiste, mais peut-être, aussi, la perspective de connaître un nouvel amour…

Hannah et Aimé

Aussitôt la petite troupe dissoute, Hannah, de son côté, saisit son téléphone portable et appelle son mari. Elle lui demande des nouvelles de leurs fils. À défaut de lui avouer qu'ils lui manquent tous les trois, et qu'elle regrette de les avoir négligés, elle s'efforce d'insuffler de la joie à sa voix et propose d'organiser un dîner familial le lendemain soir. Elle anticipe que ces retrouvailles vont lui apporter une grande dose de bonheur. Après de longues semaines d'isolement, elle ne ressent tout à coup plus le besoin de se réfugier dans le studio qu'elle possède, boulevard de la Bastille ; elle veut réinvestir l'appartement familial et retrouver le quotidien rassurant qu'elle y menait avant son départ. Elle a de nouveaux projets, des envies à partager. Son talent de créatrice et de meneuse ne demande qu'à s'exprimer, elle le sent.

Pourtant, avant de retourner auprès des siens, elle a besoin d'une dernière aventure. Elle court derrière Aimé Bonaventure, le bien nommé, qui s'apprête à partir pour une consultation urgente de bibliothérapie. Une infirmière épuisée lui réclame un texte susceptible de lui rendre son énergie après de trop longues nuits de garde en gériatrie. Hannah se hisse à côté de lui dans le camion jaune. Alors que le véhicule se met en route, ils imaginent ensemble un grand festival de la bonne humeur, un événement inédit qui associerait littérature, musique et expériences d'émotions positives. Aimé ne cache pas sa joie d'avoir à ses côtés sa complice de toujours, celle avec qui il a partagé tant de plaisirs de lecture et de projets révolutionnaires, même s'ils n'ont duré qu'une heure ou qu'une nuit.

Romain et Horace

Le professeur Houdin sent la fatigue des derniers jours s'abattre sur ses épaules. Il songe qu'il n'a pas autant parlé depuis ses années d'enseignement, et trouve à cette idée une certaine satisfaction. Alors qu'il suit des yeux son assistant qui court vers l'Opéra, à la poursuite de Maria, Horace Epstein s'approche de lui.

— Vous savez, lui confie l'homme au mauvais caractère, j'ai beaucoup réfléchi depuis le concert du *Blue Monday*. Je crois qu'il est temps pour moi de mettre en place des changements de grande ampleur dans ma vie.

— Vraiment ? Vous vous êtes donc lassé de l'enseignement ?

— Disons plutôt qu'il me reste un peu de curiosité. J'aimerais m'impliquer dans un autre domaine…

— Je vois… L'émothérapie, par exemple ? Ou encore, l'histoire des meubles anciens ? Je prends ces exemples au hasard, bien sûr. Cela n'a rien à voir avec le fait que mon associé vient de m'échapper – et pour de bon, je le crains…

Horace laisse passer un silence, à la fois galvanisé et effrayé par cette offre d'emploi inattendue.

— Et pourquoi donc devrais-je vous faire confiance, au point de m'associer à vous ?

— Parce que je ne vous promets rien, justement.

La réponse paraît tout à fait satisfaisante à l'enseignant. Les deux hommes se serrent la main, puis se dirigent ensemble vers la rue du Faubourg-Saint-Antoine. La boutique va pouvoir ouvrir à nouveau. La devanture apparaît à peine au loin qu'Horace s'exclame déjà :

— Mais cela ne va pas du tout ! L'histoire du lieu doit être plus visible. Figurez-vous que je sais, grâce à Internet, qui est votre ancêtre : il est impensable que votre passé et celui de votre famille n'apparaissent pas en vitrine. Je veux voir des portraits d'Harry Houdini sur tous les murs. Il faudrait aussi…

Romain l'écoute d'une oreille distraite, rassuré. Il trouve dans l'enthousiasme de son nouvel acolyte une source de motivation. Ses meubles anciens sont entre de bonnes mains : de son côté, il va pouvoir se consacrer à ses étranges rencontres et, pourquoi pas, à des conférences… Il tend à Horace un double des clés de la boutique et lui donne carte blanche pour effectuer tous les changements qu'il souhaite.

Eva Anderson

Eva a regagné sa péniche d'un pas léger. Bien qu'elle ait rejoint les aventures de la bonne humeur en cours de route, elle se sent différente, traversée par une vitalité inédite. Dans sa tête, une petite voix lui souffle qu'elle devrait employer cette énergie comme bon lui semble, qu'elle n'a pas besoin de travailler autant. Avec le recul, il lui semble ridicule d'avoir une aussi longue liste d'attente de clients éternellement frustrés.

La cheffe suédoise largue les amarres. Sur une impulsion, elle appelle son ancienne compagne et meilleure amie, qui l'a quittée quelques mois plus tôt en lui reprochant de n'être pas assez disponible. Elle voudrait lui dire qu'elle n'est plus la même, qu'elle est revenue à l'essentiel et a retrouvé l'envie de cuisiner juste pour elles deux. Pourquoi pas un délice chocolaté inédit, qu'elles dégusteront en amoureuses ? Son ex, d'abord sceptique, encore blessée d'avoir été si longtemps négligée, accepte de revoir Eva, mais seulement à la fin du mois. Puis les deux femmes se chamaillent au sujet du lieu de rendez-vous, qui doit être à équidistance de Malmö et de Paris. Elles ne sont pas non plus d'accord sur la durée de leur séjour… Bref, elles se sont retrouvées.

Séraphine Mikael

Romain Houdin a laissé sa boutique aux bons soins d'Horace et, l'esprit ailleurs, a longuement déambulé. Lorsque le soir tombe, il s'aperçoit qu'il est revenu sur ses pas. Levant le nez, il constate qu'il fait à nouveau face à l'Opéra Bastille. Pour la deuxième fois de la journée, Séraphine Mikael sort du bâtiment et lui fait signe, comme si elle l'attendait.

— Tu tombes bien, dit-elle. Suis-moi !

Elle l'entraîne dans la grande salle déjà plongée dans l'obscurité, et le guide jusqu'au premier rang, où elle a réservé deux places. La représentation est sur le point de commencer.

— Nous donnons *Pelléas et Mélisande*, lui chuchote-t-elle à l'oreille. Beaucoup de mes protégés sont sur scène : je surveille leurs progrès de très près…

— C'est une musique extrêmement complexe, non ?

— Exigeante, mais pas impossible ! Marcel Proust, quand il était trop malade pour venir à l'opéra, l'écoutait au téléphone. Mais c'est surtout une histoire d'amour, le récit d'une rencontre interdite.

— Une romance impossible… Suis-je le seul à penser que cela nous ressemble ?

Séraphine laisse échapper un sourire.

— N'est impossible que ce que l'on croit impossible, lui rappelle-t-elle. C'est toi qui me l'as appris !

— Laissons donc de côté mes abrutissantes leçons de psychologie…

— Soit. Il y a quand même une question que je n'ai jamais osé te poser : est-ce parce que je boite que je t'intéresse ?

Houdin réfléchit quelques instants avant de répondre :

— C'est plutôt que ta claudication est un encouragement à accepter mes propres défauts. J'ai beau avoir des jambes saines, certains jours, je ne marche pas plus droit que les autres… Toute la journée, en tant que thérapeute, je dois apparaître comme quelqu'un d'équilibré et de prévisible. Guérir les dépressions : voilà ma béquille.

Romain effleure la main de Séraphine. Il observe sa rousseur, la souplesse de sa peau et ses yeux verts comme s'il les voyait pour la première fois.

— Il n'y a jamais eu de mystérieuse femme argentine, n'est-ce pas ?

— Bien sûr que non… Pardonne-moi d'avoir été si long à dévoiler mes sentiments. Ce n'est pas par manque d'intérêt : c'est ma nature, tu le sais. Je suis lent et timide, pas comme les deux effrontés du fond de la salle, tellement bruyants et démonstratifs qu'on n'entend qu'eux !

Séraphine se retourne et avise, au fond d'un balcon, deux spectateurs qui pouffent et se tiennent par la main. Il lui semble reconnaître les silhouettes de Maria et d'Aldo. Elle se réjouit de voir que la pianiste a retrouvé sa bonne humeur… quitte à y perdre un peu de sa délicatesse et de son intérêt pour la musique.

L'orchestre de l'Opéra attaque l'ouverture de *Pelléas et Mélisande*. Quelques derniers gloussements viennent déranger le public et les musiciens ; ils ricochent depuis le dernier rang du balcon. La représentation commence et les rires se taisent.

Sur scène, un chanteur se perd dans une forêt magique :

« Oh ! Oh ! qu'y a-t-il là au bord de l'eau ?
Une petite fille qui pleure au bord de l'eau ?
Elle ne m'entend pas,
Je ne vois pas son visage.
Pourquoi pleures-tu ?
N'ayez pas peur, vous n'avez rien à craindre.
Pourquoi pleurez-vous, ici, toute seule ?
N'ayez pas peur… »

Et Mélisande lui répond, d'une voix fragile comme le cristal :

« Ne me touchez pas ! Ne me touchez pas, ou je me jette à l'eau ! »

Annexes

Deux questionnaires pour comprendre son humeur

Test 1 : Suis-je une personne à risque de mauvaise humeur, ou plutôt programmée pour la bonne humeur ?

1. Je bois plus de deux verres d'alcool par jour.
Oui/Non

2. Je laisse vagabonder mon esprit au moins une fois par jour.
Oui/Non

3. Je fume un paquet de cigarettes par jour.
Oui/Non

4. J'arrive, malgré un emploi du temps chargé, à marcher tous les jours ou à faire de l'exercice trois fois par semaine.
Oui/Non

5. Je suis accro au sucre. J'ai chaque jour besoin de ma dose de sodas et de sucreries.
Oui/Non

6. J'apprécie le contact de la nature, serait-ce d'une plante ou d'un animal de compagnie.

Oui/Non

7. Je ne mange à peu près que des hamburgers, des frites et des plats préparés. Il est extrêmement rare que je cuisine moi-même.

Oui/Non

8. Je préfère rester seul avec mon téléphone portable ou mon ordinateur plutôt que de passer du temps avec mes proches, qui finissent par m'ennuyer.

Oui/Non

9. J'aime les champignons et j'en mange deux fois par semaine.

Oui/Non

10. Je n'imagine pas une journée sans une tasse de thé ou un carré de chocolat noir.

Oui/Non

11. J'ai un tempérament entier : je ne pardonne ni n'oublie rien.

Oui/Non

12. Je finis régulièrement les restes des plats que j'ai préparés plusieurs jours auparavant.

Oui/Non

13. Il m'arrive de passer plusieurs jours sans avoir envie de rien.

Oui/Non

14. Je ne prends des antibiotiques que lorsque c'est nécessaire.

Oui/Non

15. Je préfère ne pas savoir ce qui se passe dans ma tête. Quand on sait ce qu'on pense, on trouve encore plus de raisons d'aller mal.

Oui/Non

16. J'ai des engagements spirituels ou sociétaux forts, et je consacre du temps à les défendre.

Oui/Non

17. Je ne passe jamais une journée sans lire ou écouter de la musique.

Oui/Non

18. Je ne supporte pas que l'on déplace mes affaires ou que l'on bouscule mes habitudes.

Oui/Non

19. Je mets un point d'honneur à remercier les personnes qui me rendent service ou dont la présence m'est agréable.

Oui/Non

20. Je suis capable d'identifier mes qualités et mes réussites.

Oui/Non

Calculez à présent votre score, et découvrez si vous êtes à risque de mauvaise humeur ou plutôt prédisposé à la bonne humeur.

• Risque de mauvaise humeur : ajoutez à chaque fois un point si vous avez répondu par l'affirmative aux questions 1, 3, 5, 7, 8, 11, 12, 15, 18.

• Prédisposition à la bonne humeur : ajoutez à chaque fois un point si vous avez répondu par l'affirmative aux questions 2, 4, 6, 9, 10, 14, 16, 17, 19, 20.

Interprétez votre score :

• si vos deux scores ne diffèrent pas de plus de deux points, vous avez un profil équilibré entre bonne et mauvaise humeur ;

• si votre score de mauvaise humeur est supérieur ou égal à 6 (et ce, quel que soit votre score de prédisposition à la bonne humeur), vous êtes à risque de mauvaise humeur. Quelques changements dans vos habitudes de vie et vos schémas de pensée vous feraient du bien ;

• si votre score de prédisposition à la bonne humeur est supérieur ou égal à 6, et votre score de risque de mauvaise humeur inférieur à 6, vous avez la chance d'être protégé de la morosité et de mener une existence joyeuse. Vous êtes naturellement orienté vers les émotions positives.

Comprenez votre score, réponse par réponse.

1. L'alcool : les personnes qui en boivent plus de deux verres par jour présentent un risque majoré de dépression et d'anxiété. Quand on est déprimé, l'alcool est un faux ami. Il aggrave la déprime. Ce n'est

donc pas parce qu'une légère euphorie suit la consommation que cette molécule est bonne pour l'humeur.

2. Le vagabondage de l'esprit : se laisser aller au *mind wandering* de temps à autre protège de la dépression. Une excellente pratique antimorosité à intégrer à son quotidien !

3. Un paquet de cigarettes par jour : le tabac, comme l'alcool, augmente le risque de dépression. Les cigarettes donnent l'impression de stimuler la concentration, mais elles créent en vérité des états d'anxiété et de dépression. Et si d'aventure on finit par se laisser convaincre d'arrêter, c'est le sevrage tabagique qui, cette fois, a des conséquences néfastes sur l'humeur !

4. L'activité physique : régulière, elle prévient les troubles dépressifs. Le simple fait de pratiquer la marche trois fois par semaine a un impact direct sur la qualité des émotions.

5. La consommation de sucre : sans être vraiment une drogue, comme certains le prétendent, le sucre cause des pics d'excitation suivis par des phases d'insatisfaction et de tristesse. Les adolescents consommant des boissons sucrées en grande quantité sont aussi les plus exposés à la dépression.

6. L'exposition à la nature, aux plantes et aux animaux familiers : ces contacts avec notre environnement, en plus de faire plaisir, préviennent les fluctuations de l'humeur.

7. Les hamburgers, les frites et les plats préparés : le fait de consommer régulièrement ce type d'aliments ultra-transformés s'accompagne d'une augmentation significative du risque de dépression.

8. Le téléphone portable et l'ordinateur : utilisés de manière compulsive, ils nous font oublier les aspects

agréables de la vie réelle et nous exposent à la mauvaise humeur. Les dernières recherches ont mis en évidence un effet dose-dépendant : plus on passe de temps sur Internet, moins on se sent en forme.

9. Les champignons : cette question fait référence à une étude étonnante, réalisée sur un large échantillon de population. Les individus consommant régulièrement des champignons seraient moins souvent déprimés que les autres ! Plusieurs hypothèses ont été avancées pour expliquer ce résultat : en particulier, les champignons seraient des anti-inflammatoires efficaces sur le cerveau, capables de bloquer les radicaux libres.

10. Le thé et le chocolat noir : si vous en consommez souvent, vous avez raison ! Ces aliments apportent des molécules utiles à l'entretien de la bonne humeur. Les pays où l'on consomme le plus de chocolat par habitant sont aussi ceux où l'on trouve le plus de lauréats de prix Nobel… Allez savoir pourquoi !

11. La personnalité « entière » : le fait d'être rigide, rancunier, et de se souvenir de tout – surtout des mauvais moments – accroît le risque d'être fâché, frustré et donc déprimé.

12. Finir les restes : les personnes qui mangent des plats préparés le jour même ont plus de chances d'être en forme que celles qui finissent des restes. Les aliments qui ont trop longtemps attendu au réfrigérateur contiennent des molécules toxiques pour le corps et l'esprit, susceptibles d'augmenter le risque de dépression.

13. Envie de rien : la perte d'envie est un indice de dépression. À l'inverse, la capacité à cultiver ses envies favorise la bonne humeur.

14. Les antibiotiques : quelques études pointent l'effet déprimant de ces médicaments, quel que soit

l'âge du patient. Bien sûr, il ne s'agit pas de s'en passer lorsqu'ils sont nécessaires, mais de les éviter quand on peut guérir sans leur aide. Les antibiotiques perturbent à la fois le microbiote et les émotions.

15. Ne pas savoir ce qui se passe dans la tête : le déni, contrairement à certaines idées reçues, n'est pas une bonne stratégie pour aller mieux. Plus on lit en soi, mieux on se porte.

16. Les engagements : ils génèrent un fort sentiment de cohérence, renforcent la résistance au stress et réduisent les accès de dépression.

17. La lecture et la musique : ces deux loisirs, en plus d'enrichir notre culture générale, font du bien à l'humeur.

18. Se fixer sur des détails : les individus qui se focalisent sur des broutilles ont une personnalité plutôt maniaque ou obsessionnelle. Leur relation au monde est faite de méfiance et de contrôle. Ils sont porteurs de ce que le psychiatre et philosophe allemand Hubertus Tellenbach appelait la personnalité prémélancolique.

19. Remercier : la gratitude fait du bien à celui qui l'exprime autant qu'à celui qui la reçoit.

20. Repérer ses propres qualités : savoir ce que l'on vaut, l'accepter et le reconnaître est un facteur déterminant de la bonne humeur.

Test 2 : Suis-je, au fond de moi, de bonne ou de mauvaise humeur ?

1. Je trouve que l'on ne m'aime pas assez pour tout ce que je fais et ce que je vaux.

Oui/Non

2. Je n'ai pas le temps de faire tout ce dont j'ai envie.

Oui/Non

3. J'ai perdu quelques kilos en un mois sans le vouloir ni faire de régime.

Oui/Non

4. Je me sens un peu bougon depuis toujours.

Oui/Non

5. Je suis aussi fatigué en début qu'en fin de semaine.

Oui/Non

6. Face à une difficulté, j'imagine souvent une issue favorable.

Oui/Non

7. Mon poids est stable, à un ou deux kilos près.

Oui/Non

8. Je ne mérite pas mon salaire car je suis incompétent(e).

Oui/Non

9. Depuis deux mois ou plus, je ne me reconnais plus tellement je suis triste.

Oui/Non

10. Ce qui me faisait plaisir avant ne m'intéresse plus.

Oui/Non

11. Je regrette de ne pas manger plus souvent dans un bon restaurant, et de ne pas aller plus fréquemment au cinéma ou au théâtre.

Oui/Non

12. J'ai l'impression d'avoir l'esprit englué dans un amas de pensées tristes.

Oui/Non

13. Je trouve que je pourrais être mieux payé(e) pour ce que je fais.

Oui/Non

14. Je me fais des reproches et j'ai des regrets.

Oui/Non

15. Je me sens régulièrement plus triste le matin que le soir.

Oui/Non

16. J'ai de brefs accès de tristesse quand un souci imprévu m'arrive.

Oui/Non

17. Je traverse de longs moments de lassitude, pendant lesquels je trouve que ma vie n'a pas de sens et qu'elle pourrait se terminer sans que ce soit une catastrophe

Oui/Non

18. Je regrette que mes proches ne partagent pas assez la bonne image que j'ai de moi.

Oui/Non

19. Je ne mérite pas l'attention ni l'estime de mes proches.

Oui/Non

20. J'ai envie de vacances, et je sais que prendre du temps pour moi me fait du bien.

Oui/Non

Calculez votre score de bonne et de mauvaise humeur fondamentale.

• Score de mauvaise humeur : ajoutez à chaque fois un point si vous avez répondu par l'affirmative aux questions 3, 5, 8, 9, 10, 12, 14, 15, 17, 19.

• Score de bonne humeur : ajoutez à chaque fois un point si vous avez répondu par l'affirmative aux questions 1, 2, 4, 6, 7, 11, 13, 16, 18, 20.

Interprétez votre score :

• comme lors du test précédent, si vos deux scores ne diffèrent pas de plus de deux points, vous avez un profil équilibré entre morosité et gaieté ;

• si votre score de mauvaise humeur est supérieur ou égal à 6 (et ce, quel que soit votre score de bonne humeur), vous montrez des signes indéniables de mauvaise humeur. Que diriez-vous de mettre en pratique quelques-uns des conseils présentés dans cet ouvrage ?

• si votre score de bonne humeur est supérieur ou égal à 6 (avec un score de mauvaise humeur inférieur à 3), vous êtes quelqu'un de plutôt gai, confiant et plein d'entrain. Ne changez rien ! Pourquoi ne pas vous épanouir dans un rôle de « passeur de la bonne humeur » ? C'est une autre aventure qui commence !

Comprenez votre score, réponse par réponse... avec quelques surprises.

1. Trouver qu'on n'est pas assez aimé : tant qu'on fait des reproches aux autres, qu'on trouve qu'ils ne nous respectent pas assez, c'est que l'on conserve une certaine estime de soi et qu'on n'est pas de si mauvaise humeur que cela. À tout prendre, mieux vaut râler que de se considérer comme un être sans valeur.
2. Manquer de temps : c'est bon signe ! Cela prouve que l'on a beaucoup de souhaits et que l'on se projette. Attention, cependant, à ne pas sombrer dans le surmenage.
3. La perte de poids : elle est inquiétante et peut constituer un indice de dépression, surtout lorsqu'elle est involontaire.
4. Bougon depuis toujours : celles et ceux qui ont l'impression d'être fâchés par nature, depuis qu'ils sont nés, ne vont finalement pas si mal ! Ils souffrent certes d'une relation au monde douloureuse, mais pas d'une maladie de l'humeur.
5. La fatigue en début de semaine : une fatigue qui ne passe pas avec le repos est un indice de la perte d'énergie propre à la dépression.
6. La capacité à imaginer une issue favorable : l'optimisme et l'anticipation positive sont deux marqueurs incontournables de la bonne humeur.
7. La stabilité du poids : tant que le chiffre sur la balance reste le même, c'est un signe que l'humeur est, elle aussi, à peu près stable.
8. Ne pas mériter son salaire : celles et ceux qui s'estiment mal payés ont une assez bonne image

d'eux-mêmes. Ils trouvent qu'on ne les reconnaît pas à leur juste valeur. Au contraire, se trouver trop bien payé – ce qui est certes rare – est une attitude plus inquiétante.

9. La tristesse : les personnes vraiment déprimées ne se reconnaissent plus tant leur manière de penser a changé. Lorsque cet état dure depuis plus de deux mois, il convient de prendre l'avis d'un thérapeute.

10. La perte d'intérêt : lorsque rien de ce qui nous fait habituellement plaisir ne nous tente plus, il est possible que l'on ait affaire à une dépression. Certains individus très déprimés continuent à travailler et à se maintenir à flot (tâches ménagères, administratives…), mais ils n'ont plus goût à rien : ni aux loisirs, ni à la nourriture, ni à la sexualité.

11. Les regrets : tant qu'on est frustré de ne pas pouvoir satisfaire toutes ses envies, c'est que l'on se porte bien. Cela signifie que l'on manque de temps, mais pas d'énergie.

12. Les pensées tristes : l'impression d'être englué dans la morosité est parfois un indice du ralentissement de l'esprit propre à la dépression.

13. Vouloir être mieux payé : cette croyance peut correspondre à une réalité. Parfois, on est insuffisamment payé ! Quoi qu'il en soit, le fait de repérer cette insuffisance de salaire montre que l'on a encore de la motivation et que l'on croit en soi.

14. Les reproches : ils sont l'une des formes d'expression de la culpabilité dépressive. On les retrouve dans différentes maladies de l'humeur.

15. La tristesse du matin : elle évoque la mélancolie, c'est-à-dire la forme la plus grave de dépression, mais aussi la forme qui se traite le mieux par des antidépresseurs.

16. Les brefs accès de tristesse : ils ne sont pas des indices de maladie de l'esprit. Il est au contraire plus dangereux de ne rien ressentir que d'être triste quand c'est justifié.

17. Les longs moments de lassitude et la perte de sens : ils indiquent une forme de dépression avec baisse d'énergie.

18. L'envie d'être plus apprécié par ses proches : ressentir ce type de frustration est plutôt bon signe. Cela montre que l'on a des projets et que l'on espère encore être reconnu pour ses accomplissements.

19. Penser qu'on ne mérite pas l'attention de ses proches : cette croyance traduit une perte d'estime de soi. Quand on se sent vraiment indigne ou sans intérêt, c'est qu'on est profondément déprimé.

20. L'envie de vacances : voilà une envie saine, qui confirme que l'on est en pleine santé ! À traiter en urgence par des vacances bien méritées.

Une aventure de bonne humeur par mois

Depuis la représentation de *Pelléas et Mélisande* à l'Opéra Bastille, Aldo et Maria ne se sont plus quittés. Le mois d'août vient de commencer, tenant à distance la perspective du prochain *Blue Monday*. Allongés sur une plage de Toscane, profitant de longues vacances qu'ils ont invité Hannah et sa famille enfin réunie à partager, ils se repassent les étapes de leurs aventures de bonne humeur. Bercés par l'odeur des pins et des genévriers, éblouis par la blancheur des galets et les ondulations des cyprès sur la montagne, ils saluent l'île d'Elbe dont s'est autrefois évadé Napoléon. Eux ne cherchent plus à s'évader, sinon des accès de tristesse tout à fait anodins qui les touchent encore parfois.

Hannah, toujours à la recherche de bonnes idées de communication, leur propose de construire un programme de la bonne humeur, mois par mois. Le cadre splendide de la plage toscane rend nos amis créatifs : écartant les beignets et les limonades qui commencent à laisser une trace sur leur silhouette, ils se mettent gaiement à la tâche.

Janvier : Un carré de chocolat noir en pleine conscience

L'aptitude à la pleine conscience fait du bien, tout comme les bonnes molécules contenues dans le chocolat. Entraînez-vous à coupler les deux, surtout s'il vous reste des chocolats des fêtes.

Février : Un gâteau fait maison, partagé en famille ou avec des amis

Les personnes qui cuisinent elles-mêmes à partir de produits frais vont souvent mieux que celles qui se jettent sur des plats préparés. La dégustation fait d'autant plus de bien qu'on la partage avec des proches, sans se laisser distraire par un écran, un appel ou l'actualité toujours plus déprimante.

Mars : Un cocktail sans alcool en écoutant Bill Evans

Les « mocktails » sont une bonne stratégie pour tromper les envies d'alcool. On déplace une habitude potentiellement toxique vers un plaisir sans risque, sans faire de compromis sur le goût. Tenir l'alcool à distance est une petite victoire qui rend fier et fait du bien à la santé. L'expérience est encore plus agréable en écoutant un morceau de jazz printanier de Bill Evans – musicien qui, lui, n'a jamais pu se passer d'alcool…

Avril : Un thé noir en lisant La Promesse de l'aube *de Romain Gary*

Les buveurs de thé sont moins souvent déprimés que les autres. Cette boisson a d'autant plus d'effet sur l'humeur qu'on la sirote en lisant un bon roman. *La Promesse de l'aube*, comme les autres textes de Romain Gary, a l'avantage d'apporter aux aventures de la bonne humeur une touche d'héroïsme : on se bat contre ses mauvais génies, notamment la mélancolie. Que les irréductibles du thé vert se rassurent : le thé n'a pas besoin d'être noir pour faire du bien.

Mai : Un yaourt sans sucre avec un pull troué

Le yaourt sans sucre a un double effet sur la santé : les ferments lactiques qu'il contient agissent sur le microbiote, mais la glycémie reste sous contrôle. Le déguster tout en portant un pull troué, c'est affronter son besoin de maîtrise et son perfectionnisme. Les aventures précédentes ont démontré que sortir de son périmètre de sécurité fait du bien.

Juin : Une salade d'antioxydants en visualisant ses prochaines vacances

Les aliments antioxydants diminuent le risque de maladie en général, et de mauvaise humeur en particulier. Mieux encore lorsqu'on en fait une salade maison. La visualisation et l'anticipation positive des vacances achèvent de gonfler le moral. Votre cerveau et vos émotions vous diront merci !

Juillet : Un riz au curry sans téléphone portable

Le riz au curry contient du curcuma, une épice aux effets fascinants, même s'ils ne sont pas encore confirmés par la science. Le sevrage du téléphone portable, lui, devrait en théorie s'étaler sur les deux mois d'été… À défaut, on peut au moins le mettre en place pendant les moments que l'on partage avec sa famille, ses amis ou son partenaire.

Août : Une eau pétillante en regardant le ciel ou un arbre pour calmer sa fringale

— Cette expérience est faite pour nous, déclare Hannah. Elle va nous aider à résister à la tentation de reprendre une glace… Les fringales ont un effet stressant et décourageant, mais elles s'apaisent aussi bien avec de l'eau qu'avec du soda ou des sucreries. En regardant le ciel de Toscane (ou d'ailleurs), on mobilise d'autres forces de résistance. L'effet est le même avec un arbre sauvage ou une plante d'intérieur : le bleu et le vert filent droit vers l'âme et lui font oublier ses tourments.

Septembre : Une soupe aux champignons avant d'aller marcher

Les champignons stimulent l'esprit et combattent l'oxydation, dans le cerveau comme dans le reste de l'organisme. Les personnes qui en mangent au moins vingt grammes par jour sont moins souvent déprimées que les autres. La marche a elle aussi un effet positif sur l'humeur : ses bénéfices sont immédiats. Lorsqu'on la pratique régulièrement, la biologie du cerveau se modifie : on assiste notamment à une flambée des endorphines et d'autres molécules protectrices.

Octobre : Un plat bio et responsable et une lettre de gratitude

Manger un plat responsable ou en phase avec ses valeurs est un geste bénéfique pour l'environnement comme pour la santé. Pourquoi ne pas terminer le repas en mobilisant une autre qualité anti-déprime, la gratitude ? Profitez-en pour dire merci à quelqu'un, au destin ou à vous-même.

Novembre : Une poignée de noix en écoutant sa voix intérieure

Les noix contiennent des vitamines indispensables à la bonne humeur et à la santé du cerveau. Le fait de prêter attention à ses pensées et à sa voix intérieure est également bénéfique. La science n'a jamais étudié l'effet de ces deux actions simultanées, mais abondance de biens ne nuit pas !

Décembre : Un thé vert en préparant ses résolutions pour l'année suivante, et en lisant La Vie matérielle *de Marguerite Duras.*

Le thé vert a des propriétés antioxydantes ; la conscience de l'instant présent tient en respect les angoisses et la déprime. Mais pas seulement ! En décembre, prenez des résolutions pour l'année qui s'annonce. La lecture de *La Vie matérielle*, de Marguerite Duras, vous donnera certainement des idées de mauvaises habitudes et d'addictions à abandonner.

Qui sont vraiment les personnages de ces aventures de la bonne humeur ?

Comme le lecteur l'aura compris, Maria n'est pas une véritable patiente dont le dossier médical aurait été divulgué. Elle est, comme les autres protagonistes de cet ouvrage, un personnage de fiction, inspiré par des situations et des témoignages qui, eux, sont bien réels.

Le cas de Maria répond par ailleurs à la méthode de l'Ecos (Examen clinique objectif et structuré), nouvelle manière d'enseigner la médecine grâce à des mises en situation construites à partir de faits réels, mais respectant l'intimité de celles et ceux dont on raconte le parcours. Cependant, les traitements de l'humeur exposés de cette aventure prennent parfois quelques libertés par rapport aux principes et aux protocoles classiques de la psychiatrie et de la psychothérapie. Ils ne sauraient en aucun cas constituer une ordonnance personnalisée ni se substituer à l'avis d'un professionnel de santé. Les métiers d'émothérapeutes, d'émotolibraires et de cuisiniers psychothérapeutes à domicile n'existent pas. Pourtant, les références scientifiques citées montrent que les thérapies modernes sont centrées sur les émotions, prescrivent des lectures et s'intéressent à l'alimentation des patients.

Remerciements

Pour leur soutien, leur exemple présent et de toujours, leurs conseils, leurs encouragements, leur confiance et surtout leur amitié.

Thierry Billard

Le professeur Jean Adès

Le doyen Gérard Friedlander

Le doyen Philippe Ruszniewski

Le docteur Frédéric Saldmann

Jean-Claude Saada

Sylvie Dauverné, pour toute sa compétence rigoureuse, souriante et patiente dans le préparation de ce texte.

Table des matières

Composition et mise en pages
Nord Compo à Villeneuve-d'Ascq

#lisez engagé !
www.lisez.com
Pour plus d'information :
Imprimé sur du papier issu de forêts gérées durablement.

Achevé d'imprimer en octobre 2024
par Normandie Roto Impression s.a.s.
61250 Lonrai (Orne)
N° d'édition : 67765/01 – N° d'impression : 2404387

Imprimé en France